Faszination Kaffee

Faszination Kaffee

Herausgegeben vom
Deutschen Kaffeeverband

Erlangen, 01. Mai 2012

BUCHER

Inhalt

Inhalt

Vorwort

Faszination Kaffee

Kaffee ist Genuss und Handwerk, Garant für Geselligkeit und wichtiges Handelsgut. Kaffee signalisiert vor allem bei uns in Deutschland modernen Lifestyle und alte Tradition gleichermaßen. Kaffee, eines der beliebtesten Getränke der Welt, ist ein überaus spannendes Produkt mit vielen faszinierenden Facetten.

Zwischen dem Einpflanzen eines Kaffeesamens und dem ersten Tropfen aus der Kaffeetasse liegen nicht nur mehrere Jahre, sondern auch Tausende von Kilometern und zahlreiche Verarbeitungsschritte. Die kostbaren Bohnen gehören zum Welthandel dazu wie Gold oder Erdöl und sind eine wichtige

Einnahmequelle für die Millionen von Menschen, die weltweit im Kaffeeanbau, der Kaffeeverarbeitung und dem Kaffeehandel tätig sind.
Doch wo kommen die edlen Bohnen eigentlich her? Wer hat sie entdeckt? Wie genau funktioniert die technisch anspruchsvolle Entkoffeinierung? Welche chemischen Prozesse laufen beim Rösten ab, und wie wird löslicher Kaffee hergestellt? Hat sich Kaffeegenuss im Laufe der Geschichte verändert, und welche Initiativen für Nachhaltigkeit wurden entwickelt? Dieses Buch gibt einen Überblick darüber, welche exakt aufeinander abgestimmten Schritte nötig sind, damit aus einer roten Frucht, der Kaffeekirsche, ein aromatisches Getränk entsteht, das fast überall auf der Welt getrunken wird. Von der bewegten Geschichte über die botanische Einordnung und den Anbau bis hin zu Warentermingeschäften beschreibt dieses Buch sachlich und informativ auch komplexe Themenbereiche.
Die dargestellten Themen sind sorgfältig recherchiert und geprüft und mit vielen verschiedenen Experten der Kaffeewirtschaft abgestimmt, sodass mit „Faszination Kaffee“ ein umfangreiches Sachbuch entstanden ist. Entdecken Sie die faszinierende Welt des Kaffees!

Der Deutsche Kaffeeverband

1 Geschichte des Kaffees

Die Geschichte des Kaffees beginnt vor mehr als 1000 Jahren. Allerdings gibt es über den Ursprung des Anbaus und Genusses von Kaffee hauptsächlich Legenden und Mythen, jedoch kaum Fakten. Wildformen der heute wirtschaftlich genutzten Kaffeepflanze kamen in einigen Teilen Afrikas vor, aber erst mit menschlicher Hilfe gelangte die Pflanze auch auf andere Kontinente. Die Provinz Kaffa im heutigen Äthiopien gilt als die Urheimat der Kaffeepflanze. Dort, am Horn von Afrika, begann der Weg des Kaffees in alle Teile der Erde, zunächst in die arabische Welt.

Äthiopien, die Heimat des Kaffees: Landschaft in den Ahmar-Bergen

Die Entdeckung der Kaffeepflanze

Legende und Mythos

Um die Entdeckung der Kaffeepflanze und ihrer Frucht ranken sich verschiedene Legenden und Mythen vorwiegend aus dem afrikanischen und arabischen Raum.

Am weitesten verbreitet unter diesen Legenden ist eine Erzählung aus Äthiopien von dem Hirten und seinen tanzenden Ziegen: Eines nachmittags sah ein Hirte seinen Ziegen dabei zu, wie sie sich gegenseitig mit den Hörnern stießen, auf den Hinterbeinen umhersprangen, als ob sie tanzten, und dabei aufgeregt meckerten. Stundenlang beobachtete der Ziegenhirte das Treiben seiner Tiere und stellte dabei keinerlei Zeichen von Müdigkeit an ihnen fest.

Noch heute bereiten manche Äthiopierinnen auf dem Land den Kaffee ganz traditionell zu.

Jeden Tag aufs Neue konnte der Mann seinen Ziegen dabei zuschauen, wie sie immer die gleiche Stelle in einem Hain aufsuchten, an einem Strauch knabberten und anschließend wild umhersprangen. Eines Tages tat es der Hirte seinen Ziegen nach und kostete von dem ihm unbekannten Strauch, zunächst vorsichtig die Blätter, dann die Beeren. Auch er spürte bald, wie sein Körper auflebte, und er sprang zusammen mit seinen Ziegen umher. Die Kunde von der Frucht, die belebt und munter macht, verbreitete sich rasch, und schon bald wurde Kaffee zu einem Bestandteil der äthiopischen Kultur. Noch heute bereiten die Äthiopier ihren Kaffee in einer kunstvollen Zeremonie zu, die ohne Weiteres eine Stunde lang dauern kann – angefangen vom Waschen der Rohkaffeebohnen über das Rösten auf offenem Feuer bis hin zur Zugabe von Zimt und Kardamom in den Kaffee.

Die Kaffeelegenden aus dem arabischen Raum haben in der Regel einen religiösen Hintergrund. So wird zum Beispiel überliefert, dass der Prophet Mohammed einmal schwer krank darniederlag und man die Hoffnung auf Genesung schon aufgegeben hatte. In dieser schweren Stunde erschien ihm der Erzengel Gabriel und reichte ihm eine Schale dunkler, dampfender Flüssigkeit – vermutlich Kaffee. Nach dem Genuss des Getränks gesundete Mohammed augenblicklich und konnte in der Folge auch dank der himmlischen Stärkung sein Werk als Religionsgründer und Eroberer vollenden.

Als Urheimat der Kaffeepflanze gilt das heutige Äthiopien. Um ihre Entdeckung ranken sich verschiedene Legenden und Mythen.

Die Fakten

Die Heilkundigen der afrikanischen Ureinwohner haben die Frucht der Kaffeepflanze schon früh entdeckt und genutzt. Die Kaffeekirschen wurden zunächst roh oder gekocht konsumiert. Sie dienten den Nomadenvölkern Afrikas ursprünglich als Nahrung. Erst ab dem 9. Jahrhundert gewann man aus den Früchten eine Art Getränk, das allerdings mit dem Kaffee, wie ihn der Konsument heutzutage zu sich nimmt, noch nicht viel zu tun gehabt haben dürfte.

Zum ersten Mal schriftlich erwähnt wird Kaffee von arabischen Heilkundigen an der Wende vom 10. zum 11. Jahrhundert. In diesen Quellen ist von einem Getränk mit der Bezeichnung „Bunn" oder „Bunc" die Rede, das zunächst noch als Medizin oder religiös-kultisches Hilfsmittel angesehen wurde und den arabischen Sufimönchen ermöglichte, sich bis zu den Mitternachtsgebeten wach zu halten.

Historische Zeichnung einer jungen Kaffeepflanze

Die Verbreitung des Kaffees

Die Nähe Äthiopiens zum arabischen Raum ließ den Kaffee früh in die arabische Welt gelangen. Vermutlich erreichten die ersten Kaffeepflanzen bereits im 6. Jahrhundert den Jemen und fanden dort im Laufe der Jahrhunderte ihre Verbreitung über den ganzen Orient. Muslimische Mekkapilger verbreiteten die Kunde vom „Qahwa", wie die Araber den Kaffee nannten. „Qahwa" war ursprünglich das islamische Wort für Wein, dessen Genuss den Muslimen allerdings verboten war. Der Kaffee wurde zum „Wein des Islam", den die Muslime uneingeschränkt konsumieren durften.
Über die jemenitische Hafenstadt Mokka wurde der Kaffee in alle Teile Arabiens exportiert – bis heute erinnert die Bezeichnung für einen stark aufgebrühten Kaffee an die Stadt. Bis zum Ende des 15. Jahrhunderts hatten muslimische Pilger und Handelsreisende den Kaffee in Persien, Ägypten, in der Türkei und Syrien, letztlich in der gesamten islamischen Welt eingeführt und zu einem lohnenden Handelsgut gemacht. Die Araber zelebrierten das Kaffeetrinken, und mit den ersten öffentlichen Kaffeeschenken entstand

In den Städten des Orients war Kaffee bereits im 15. Jahrhundert ein beliebtes Getränk.

eine regelrechte Kaffeekultur, die in Europa ihren Höhepunkt in den berühmten Kaffeehäusern finden sollte.

Nach Europa gelangte die Kunde von Kaffee zunächst durch die Berichte von Fernreisenden. Der Augsburger Mediziner Leonhart Rauwolf bereiste in den Jahren 1573 bis 1576 den Vorderen Orient. In seinem Reisebericht aus dem Jahr 1582 findet sich ein Abschnitt, der als erste Beschreibung des Getränks Kaffee in Europa gilt: *„Under andern habens ein gut getraenk / Chaube von jenen genennt / das ist gar nahe wie Dinten so schwartz / unnd in gebresten / sonderlich des Magens / gar dienstlich."*

Der Augsburger Mediziner beschreibt hier bereits die positiven Eigenschaften des Kaffeegenusses auf den menschlichen Körper. Im Jahr 1615 schrieb der italienische Reisende Pietro Della Valle einen Brief aus Konstantinopel an einen Freund in Venedig: *„Die Türken haben ein Getränk von schwarzer Farbe. (...) Sie schlucken es so heiß, wie es ist, wenn es vom Feuer kommt, und trinken es in langen Zügen, aber nicht zur Essenszeit, sondern als eine Art Delikatesse, die sie schlückchenweise zu sich nehmen, während sie mit ihren Freunden plaudern. Man wird bei ihnen nie ein Treffen erleben, bei dem sie es nicht trinken. (...) Es wird aus dem Korn oder der Frucht eines bestimmten Baumes namens Chave zubereitet. (...) Bei meiner Rückkehr werde ich das Wissen an die Italiener weitergeben."*

Durch Reiseberichte wie diese neugierig geworden, brachten erste Handelsreisende kleine Proben von Kaffeebohnen nach Europa. Schon bald kam der Kaffee sackweise an, und im Jahr 1624 traf ein erster größerer Kaffeetransport im Hafen von Venedig ein, das traditionell intensive Handelsbeziehungen mit dem Orient pflegte. Zu Beginn des 17. Jahrhunderts war Kaffee den Europäern somit zwar nicht mehr unbekannt, aber immer noch ein exotisches Getränk. Erst Mitte des Jahrhunderts setzte sich der Kaffeegenuss in zunehmendem Maße in Europa und wenige Zeit später auch in Nordamerika durch.

Leonharti Rauwolfen/der Artzney Doctorn/vnd bestelten Medici zu Augspurg.
Aigentliche beschreibung der Raiß/ so er vor diser zeit gegen Auffgang inn die Morgenländer/ fürnemlich Syriam, Iudæam, Arabiam, Mesopotamiam, Babyloniam, Assyriam, Armeniam ꝛc. nicht ohne geringe mühe vnnd grosse gefahr selbs volbracht: neben vermeldung vil anderer seltzamer vnd denckwürdiger sachen/ die alle er auff solcher erkundiget/ gesehen vnd obseruiert hat.
1582.

Reisebericht des Augsburger Mediziners Leonhart Rauwolf aus dem Jahr 1582 mit einer Beschreibung über Kaffee

Die naturwissenschaftliche Beschäftigung mit der Kaffeepflanze begann in Europa fast gleichzeitig mit der Entdeckung des Getränks und Genussmittels. Der italienische Arzt und Botaniker Prosper Alpinus, dem man eine Vorliebe für exotische Pflanzen nachsagte, verbrachte drei Jahre in Ägypten, wo er intensiv die Flora studierte. Er hat im Jahr 1592 die Kaffeepflanze erstmalig in einem seiner Werke näher beschrieben und gezeichnet. Die früheste botanische Einordnung der Kaffeepflanze erfolgte im Jahr 1753 durch den weltberühmten schwedischen Arzt und Naturforscher Carl von Linné.

Eine Reise um die Welt: Anbau und Kultivierung der Kaffeepflanze

Lange Zeit hielten die Araber das Monopol des Kaffeeanbaus und -handels. Kaffeeanbau galt lange als „Staatsgeheimnis".

Die arabische Welt bezog ihre Kaffeebohnen im 16. Jahrhundert fast ausschließlich aus dem Südjemen. Der Rohstoff für das im gesamten arabischen Raum stark verbreitete Getränk war zu einem wichtigen Exportartikel geworden. Für lange Zeit hielten die Araber, allen voran der Jemen, das Monopol des Kaffeeanbaus und -handels. Um es den Handelspartnern unmöglich zu machen, mit der Handelsware selbst Kaffee anzubauen, wurden die rohen Bohnen vor der Ausfuhr mit heißem Wasser übergossen, was sie keimunfähig machte. Das Wissen um den Kaffeeanbau wurde von der arabischen Welt lange als Geheimnis gehütet.
Die Vernichtung der spanischen Armada im Jahr 1588 markiert symbolisch den Endpunkt der Vormachtstellung Spaniens im weltweiten Seehandel. Die Ersten, die – auch mit der Gründung der Ostindischen und Westindischen Kompanie – diese Rolle danach für sich beanspruchten, waren die

Die Ausbreitung des Kaffeeanbaus

- Bis Mitte des 17. Jahrhunderts wird Kaffee nur in Äthiopien und im Jemen angebaut.
- Das Jahr 1658 ist der früheste nachgewiesene Zeitpunkt, zu dem die Niederländer auf Sri Lanka, dem ehemaligen Ceylon, Kaffee anbauen.
- Im Jahr 1699 beginnen die Niederländer auch auf Java mit dem Kaffeeanbau.
- Der Franzose Gabriel Mathieu de Clieu bringt erstmals im Jahr 1723 Kaffee auf die Karibikinsel Martinique.
- Im selben Jahr 1723 wird auch Brasilien zum Kaffeeland, hier sind es die Portugiesen, die Kaffeeplantagen errichten.
- Die Spanier führen im Jahr 1740 Kaffeepflanzen auf den Philippinen ein.
- Im Jahr 1875 bringen die Spanier den Kaffee auch nach Guatemala.
- Beginnend im 19. Jahrhundert: Der Kaffeeanbau wird bis ins 20. Jahrhundert durch Europäer auch in diversen afrikanischen Ländern rekultiviert.

Kaffeeplantage in einer Kolonie in Westindien um 1880

Niederländer. Ihnen gelang es im Jahr 1616 erstmalig, keimfähige Kaffeebohnen zu entwenden, daraus Pflanzen zu züchten und in ihre Kolonien zu bringen.

Etwa zwischen den Jahren 1650 und 1750 kam es jedoch zu einer Ausbreitung des Wissens und der keimfähigen Bohne, und die systematische Kultivierung des Kaffeeanbaus auch in anderen Teilen der Welt nahm ihren Anfang und setzte sich kontinuierlich fort. Das arabische Kaffeemonopol fiel endgültig mit der fortschreitenden Kolonialisierung und der damit verbundenen „Eroberung der Welt" durch die europäischen Großmächte. Die weltumspannende Seefahrt und der globale Handel brachten schließlich die Kaffeebohnen in alle Teile der Welt.

Mit fortschreitender Kolonialisierung fiel das arabische Kaffeemonopol. Mit Gründung der Ostindischen und Westindischen Kompanie gelang es erstmalig den Niederländern, Kaffee systematisch anzubauen.

1658 brachten die Niederländer die ersten Kaffeepflanzen nach Ceylon, dem heutigen Sri Lanka, bald darauf begannen sie mit einem systematischen Anbau auf Java, Sumatra, Bali und Timor sowie anderen Ostindischen Inseln. Unter anderem im Zuge des Tulpenanbaus hatten sich die Niederländer umfangreiche Erfahrungen im Gartenbau erarbeitet, und so gelang es ihnen, in verschiedenen botanischen Gärten des Landes Kaffeeschößlinge heranzuziehen, die sie dann in ihre Kolonien brachten. Das feuchtwarme Tropenklima ließ die Kaffeepflanzen hervorragend gedeihen, sodass die Niederländer schnelle Erfolge im Kaffeeanbau erzielen konnten. Wie vor ihnen die Araber schirmten sie ihr Pflanzgut und das Wissen um dessen Aufzucht

Venedig war bis ins 18. Jahrhundert wichtigster Umschlagsplatz für Waren aus dem Orient.

Der Offizier Gabriel Mathieu de Clieu bringt den Kaffee in die Karibik.

hervorragend ab, und jahrelang beherrschte die Kaffeeproduktion der Ostindischen Kompanie den Weltmarkt.

Andere Staaten, wie Frankreich, wollten den Niederländern nacheifern und versuchten zunächst erfolglos, Kaffeepflanzen zu züchten und in den Kaffeeanbau einzusteigen. Es heißt, dass die Franzosen erst im Jahr 1714, als die Niederländer bereits beträchtliche Kaffeeernten einfuhren, eine brauchbare Kaffeepflanze erhielten. Sie wurde Ludwig XIV., dem Sonnenkönig, vom Amsterdamer Bürgermeister zu einem offiziellen Anlass als Geschenk überreicht.

Berühmt ist die Geschichte des jungen französischen Offiziers Gabriel Mathieu de Clieu, der im Jahr 1723 eine Kaffeepflanze über den Atlantik auf die Karibikinsel Martinique brachte. Auf der wochenlangen Überfahrt hegte und pflegte der junge Offizier das Kaffeepflänzchen sorgsam und sorgte dafür, dass es seinen Anteil vom kostbaren Trinkwasser an Bord bekam.

Schließlich zogen auch Großbritannien, Spanien und Portugal nach und nutzten ihre Kolonien für den Kaffeeanbau, der somit weltweite Bedeutung bekam. In den 1720er-Jahren gelangte der Kaffee mit den Portugiesen nach Brasilien, dem heute weltweit wichtigsten Anbauland für Kaffee. Um 1800 waren die wesentlichen Anbaugebiete, die sich heute als sogenannter Kaffeegürtel in den Äquatorialgebieten rund um den Globus ziehen, von den Kolonialmächten für den Kaffeeanbau erschlossen. Aufgrund des gestiegenen Bedarfs an Kaffee versuchte man überall dort, wo es die klimatischen Verhältnisse ermöglichten, Kaffee anzubauen. Im 19. Jahrhundert wurde Kaffee dann zu einem internationalen Handelsgut, das in den Anbauländern genauso wie in den importierenden Ländern politische Bedeutung erlangt hatte.

Auf einer Kaffeeplantage werden junge Kaffeepflanzen eingesetzt.

Die Kaffeehauskultur

Kaffeehäuser waren von Anfang an Treffpunkte für einen regen geistigen Austausch.

Die heutige Kaffeehauskultur hat eine jahrhundertealte Tradition. Mit der Verbreitung des Kaffeegenusses entstanden schnell öffentliche Orte, an denen diesem Genuss gemeinsam gefrönt werden konnte. Im arabischen Raum fand der Kaffeeausschank zunächst auf der Straße statt. Mobile Händler boten neben Wasser und Limonade zusätzlich Kaffee an.
Schon bald entstanden aber feste Anlaufpunkte für Kaffeegenießer. Diese festen Ausschankorte waren anfangs nicht mehr als einfache Zelte oder Buden mit spartanischer Ausstattung. Sie entwickelten sich jedoch schnell zu regelrechten Kaffeehäusern und damit zu einem beliebten Treffpunkt in den arabischen Städten. Die Zusammenkünfte dort wurden genutzt, um Geschäfte zu tätigen, Übereinkünfte zu treffen, politische Diskussionen zu führen und philosophische Fragen zu erörtern. In Kaffeehäusern wurden Geschichten erzählt, Gedichte geschrieben und Lieder komponiert. Praktisch von Anfang an galten Kaffeehäuser auch als Orte des geistigen Austausches.
Im Jahr 1554 wurde in Konstantinopel, dem heutigen Istanbul, das erste Kaffeehaus auf europäischem Boden eröffnet. Zu dieser Zeit war Kaffee im arabischen Raum bereits weit verbreitet und als Getränk und Genussmittel nicht mehr wegzudenken. Die Kaffeehäuser hatten ihren festen Platz und ihre Bedeutung in der arabischen Gesellschaft. Im Jahr 1511 waren in Mekka sogar Kaffeehäuser gewaltsam geschlossen worden, da der Statthalter von Mekka, Kahir-Beg, herausgefunden hatte, dass in den Kaffeehäusern satirische Verse über ihn gedichtet wurden. Obwohl das Verbot nur von kurzer Dauer war, zeigt die Episode, dass den Kaffeehäusern auch eine politische Funktion zukam.
Erst geraume Zeit, nachdem die ersten Kaffeehäuser im arabischen Raum eröffnet worden waren, begannen sie sich auch im christlich geprägten Europa durchzusetzen: Im Jahr 1647 öffnete das berühmte „Café Florian“ in Venedig seine Pforten, schon bald folgten Kaffeehäuser in vielen großen europäischen Städten, wie Oxford, London, Marseille, Wien und Paris. Das erste deutsche Kaffeehaus war das „Schütting“ in Bremen, wo man erstmals im Jahr 1673 einen gepflegten Kaffee genießen konnte. Vier Jahre später konnte sich auch Hamburg mit einem Kaffeehaus schmücken. Beide Städte gelten auch heute noch als „Kaffeestädte“, und zahlreiche Unternehmen der Kaffeewirtschaft sind hier ansässig.

Einfaches orientalisches Kaffeehaus, typischerweise mit Öffnung zur Straßenseite

Vor dem berühmten Café Florian auf dem Markusplatz in Venedig

Das Kaffeehaus „Zum Arabischen Coffe Baum“ in Leipzig wurde im Jahr 1694 eröffnet und gilt bis heute als eine der ältesten fast durchgängig betriebenen Kaffeeschenken Europas. Schon Johann Sebastian Bach wusste die Atmosphäre der Leipziger Kaffeehäuser zu schätzen, und der „Coffe Baum“ rühmt sich so illustrer Gäste wie Goethe, Lessing und E. T. A. Hoffmann. Ob Bach seine berühmte „Kaffeekantate“ an einem Kaffeehaustisch komponierte, weiß man zwar nicht, aber er ehrte die braune Bohne musikalisch mit der Kantate, in der eine Tochter ihren Vater bekniet, ihr doch das Liebste zu lassen – den Kaffee …

Ei! Wie schmeckt der Coffee süße / Lieblicher als tausend Küsse / Milder als Muskatenwein / Coffee, Coffee muß ich haben / Und wenn jemand will mich laben / Ach so schenkt mir Coffee ein!

Aus der „Kaffeekantate“ (1734/35) von Johann Sebastian Bach, der Text stammt von Christian Friedrich Henrici.

Das Erlebnis des Kaffeetrinkens wurde nicht nur vertont, sondern ist auch in der Malerei wiederzufinden. Im 17. und 18. Jahrhundert begann Kaffee, auf Gemälden und Zeichnungen eine Rolle zu spielen. Sowohl die Tasse Kaffee als exotisches Getränk in einem Stillleben als auch die Inszenierung des Kaffeegenusses in öffentlichen Räumen wurde zu einem Motiv der bildenden Kunst, zum Beispiel in den folgenden Werken:

- Francisco de Zurbaran: „Zitronen, Orangen und eine Rose" (1633)
- Auguste Renoir: „Das Ende des Frühstücks" (1879)
- Vincent van Gogh: „Kaffeeterrasse" (1888)
- Edward Hopper: „Nachtschwärmer" (1942)

Kaffee hält Einzug in die Sozial- und Kulturgeschichte – in die Literatur, Kunst und Musik.

Kaffeehäuser waren seit jeher Treffpunkte für Gelehrte, Philosophen, Schriftsteller und Künstler. In Kaffeehäusern entstanden Werke von Honoré de Balzac, Hugo von Hofmannsthal, Thomas Mann, Ernest Hemingway oder Jean-Paul Sartre. Jedes Kaffeehaus hatte seine eigene hochkarätige Kundschaft und prägte häufig auch eine eigene Musik. In Wien etwa entwickelte sich dort eine eigene Tanzmusik, und in Paris entstanden Tausende von Chansons in den Cafés – viele mit zeitbedingten politischen Inhalten.

Im 21. Jahrhundert haben Cafébars oder Coffeeshops die Kaffeehauskultur abgelöst und teilweise ergänzt. Es gibt weiterhin einige der großen, berühmten Cafés, zum Beispiel das „Greco" in Rom, das „Procope" in

Sehenswert ist die Sandsteinplastik über dem Portal des „Coffe Baum" in Leipzig: Ein Osmane mit einer großen Kanne reicht Amor eine Tasse Kaffee. Die Szene symbolisiert die Begegnung des Abendlandes mit dem Morgenland.

Auguste Renoir: „Das Ende des Frühstücks", 1879 (Ausschnitt)

Paris oder das „Luitpold" in München, aber auch ganze Städte, welche die traditionelle Kaffeehauskultur weiterleben lassen – zum Beispiel Wien. Insgesamt jedoch geht die Entwicklung im 21. Jahrhundert zu zeitgemäßen, trendgerecht ausgestatteten Cafés und Coffeeshops, die vor allem die junge Zielgruppe ansprechen. Ob Kaffeeschenke, Kaffeehaus, Coffeeshop, ob Jung oder Alt, nach wie vor „geht man einen Kaffee trinken" und meint damit ein Beisammensein bei einer Tasse Kaffee – ein Ritual, das seit Jahrhunderten gesellig im öffentlichen Raum gepflegt wird.

Die ersten Kaffeehäuser außerhalb Arabiens

1554	Konstantinopel: „Kiva Han"
1647	Venedig: „Café Florian"
1650	Oxford: „Cirquis Jobson"
1652	London: „Virginia Coffee-House"
1689/1702	Paris: „Café Procope"
1673	Bremen: „Schütting"
1677	Hamburg
1683	Wien
1694	Leipzig: „Zum Arabischen Coffe Baum"
1696	New York: „The King's Arms"
1721	Berlin
1750	Rom: „Caffè Greco"

Deutschland wird zum Kaffeeland

Die Liebe der Deutschen zum Kaffee beginnt vor etwa 350 Jahren, als Handelsreisende erstmals das neue, so andersartige schwarze Heißgetränk aus dem Orient einführen. Zunächst bleibt es den privilegierten Schichten vorbehalten, Kaffee zu trinken. Es ist ein exotisches Handelsgut, das sich nur wohlhabende Bürger leisten können. Da das in viele Kleinstaaten aufgeteilte Deutschland keine eigenen Kolonien und damit auch keine eigenen Anbaugebiete besitzt, muss der Kaffee teuer bei den niederländischen oder französischen Nachbarn eingekauft werden. Friedrich der Große (1712 – 1786) will keine Devisen ins Ausland abfließen lassen und führt ein staatliches Kaffeemonopol für Preußen ein. Das Staatsmonopol auf den Kaffeehandel wird in der Folge auch auf das Rösten von Kaffee ausgeweitet, und im Jahr 1781 wird der sogenannte Brennzwang eingeführt, der es Privatleuten (mit Ausnahme der höchsten Stände) verbietet, Kaffeebohnen zu besitzen und zu rösten.

Friedrich der Große setzt „Kaffeeschnüffler" in Preußen ein.

Kaffee darf nur noch in den königlichen Röstereien gebrannt werden. Zur Kontrolle des Brennzwangs setzt Friedrich der Große im ganzen Land „Kaffeeschnüffler“ ein. Diese sollen anhand des charakteristischen Geruchs des gerösteten Kaffees ungehorsame Bürger entlarven, die trotz des Verbots zu Hause rösten. Erst mit dem Tod Friedrichs wird der Brennzwang in Preußen aufgehoben.

Mit Beginn der Industrialisierung setzt sich Kaffee als Getränk in allen Schichten durch und wird so zum Volksgetränk.

Mit Beginn der Industrialisierung wird Kaffee ein Getränk aller Schichten. Wohlhabende Bürger trinken ihn morgens und abends. Für die ärmeren Bürger entwickelt sich der Kaffee zu einer Art Ersatzmahlzeit gegen den Hunger. Aus Kostengründen wird der Kaffee oftmals mit Getreide, Erbsen oder Zichorien gestreckt.
Um das Jahr 1850 herum ist Kaffee endgültig zum Volksgetränk geworden. Die veränderten Arbeitsbedingungen im Zuge der Industrialisierung, allen voran das Arbeiten an schweren Maschinen, führen zu immer häufigeren und schwereren Unfällen aufgrund von Konzentrationsmangel und Übermüdung. 14 oder 16 Stunden Arbeit am Tag sind im 19. Jahrhundert keine Seltenheit. Der Konsum von Kaffee soll die Konzentration fördern und den Fabrikarbeitern helfen, wach und aufmerksam zu bleiben.
Im Zuge der Industrialisierung kommen in Deutschland auch erste bahnbrechende Erfindungen für die Kaffeewirtschaft auf den Markt:

- Bereits 1769 nimmt die erste „Cichorienpulverfabrik“ in Braunschweig ihren Betrieb auf. Mit Surrogaten will man eine Alternative zum teuren Bohnenkaffee schaffen.
- Im Jahr 1819 kann der Chemiker Friedlieb Ferdinand Runge als Erster den Wirkstoff Koffein nachweisen.
- 1901 erfindet der Japaner Satori Kato in den USA den löslichen Kaffee und legt damit den Grundstein für die kommerzielle Vermarktung des löslichen Kaffees durch die Firma Nestlé ab dem Jahr 1938.
- Im Jahr 1905 gelingt dem Bremer Ludwig Roselius erstmals die Entkoffeinierung von Kaffee, und als erster entkoffeinierter Kaffee kommt „Kaffee Hag“ auf den Markt.
- 1908 erfindet die Dresdener Hausfrau Melitta Bentz den Kaffeefilter, der seit über 100 Jahren nicht nur in deutschen Haushalten zum Einsatz kommt.

Porträt von Melitta Bentz, der Erfinderin des Kaffeefilters

Ab dem Beginn des 20. Jahrhunderts ist Kaffee ein weltweites Handelsgut. Geprägt wird die weitere Entwicklung durch Phasen der Überproduktion,

Kaffeekränzchen in den 1950er-Jahren in Deutschland

die Weltwirtschaftskrise, durch Konsumrückgang während zweier Weltkriege und die Schaffung von weltweiten Handelsabkommen.

Nach dem Ende des Zweiten Weltkriegs verläuft die Kaffeeversorgung in beiden Teilen Deutschlands unterschiedlich. In Westdeutschland wird der Kaffee zu einem Symbol von Wiederaufbau und Wirtschaftswunder. Kaffeetrinken heißt, sich wieder etwas leisten zu können. Bereits in den 1950er-Jahren können die Bürger der Bundesrepublik umfassend Kaffee konsumieren.

In der ehemaligen DDR dagegen kommt es noch Jahrzehnte nach dem Krieg zu drastischen Versorgungsengpässen. Der wenige Kaffee, den es dort gibt, ist zudem beinahe unerschwinglich, in den 1970er-Jahren kostet ein Pfund Kaffee bis zu 36 DDR-Mark, während man dafür in der BRD rund neun DM zahlt. Als es 1976 / 77 wegen einer Missernte in Brasilien zur sogenannten ersten Kaffeekrise kommt, welche die Weltmarktpreise für Kaffee explodieren lässt, droht die Kaffeeversorgung in der DDR gänzlich zu kollabieren. Die Parteiführung beschließt daraufhin die Einführung eines Kaffeemix aus 51 Prozent Kaffee und 49 Prozent Surrogaten, wie Getreide, Zuckerrüben und sogar Erbsen. Die Bürger verschmähen diesen Kaffeeersatz aber, und in Anlehnung an den Namen eines westdeutschen Produkts wird er bald

Die bekannteste Kaffeesorte der DDR – „Mokka-Fix" – wurde in einer Rösterei in Stralsund hergestellt.

Wer es sich leisten konnte, besaß Ende der 1950er-, Anfang der 1960er-Jahre eine luxuriöse Kaffeemaschine.

„Erichs Krönung" oder sogar „Erichs Dröhnung" genannt. Um einen Volksaufstand wegen qualitativ schlechtem Kaffee und anderer fehlender Genussmittel zu verhindern, sucht die DDR-Regierung nach Möglichkeiten, günstig an Kaffee zu kommen. Mitte der 1970er-Jahre schließt sie unter anderem ein Abkommen mit dem sozialistischen Staat Vietnam, der sich verpflichtet, verstärkt Kaffee für die DDR anzubauen. Zuvor hatte der Kaffeeanbau in Vietnam keine Rolle gespielt. Als dann Ende der 1980er-Jahre die vietnamesischen Kaffeebohnen exportreif sind, ist es zu spät, die DDR steht vor dem Untergang. Dennoch zählt Vietnam heute zu den wichtigsten Kaffeeanbauländern der Welt. Hauptabnehmer für vietnamesischen Kaffee ist das geeinte Deutschland mit etwa 180 000 Tonnen Rohkaffee pro Jahr.

Heute ist Kaffee nicht nur ein wichtiges Handelsgut für Deutschland, sondern auch das Lieblingsgetränk der Deutschen. Im Durchschnitt trinkt jeder Bundesbürger rund 150 Liter im Jahr. Nach wie vor spielt Deutschland eine bedeutende Rolle im Kaffeehandel und ist der größte Umschlagplatz für Rohkaffee in Europa. Zudem ist Deutschland Weltmeister in der technologisch anspruchsvollen Entkoffeinierung. Deutschland ist ohne jeden Zweifel ein Kaffeeland.

Kaffee ist das Lieblingsgetränk der Deutschen. Jeder Bundesbürger konsumiert pro Jahr durchschnittlich 150 Liter Kaffee.

2 Kaffee in der Botanik

Stich des schwedischen Naturwissenschaftlers Carl von Linné, der die Kaffeepflanze erstmals botanisch einordnete

Der botanische Name für die Kaffeepflanze lautet *Coffea*. Die erste botanisch korrekte Zuordnung erhielt der Kaffee in der Pflanzensystematik von Carl von Linné (1707 – 1778). Der schwedische Naturwissenschaftler prägte für die ihm vorliegende Pflanze die Bezeichnung *„Coffea arabica"*.

Der französische Physiker und Botaniker Antoine-Laurent de Jussieu (1748 – 1836) ordnete die Pflanze dann der Familie der Rubiaceen zu. Rubiaceen – „Rötegewächse" – umfassen rund 500 Gattungen mit über

Kaffeepflanze auf einer Plantage in Asien

6000 Arten, Coffea ist lediglich eine davon. Nicht alle Arten dieser Gattung ähneln der uns bekannten Kaffeepflanze, viele enthalten zum Beispiel kein Koffein, das ein wesentlicher Bestandteil der Nutzpflanze Kaffee ist. Der französische Botaniker Auguste Jean Baptiste Chevalier (1873 – 1956) hat die Coffea-Arten in vier Gruppen eingeteilt: Eucoffea, Peracoffea, Agrocoffea, Mascoracoffea.

Wirtschaftlich bedeutend sind nur zwei zur Gruppe Eucoffea zählende Coffea-Unterarten: *Coffea Arabica Typica* und *Coffea Canephora,* den Experten und den Kaffeetrinkern besser bekannt als *Arabica* und *Robusta,* wobei Robusta eigentlich nur eine Varietät der Unterart *Coffea Canephora* ist.

61 Prozent der Welternte entfallen auf Arabica, 39 Prozent auf Robusta. Mit *Coffea Liberica* und *Coffea Excelsea* gibt es zwar noch zwei weitere Kaffeearten, die botanisch mit den beiden bekanntesten Arten vergleichbar sind, sie haben jedoch praktisch keine wirtschaftliche Bedeutung. *Coffea Liberica* wird im asiatischen Raum teilweise genutzt.

Der botanische Name der Kaffeepflanze lautet Coffea. Wirtschaftlich bedeutend sind die beiden Unterarten Coffea Arabica und Coffea Canephora, besser bekannt als Arabica und Robusta.

Kaffeepflanze

Kaffee wächst an mehrstämmigen Bäumen. Wildwachsend können Kaffeebäume mehr als zehn Meter hoch werden, als kultivierte Pflanze wird der Baum aber regelmäßig zurückgeschnitten und bleibt so immer eher strauchartig. Daher spricht man sowohl vom „Kaffeebaum“ als auch vom „Kaffeestrauch“. Die Rinde der verholzten Teile ist recht hell und grünlichgrau gefärbt. Das Holz ist hart und hellgelb. Kaffeebäume haben pfahlartige Wurzeln, die bis zu zweieinhalb Meter tief in den Boden reichen, und, wenn man die Pflanzen ungehindert wachsen lässt, bekommen sie lange dünne Zweige und eine pyramidenförmige Krone.

Die Kirschen von Coffea Robusta (links) sind kleiner als die von Coffea Arabica (rechts) und leicht kugelförmig.

Die immergrünen Blätter sind länglich oval, ihre Oberseite ist dunkelgrün und ledrig, die Unterseite heller. Die Blätter der Arabica-Pflanze sind acht bis 15 Zentimeter lang, vier bis sechs Zentimeter breit und haben einen welligen Außenrand und einen kurzen Stiel. Robusta-Pflanzen haben deutlich größere Blätter, die 20 bis 35 Zentimeter lang und acht bis 15 Zentimeter breit werden. Die Blätter sind paarig angeordnet und weisen abwärts.

Blüte und Fortpflanzung der Kaffeepflanze

Die Blüte der Kaffeepflanze erinnert in Form, Farbe und Geruch an Jasmin. Meist sitzen zwei oder mehr Blüten zusammen in „Glomerulum" genannten Büscheln in den Blattachseln der Zweige.
Der untere Teil jeder Blüte ist zu einem etwa einen Zentimeter langen Röhrchen verwachsen. Dieses Röhrchen teilt sich nach oben hin in fünf beziehungsweise bei Robusta bis zu sieben Blütenblätter, die nach vorne spitz zulaufen und circa acht Millimeter lang sind. Zusammen ergibt sich so eine Gesamtlänge von etwa 18 Millimetern bei Arabica und bis zu 30 Millimetern bei Robusta. Der auf dem Fruchtknoten sitzende Blütenkelch ist klein.
Die Staubgefäße der Blüte erreichen eine Länge von etwa acht Millimetern und sind innen am oberen Ende der Blütenröhre mit kurzen Stielen jeweils einzeln an die Basis der Blütenzipfel angeheftet. Der Fruchtknoten liegt

Die Blüte der Kaffeepflanze erinnert in Form, Farbe und Geruch an Jasmin.

Aufbau einer Kaffeeblüte (hier Robusta)

unterhalb der Blütenröhre. Dort beginnt der zwölf bis 15 Millimeter lange Griffel, der sich zum Ende hin in zwei dünne, leicht gebogene Stempel teilt. Diese ragen über den geöffneten Blütenkelch und die Staubgefäße hinaus. Auf dem Fruchtknoten sitzt der Griffel in einem ringförmigen Ansatz.

Die Knospe wird erst kurz vor dem Aufgehen weiß, die Blüte verblüht recht schnell und fällt nach ein paar Tagen ab. Die in den Tropen und Subtropen heimische Kaffeepflanze blüht in der Regel nach den ersten Niederschlägen der Regenzeit, unmittelbar im Anschluss an die Trockenperiode. Diese Blütezeit wird als Hauptblüte bezeichnet, ihr können im weiteren Jahresverlauf aber noch unregelmäßige kleinere Blüteerscheinungen folgen.

Die meisten Coffea-Arten sind auf Fremdbestäubung durch Insekten oder den Wind angewiesen. *Coffea Arabica,* die für die Kaffeewirtschaft wichtigste Pflanze, ist jedoch zur Selbstbestäubung fähig, also „autogam". Neben der Selbstbestäubung kommt bei Arabica aber auch Windbestäubung und Bestäubung durch Insekten vor.

Bei der Bestäubung fallen zunächst Pollenkörner aus dem reifen Staubbeutel der Blüte. Die tatsächliche Befruchtung der Blüte erfolgt, indem jeweils mindestens ein keimfähiges Pollenkorn auf den Stempel einer Blüte gelangt, dort keimt, durch den Griffel hindurch in den Fruchtknoten hineinwächst und dort die Samenanlage zum Wachsen bringt. Pollen sind in der Regel nur wenige Stunden keimfähig; lediglich unter sehr günstigen Bedingungen hält ihre Keimfähigkeit einige wenige Tage an. Die Dauer der Empfangsfähigkeit einer Blüte beträgt einige Tage. Nach der Befruchtung welken zuerst die Staubgefäße und dann der Blütenkelch. Schließlich fällt der Stempel ab. Von der Befruchtung bis zum Abfallen der welken Blüten vergehen etwa drei bis vier Tage.

Frucht der Kaffeepflanze

Sieben bis neun Monate nach der Bestäubung entwickelt sich aus dem Fruchtknoten eine kugelig bis oval geformte Steinfrucht, die sogenannte Kaffeekirsche. Während der Reifephase wechselt die Fruchtfarbe von Grün über Gelb zu einem leuchtenden Rot. Sind die Kirschen überreif, verfärben sie sich schwarz.

Modell einer Kaffeekirsche

Die rote Haut der reifen Frucht umschließt ein weiches, gelblichweißes, zuckerhaltiges Fruchtfleisch, die sogenannte Pulpe.

Eine Kaffeefrucht enthält in der Regel zwei Samen, die als Kaffeebohnen bezeichnet werden. Sie liegen mit ihren flachen Innenseiten aneinander und sind an der Außenseite abgerundet. Charakteristisch ist die Furche an der flachen Seite. Jeder Samen wird von einer dünnen, fest anhaftenden Schale, dem Silberhäutchen, geschützt. Darüber hinaus sind die Kaffeebohnen noch einzeln von einer locker aufsitzenden, dünnen und blassgelben Hülle, der Pergamenthaut, umgeben. An dieser Haut haftet eine dünne, zähe Schleimschicht.

Die Früchte der Robusta-Pflanze sind etwas kleiner als Arabica-Kirschen und fast kugelförmig. Zwei weitere wesentliche Charakteristika, welche Robusta von Arabica unterscheiden, sind die dichteren Blütenbüschel und ein daraus resultierender dichterer Fruchtbestand.

Eine Besonderheit der Kaffeebohne ist, dass sich der Samen nicht wie bei den meisten Pflanzen langsam mit der Frucht zusammen bildet, sondern erst ungefähr nach der Hälfte der Reifezeit in Erscheinung tritt. Zuvor bildet das Gewebe nach der Befruchtung bereits eine Art Vorbohne, die sogenannte Perispermbohne, die in Form und Größe der späteren Kaffeebohne entspricht. Nach drei bis vier Monaten wird aber erst die eigentliche

Kaffeebohne, die sogenannte Endospermbohne, anstelle der Perispermbohne entwickelt.
Die Kaffeebohne liefert das Nährgewebe für den dünnen, gekrümmten Keimling, der am unteren, dem Fruchtstiel zugekehrten Ende des Samens sitzt. Die Kaffeebohnen sind rundlich bis länglich, gelegentlich auch spitz zulaufend. Es kann aber auch zu abweichenden Samenbildungen kommen. Die beiden bekanntesten dieser Sonderformen sind die sogenannten Perlbohnen, wenn sich nur ein Samenkorn entwickelt, und die Elefantenbohnen, wenn beide Samenkerne zusammengewachsen sind.

Vielzahl der Kaffee-Varietäten

Aus der Pflanze Arabica, genauer gesagt aus der in Äthiopien heimischen „Arabica Typica" (auch „Tipica" genannt), entwickelten sich im Laufe der Zeit einige natürliche Mutationen und Kreuzungen. Befinden Forscher eine vorgefundene Mutation oder einen Hybrid als geeignet für die Züchtung von

Varietäten:

- **Mutationen:** Nachkommen einer Pflanzenart, die abrupt auftretende, häufig optisch sichtbare Veränderungen zeigen. Wenn sich diese neuen Eigenschaften auch nach der Aufzucht aus Bohnen weiter erhalten lassen, spricht man von einem Mutanten.
- **Hybride:** Eine durch natürliche oder künstliche Kreuzung zweier Sorten oder Arten entstandene Pflanze. Hybride sind bei Aufzucht durch Aussaat nicht eigenschaftssicher, das heißt, Elterneigenschaften können wieder auftreten.
- **Intraspezifische Hybride** sind Kreuzungen innerhalb einer Art. Mundo Novo zum Beispiel ist eine Kreuzung der Arabica-Varietäten Sumatra und Bourbon.
- Als **interspezifische Hybride** werden Pflanzen bezeichnet, die aus verschiedenen Arten gekreuzt wurden. Timor ist eine natürliche Kreuzung aus *Coffea Arabica* und *Coffea Robusta*. Künstliche Kreuzungen von Arabica und Robusta haben oft das Ziel, die Pflanze widerstandsfähiger zu machen. An Züchtungen von Robusta und Liberica wird weltweit geforscht, um gegen typische Krankheiten resistente Plantagen zu erhalten.

Reife und unreife Kaffeekirschen können zeitgleich mit Blüten an einem Kaffeebaum wachsen.

Kaffeepflanzen, so werden diese ausgesondert und für die Aussaat aufbereitet. Häufig werden Kreuzungen auch künstlich erzeugt, mit der Absicht, die positiven Eigenschaften der einen Pflanze mit denen einer anderen Pflanze zu vereinen. Eines der Hauptziele hierbei ist, die Widerstandsfähigkeit der Pflanzen gegenüber äußeren Einflüssen zu steigern.

Bis heute hat sich eine Vielzahl von Varietäten entwickelt, die sich häufig dadurch unterscheiden, dass sie an unterschiedliche klimatische und anbaucharakteristische Bedingungen angepasst wurden. So wachsen die Varianten auf unterschiedlichen Böden und in unterschiedlichem Klima, können verschiedene Höhenlagen vertragen oder sind resistent gegen unterschiedliche Schädlinge und Krankheiten. Optisch kann man die Varietäten häufig kaum auseinanderhalten.

Eine Mutation der Grundform *Arabica Typica,* die heute bereits als weitere Grundform angesehen wird, ist die Form *Bourbon,* die genauso wie *Arabica Typica* häufig als Basis für marktfähige Kaffeemischungen benutzt wird. Streng wissenschaftlich ist dabei aber noch nicht hinreichend geklärt, ob es sich bei *Bourbon* tatsächlich um eine eigene Grundform oder eine abgewandelte Form von *Arabica Typica* handelt. *Bourbon* stammt von der Insel

Réunion, die früher Île Bourbon hieß. Aus *Arabica Typica* und *Bourbon* sind die meisten Untervarietäten entstanden, zum Beispiel auch **Maragogype,** eine Pflanze mit sehr großen Blättern und Früchten, die nach einem Ort in Brasilien benannt wurde.

Andere in Brasilien gezüchtete und angebaute Varietäten sind zum Beispiel:

- **Caturra:** Diese kleinwüchsige Bourbon-Varietät mit einem hohen Ertrag wird auch häufig in Kolumbien und Costa Rica angebaut.
- **Catimor:** Die Kreuzung aus Caturra und einer Robusta-Art aus Timor ist widerstandsfähig gegen Trockenheit und Krankheiten, wie Kaffeerost, und ergibt einen guten Ertrag.
- Die spätreife **Mundo Novo** ist eine Kreuzung aus Bourbon und einer Varietät aus Sumatra.

Außerdem gibt es in Brasilien noch die Varietäten **Catuai, Acaya, Macho** und **Redondo.**

In Zentralamerika und dem nördlichen Südamerika sind unter anderem folgende Varietäten entstanden:

- **Coffea Tico** ergibt gute Erträge und hat einen hohen Wuchs.
- **Villa Sarchi** und **Villa Lobos** sind ähnlich der Caturra bei guten Erträgen und einem niedrigen Wuchs.
- **San Ramon** hat eine sehr starke Widerstandskraft.
- **San Bernardo** ist eine kleinere Version von Typica.
- Die Sorte **Geisha** ist nur vegetativ als Hybrid zu züchten und ist resistent gegen Kaffeerost.
- **Pacas** ist eine schnell reifende Kreuzung aus Caturra und Bourbon mit guten Erträgen.

Einige Beispiele für Varietäten in Ostafrika und Asien:

- die Bourbon-Varietät **French Mission**,
- die gegen Krankheiten sehr widerstandsfähige **Kent** mit hohem Ertrag,
- die ursprünglich aus Jamaika stammende **Blue Mountain** mit guter Höhenverträglichkeit und einer außerordentlich hohen Qualität.

In Ostafrika sind vor allem Bourbon-Varietäten vorherrschend. In Kenia und Tansania wurden verschiedene Varietäten entwickelt, die anstatt mit Namen mit Buchstaben und Nummern versehen wurden. So heißen Varietäten zum Beispiel **„SL 18“** oder **„KP“**. Einige Serien waren zwar sehr ertragreich, erwiesen sich aber als zu empfindlich, sodass sie von neuen Varietäten abgelöst wurden.

Weitere, neuere Varietäten sind zum Beispiel **Apoatà** und **Nemaya.**

Künstlich erzeugte Kreuzungen sollen positive Eigenschaften der einen Pflanze mit denen einer anderen Pflanze vereinen. Eines der Hauptziele hierbei ist, die Widerstandsfähigkeit der Pflanzen gegenüber äußeren Einflüssen zu steigern.

Einige wichtige Varietäten oder Bezeichnungen:

Acaia: Mischung aus Bourbon und einer Arabica-Typica-Varietät aus Sumatra

Arabigo: Mutation von Arabica Typica

Arusha: Mutation von Arabica Typica, Anbau vorrangig in Tansania und Papua-Neuguinea

Bergendal: Mutation von Arabica Typica

Blue Mountain: natürliche Mutation von Arabica Typica, Anbau vor allem in Jamaika, Kenia, Hawaii und Papua-Neuguinea

Bugishu: Arabica-Typica-Varietät aus Uganda

Catuai: Hybrid zwischen Mundo Novo und Yellow Caturra

Caturra: kleinwüchsige Mutation der ursprünglichen Bourbon-Bohne

Colombian: Arabica-Typica-Varietät aus Kolumbien

Criollo: Mutation von Arabica Typica

French Mission: andere Bezeichnung für Bourbon in Afrika

Garundang: Mutation von Arabica Typica

Harar (oder Harrarr): Arabica-Typica-Varietät aus Äthiopien

Huehuetenango: Bourbon-Varietät des Hochlands von Guatemala

Java: Der Begriff bezieht sich in erster Linie auf die Herkunft der Sorten. Auf Java werden Arabica, Robusta und interspezifische Hybride kultiviert.

K7: Varietät von French Mission/ Bourbon aus Kenia

Kent: Varietät von Arabica Typica

Kona: Mutation von Arabica Typica

Marigojipe/ Maragogype: Mutation von Arabica Typica mit großen Bohnen

Mundo Novo: künstlicher Hybrid zwischen Bourbon und Typica.

Pacamara: Hybrid zwischen der Arabica-Typica-Mutation Pacas und Maragogype

Pacas: natürliche Mutation von Arabica Typica

Pache Comum: natürliche Arabica-Typica-Mutation aus Guatemala

Panama: Arabica-Typica-Varietät

Pluma Hidalgo: mexikanische Arabica-Typica-Varietät

San Bernardo: Arabica-Typica-Varietät

San Ramon: Arabica-Typica-Varietät

Santos: Bourbon-Varietät aus Brasilien

Sarchimor: interspezifischer Hybrid von Villa Sarchi und Timor

SL28: gegen viele Krankheiten resistente Bourbon-Varietät aus Tansania

SL34: Selektion der French-Mission-Varietät aus Kenia

Sidamo: Arabica-Typica-Varietät aus der äthiopischen Region Sidamo

Sidikalang: Mutation der Typica-Bohne aus Indonesien

Timor (auch Arabusta genannt): natürlicher interspezifischer Hybrid zwischen Arabica und Robusta

Typica: Ursprung aller Arabica-Varietäten

Yirgacheffe: Arabica-Typica-Varietät aus Äthiopien

3 Kaffeeanbau

Allgemeine Voraussetzungen

Die Kaffeepflanze ist sehr sensibel und wächst nur unter bestimmten klimatischen Bedingungen. So wird Kaffee bislang nur in Ländern bis zu 30 Grad nördlich und südlich des Äquators angebaut, im sogenannten Kaffeegürtel. Die geografische Lage und ein ausgeglichenes Klima ohne extreme Temperaturen sowie der Schutz vor Sonne und Wind sind ebenso wichtig für das Gedeihen der Kaffeepflanze wie ausreichend Niederschlag und eine optimale Bodenbeschaffenheit. Dabei stellen die beiden Hauptsorten Arabica und Robusta unterschiedliche Ansprüche.

Geschmacklich sind die einzelnen „Provenienzen", wie die Kaffeesorten der einzelnen Anbaugebiete genannt werden, sehr unterschiedlich. Ähnlich wie zum Beispiel beim Wein hängt der Geschmack einer Provenienz unter anderem stark vom Anbaugebiet, der Pflege, der Höhenlage des Anbaugebiets, dem Klima der Gegend sowie dem damit verbundenen Mikroklima – also

Blick auf Kaffeebäume auf einer großen Plantage im brasilianischen Bundesstaat Minas Gerais. Produziert wird überwiegend Arabica. Brasilien ist der größte Kaffeeproduzent der Welt. Kaffee wird in Brasilien auf mehreren Millionen Hektar angebaut.

Plantage auf Jamaika. Hier wird einer der teuersten Kaffees der Welt, der „Jamaica Blue Mountain“, angebaut.

den Klimaverhältnissen in einem sehr eng begrenzten Areal und in Bodennähe – und der Qualität des Bodens ab. Arabica-Kaffee aus Mexiko zum Beispiel schmeckt anders als die gleiche Sorte aus Äthiopien, im äthiopischen Hochland angebauter Arabica wiederum anders als Arabica-Kaffee, der zwar ebenfalls in Äthiopien, aber dort in geringerer Höhe angebaut wurde.

Insgesamt gibt es heute über 70 Länder mit wirtschaftlich relevanten Kaffeeanbaugebieten, aber nicht in jedem Land, das klimatisch dafür geeignet wäre, wird auch tatsächlich Kaffee angebaut. Dies kann verschiedene Gründe haben.

KAFFEE EINE INTERNATI

DEUTSCHER
KAFFEEVERBAND

NALE KÖSTLICHKEIT

Im Folgenden sind für die jeweiligen Kontinente in alphabetischer Reihenfolge die wichtigsten Kaffeeanbauländer aufgeführt:

- **Süd- und Mittelamerika:** Bolivien, Brasilien, Costa Rica, Dominikanische Republik, Ecuador, El Salvador, Guatemala, Haiti, Honduras, Jamaika, Kolumbien, Kuba, Mexiko, Nicaragua, Panama, Paraguay, Peru, Venezuela
- **Afrika:** Äthiopien, Angola, Benin, Burundi, Demokratische Republik Kongo, Elfenbeinküste, Ghana, Guinea, Kamerun, Kenia, Liberia, Madagaskar, Malawi, Nigeria, Ruanda, Sambia, Simbabwe, Sierra Leone, Tansania, Togo, Uganda, Zentralafrikanische Republik
- **Asien und Australien:** Indien, Indonesien, Papua-Neuguinea, Philippinen, Sri Lanka, Thailand, Vietnam, China

Höhenlage und Temperatur

Die Kaffeepflanze ist sehr temperaturempfindlich. Arabica wächst vorrangig in Höhen zwischen 600 und knapp über 2000 Metern, wobei die durchschnittliche Temperatur bei 18 bis 25 Grad Celsius liegen sollte. Temperaturen von über 30 und unter 13 Grad Celsius sind schädlich für die Pflanze. Die ideale Temperaturspanne liegt zwischen 18 Grad Celsius nachts und 25 Grad am Tag. Robusta zeigt sich, wie der Name schon sagt, etwas robuster als Arabica. Die Pflanzen vertragen höhere Temperaturen und wachsen sehr gut bei Temperaturen zwischen 22 und 28 Grad Celsius. Steigt die Temperatur aber auf über 30 Grad Celsius, besonders wenn die Luftfeuchtigkeit zu niedrig ist, reagiert auch Robusta empfindlich. Robusta wächst in tieferen Lagen als Arabica, die Anbauhöhengrenze liegt in der Regel bei circa 900 Metern.
Kaffee, der in Höhenlagen ab 1000 Metern wächst, wird „Hochlandkaffee" genannt und gilt oft als besonders hochwertig, da die Reifung in höheren Lagen temperaturbedingt langsamer voranschreitet und die Kirschen so mehr Zeit haben, Inhaltsstoffe, Säuren und somit Geschmack einzulagern. Die in tieferen Lagen angebauten Kaffees reifen schneller, haben meist mehr Humus zur Verfügung und lagern dadurch eher erdige Töne ein.

> Die Kaffeepflanze ist sehr temperaturempfindlich. Robusta ist, wie der Name sagt, etwas robuster als Arabica.

Wasserbedarf

Die durchschnittliche Niederschlagsmenge, deren zeitliche Verteilung und der Grad der Luftfeuchtigkeit spielen beim Kaffeeanbau eine große Rolle. Es ist nicht nur entscheidend, wie viel Regen fällt, sondern auch wann und in welcher Konzentration.

Die Kaffeepflanzen brauchen eine Niederschlagsmenge von 1500 bis 2000 Millimetern im Jahr. Beträgt die jährliche durchschnittliche Niederschlagsmenge weniger als 1000 Millimeter, dann müssen die Pflanzen zusätzlich künstlich bewässert werden. Fallen weniger als 800 Millimeter Regen im Jahr, ist Kaffeeanbau im Grunde unmöglich. Tendenziell ist zu viel Regen eher akzeptabel als zu wenig, das gilt vor allem für Robusta. Robusta bevorzugt generell regenreichere Regionen als Arabica und toleriert auch Gegenden mit sehr hoher Luftfeuchtigkeit. Arabica dagegen reagiert sehr empfindlich auf feuchtwarme Luft, da diese die Pflanzen anfälliger für Krankheiten, wie beispielsweise Kaffeerost, macht.

Es gibt jedoch Regionen, die für den Kaffeeanbau genutzt werden, obwohl eigentlich zu wenig Regen fällt. Ist zum Beispiel der Boden ideal und speichert den Niederschlag sehr gut, dann kann Kaffee auch in regenärmeren Gebieten optimal gedeihen. In Brasilien etwa fallen im Bundesstaat São Paulo 80 Prozent des jährlichen Niederschlags in den Monaten Oktober bis März. Diese Verteilung der Niederschläge ist sehr günstig für das Pflanzenwachstum. Durch das Wasser, welches nach längerer Trockenzeit auf die Pflanze trifft, werden die Blütenknospen „geweckt" und treiben aus. Für Robusta ist es ideal, wenn nach einer zwei- bis dreimonatigen Trockenperiode anschließend in den restlichen Monaten reichlich Regen fällt.

Auch in Gebieten, in denen das Regenwasser nicht so schnell verdunstet, weil es kaum Wind gibt oder die Pflanzen vor Sonne geschützt sind, kann Kaffeeanbau trotz geringerer Niederschlagsmenge erfolgreich betrieben

> Bei modernen Bewässerungssystemen für den Kaffeeanbau wird jeder Kaffeestrauch mittels eines kleinen verlegten Schlauches bewässert, aus dem – je nach aktuellem Wetter – kleine Wassertröpfchen kontinuierlich den Strauch benetzen.

Kaffeeplantage in Costa Rica

werden. Andererseits erbringen auch Regionen mit überdurchschnittlich hohem Regenanteil, zum Beispiel die Region Turrialba in Costa Rica, trotz eigentlich zu hoher Niederschlagsmengen gute Erträge. Geeignet sind durchaus auch Gebiete mit mehreren Trocken- und Regenperioden pro Jahr. In einigen Regionen in Kolumbien gibt es beispielsweise zwei Regenperioden. Aus diesem Grund können zweimal im Jahr Kaffeekirschen geerntet werden, wobei die Erntezyklen sich in eine Haupt- und eine Nebenernte aufteilen.

Boden

Die Böden, auf denen Kaffee wächst, sind in den unterschiedlichen Ländern und Anbaugebieten sehr verschieden. In Westafrika und Indien wächst Kaffee auf Böden aus Gneis und Granit, in Brasilien auf Sandstein und auf Hawaii sogar auf Lavaböden. In Indonesien und in einigen zentralamerikanischen Gebieten wird die Kaffeepflanze auf vulkanischer Asche angebaut. Generell gilt: Der optimale Boden für den Kaffeeanbau ist tief, locker, gut belüftet und durchlässig. Zudem ist ein neutraler oder leicht saurer pH-Wert ebenso wichtig wie ein hoher Humusgehalt in der oberen Bodenschicht. Durch den Humus wird eine bessere Bodenfeuchtigkeit garantiert, was vor

Kaffeepflanzer pflanzen junge Kaffeesetzlinge in den Boden.

Im tropischen Hochland von El Salvador werden die empfindlichen Pflanzen mit Hecken vor thermischen Winden geschützt.

allem für Robusta wichtig ist. Humushaltiger Boden garantiert zudem ein Mindestangebot an Nährstoffen. Außerdem halten die im Humus enthaltenen organischen Verbindungen die Bodenteilchen zusammen und stabilisieren so den Boden bei tropischen Regengüssen. Ist der Boden hingegen zu locker und humusarm, kommt es leicht zu Abschwemmungen durch kräftigen Regen und zu Winderosion. Insbesondere Hänge und Hangrücken sind von Bodenerosion besonders betroffen.

Der Boden sollte für eine Kaffeepflanze eine ausreichende Tiefe haben. Die pfahlartige Wurzel der Kaffeepflanze muss sich sowohl entfalten können als auch genügend Halt haben. Eine Mindesttiefe von 2,5 Metern sollte gewährleistet sein, sodass die Wurzel tief genug in den Boden hineinragen und Feuchtigkeit aufnehmen kann.

Schutz vor Wind und Sonne

Nicht nur Wärme und Regen, sondern auch Sonneneinstrahlung und Wind haben große Auswirkungen auf das Gedeihen der Kaffeepflanzen. Das natürliche Vorkommen von Kaffeepflanzen, zum Beispiel in den Wäldern Äthiopiens, zeigt, dass nicht unbedingt tropische Regenwälder mit

dichtem Unterholz dem Wachstum der Pflanzen förderlich sind, sondern eher lockerer Bewuchs, der leichten Halbschatten bewirkt. Es gibt sowohl Plantagen, in denen die Kaffeepflanzen bewusst der prallen Sonne ausgesetzt werden, als auch solche, in denen sie schattig angebaut werden. Ständige direkte Sonneneinstrahlung kann dazu führen, dass die Erträge der Pflanzen größer ausfallen, jedoch sind die Pflanzen nach kürzerer Zeit ausgelaugt und zudem anfälliger für Krankheiten und Schädlinge. Wenn man sich dazu entscheidet, Kaffeepflanzungen ohne Schatten anzulegen, dann meist aus folgenden Gründen: Bei guter Pflege und planvollem Beschnitt spenden sich die Kaffeepflanzen mit den Jahren selbst beziehungsweise gegenseitig Schatten. Pflanzt man Bäume an, die nur als Schattenspender dienen und häufig selbst keine Erträge erzielen, schafft man einen Kostenfaktor. Diese Bäume müssen gepflegt, gedüngt und bewässert werden, was dieses Vorgehen wirtschaftlich unattraktiv macht (eine Ausnahme bilden allerdings Bananenbäume, die selbst Erträge erzielen und gleichzeitig den Kaffeepflanzen Schatten spenden). Starker Schatten kann zudem Krankheiten und Schädlinge begünstigen. Diese bedrohen Kaffeepflanzen bei starker Sonneneinstrahlung jedoch ebenfalls. Aus diesem Grund ist es am sinnvollsten, einen Mittelweg zu wählen und für Halbschatten zu sorgen. Wichtiger noch als der Sonnenschutz ist der Schutz vor Wind. Kräftige Stürme reißen häufig Äste und Zweige von Kaffeepflanzen ab, Blätter reißen ein, und die Wurzeln werden gelockert. Auch leichtere, dafür aber stetige trockene und warme Winde können Blätter, Knospen und Triebe schädigen. Ideal ist es, Kaffeepflanzen einmal durch Hecken und Schattenbäume zu schützen und sie zudem so anzuordnen, dass sie sich gegenseitig Schutz geben.

	Arabica	**Robusta**
Dauer von Blütezeit bis Ernte	7 bis 9 Monate (Selbstbefruchtung)	9 bis 11 Monate (Fremdbefruchtung)
Anbauhöhe	600 bis 2000 Meter	0 bis 900 Meter
Temperatur (Celsius)	18 bis 25 Grad	um 26 Grad
minimale Temperatur	über 10 Grad	über 8 Grad
Wasserbedarf	1500 bis 2000 Millimeter pro Quadratmeter im Jahr	1500 bis 2500 Millimeter pro Quadratmeter im Jahr
Luftfeuchtigkeit	hoch	annähernd 100 Prozent

Bananenbäume und Bambus als Schattenspender für Kaffeepflanzen im Valle del Cauca in Kolumbien

Pflanzung und Pflege

Der Anbau und die Kultivierung von Kaffeepflanzen erfordern viel Handarbeit, eine große Sorgfalt und viel Geduld. Die Pflege der Pflanzen muss immer an die Beschaffenheit des Klimas und des Bodens angepasst werden, und sie ist entscheidend für die Qualität der Ernte.

Für die Kultivierung von Kaffeepflanzen eignen sich drei Methoden: die Aufzucht aus Samen, die vegetative Methode, zum Beispiel aus Stecklingen, oder das Pfropfen.

Saatgutmethode (Aufzucht aus Samen)

Weit verbreitet bei der Kultivierung von Kaffeepflanzen ist die Saatgutmethode. Die Herstellung von keimfähigen Kaffeesamen wird meist von Großpflanzern, speziellen Institutionen oder Forschungszuchtstätten übernommen. Für die Aufzucht geeigneter Kaffeebohnen werden spezielle Saatgutbäume herangezogen.

Die reifen, aber keinesfalls überreifen Früchte werden meist manuell gepflückt, im Wasserbad gespült und mit einem kleinen Handentpulper vom Fruchtfleisch befreit. Um die Bohnen von der nach dem Entpulpen noch anhaftenden Schleimschicht zu befreien, werden die Bohnen entweder mit der Pergamenthaut im Freien getrocknet oder einer sogenannten nassen Gärung unterzogen, bis sich die Schleimschicht aufgelöst hat. Beim sofortigen Trocknen ist es wichtig, dass die Bohnen in einer dünnen Schicht auf einer luftdurchlässigen Unterlage ausgebreitet werden, ohne dass sie sich berühren. So werden die Bohnen im Schatten bis auf eine Restfeuchte zwischen 15 und acht Prozent getrocknet. Bei der nassen Gärung werden die Bohnen kürzer als zehn Stunden in einem Behälter mit Wasser fermentiert, bis sich die vergorene, wasserunlösliche Schleimschicht abwaschen lässt. Danach werden die Bohnen im Freien oder künstlich mit entsprechenden Maschinen getrocknet. Diese beiden Aufbereitungsarten werden im Kapitel 5 „Aufbereitung“ noch einmal genauer erläutert.

Nach der Aufbereitung der Kaffeesamen erfolgt eine genaue Sortierung und Klassifizierung der Bohnen. Die Keimfähigkeit der Samen ist begrenzt; die schnellste und zuverlässigste Keimfähigkeit wurde bei etwa acht Wochen altem Saatgut festgestellt. Bevor das Saatgut in spezielle Beete gedrückt wird, werden die Pergamenthüllen von den einzelnen Bohnen entfernt. Etwa jeweils 2000 Kaffeesamen werden in spezielle Beete oder Kästen gesät.

Junge Kaffeepflanze

Coffea arabica

Idealerweise sollten diese Beete durch eine Abgrenzung gegen das Wegspülen der Erde durch tropischen Regen geschützt sowie eingezäunt sein, damit die Samen nicht von Tieren gefressen werden. Die Erde wird bei trockenem Wetter vorbereitet, sollte locker, feinkrümelig und humushaltig sein. Man wählt in der Regel eine Tiefe von rund 60 Zentimetern. Dem Boden wird häufig Kompost, Dung oder Superphosphat hinzugefügt. Darüber schichten einige Pflanzer noch eine fünf bis sieben Zentimeter dicke Schicht sauberen, abgeriebenen Flusssand.
Die Samen werden in die Beete in ein bis drei Zentimeter voneinander entfernte Reihen gedrückt. Auch der Abstand zwischen den Bohnen einer Reihe sollte in etwa so groß sein. Die Beete sollten nicht der direkten Sonneneinstrahlung ausgesetzt sein, aber auch nicht im völligen Schatten liegen und vor Regen geschützt werden.
Fünf bis sechs Wochen nach der Aussaat werden die gewachsenen Setzlinge in Einzelbehälter umgepflanzt. Diese Einzelbehälter werden in leicht schattige Pflanzenschulbeete umgesiedelt, wo sie entsprechend gepflegt werden. Diese Einzelbehälter können kleine Töpfe oder Folienbeutel sein. Dadurch können die Pflanzen gut transportiert werden, und sie werden beim weiteren Umtopfen geschont. Teilweise werden die Samen bereits direkt in diese Einzelbehälter, etwa Folienbeutel, gesät, sodass darin einzelne Pflanzen wachsen, die noch einfacher im jeweiligen Behälter in Schulbeete umgesetzt werden können.

Kaffeepflanzer bereiten Kaffeesetzlinge zum Pflanzen vor.

Nach etwa acht Monaten intensiver Pflege, Düngung und Bewässerung kann die Pflanze auf einer größeren Fläche oder Plantage eingepflanzt werden. Nach und nach sollten sich die Pflanzen zuvor schon etwas mehr an Sonneneinstrahlung gewöhnt haben.

Je nach Sorte werden die Kaffeebäumchen in einem Abstand von einem bis drei Metern gepflanzt. Regelmäßig wird der Boden rund um die Pflanzen gejätet und mit Mineraldünger bearbeitet, um das Auslaugen der Erde zu verhindern. Selbstverständlich muss auch auf eine ausreichende Wasserzufuhr und auf Schutz gegen Keime, Schädlinge und Krankheiten geachtet werden.

Hat der Baum eine Höhe von zwei bis drei Metern erreicht, wird mehrere Jahre lang die Krone immer wieder gekappt, sodass der Baum in die Breite wächst. Durch ständigen Beschnitt werden die Kaffeepflanzen auf anderthalb bis zwei Meter Höhe gehalten, was sich sowohl positiv auf die Erträge auswirkt als auch die Ernte erleichtert.

Nach drei bis fünf Jahren bringen die Kaffeepflanzen die optimale Ernte. Kaffeebäume, die keinen Ertrag mehr erbringen, müssen entfernt werden. Gegebenenfalls werden die alten Bäume nach circa 20 Jahren durch neuere Züchtungen ersetzt, die widerstandsfähiger gegen Schädlinge sind und mehr Erträge bringen.

Nach etwa acht Monaten intensiver Pflege, Düngung und Bewässerung kann die Pflanze auf einer größeren Fläche oder Plantage eingepflanzt werden, wie hier in Mexiko.

Methoden zur Vermehrung von Kaffeepflanzen sind: Saatgutmethode, vegetative Vermehrung (beispielsweise durch Stecklinge) und Pfropfen.

Kultivierung durch Stecklinge oder Pfropfen

Neben der Saatgutmethode gibt es auch noch die Möglichkeiten der Stecklinge und des Pfropfens.

Bei der vegetativen Vermehrung, etwa durch Stecklinge, kann sich der Pflanzer der Eigenschaften der Pflanze sicher sein: Die Pflanze wird sich genetisch exakt wie die Stammpflanze verhalten. Dennoch wird diese Methode nicht so häufig praktiziert wie die Saatgutmethode, da sie auch Probleme mit sich bringt. So bilden Stecklinge oder Ableger schlecht Wurzeln und neigen dazu, übermäßig in die Höhe zu schießen.

Die Methode des Pfropfens bezeichnet das Verbinden von zwei Pflanzen (-teilen), bis diese miteinander verwachsen und sich zu einer Pflanze verbinden. So kann zum Beispiel die Wurzel einer Kaffeepflanze mit der Krone einer anderen verbunden werden. Auch diese Pflanzen sind eigenschaftssicher, jedoch sind der Aufwand und die Arbeitsintensität bei dieser Methode sehr hoch. Generell gilt für alle Methoden, dass Samen oder Pflanzenmaterial sorgfältig ausgesucht werden müssen. Auslesemerkmale können unter anderem sein:

- Eignung für die jeweiligen Boden- und Klimaverhältnisse
- kräftiges und gesundes Wachstum
- Wirtschaftlichkeit, also regelmäßige Erträge von marktfähigem Kaffee
- Widerstandsfähigkeit gegen Krankheiten und Schädlinge
- Verhalten bei der Aufbereitung

Eine Forscherin zeigt einen Kaffeebaum, der durch die „Pfropf-Methode" verjüngt wurde.

Düngung und Schädlingsbekämpfung

Da das tropische und subtropische Klima, in dem Kaffeepflanzen gedeihen, auch Schädlingen und Krankheiten eine gute Lebensgrundlage gibt, muss beim Kaffeeanbau sinnvoller Pflanzenschutz betrieben werden. Dieser kann biologische, chemische und anbautechnische Maßnahmen umfassen, wie zum Beispiel:

- Bodenbearbeitung
- Humuserhaltung
- Schutz vor Austrocknung und Erosion
- Bewässerung
- Pflanzenschnitt
- Düngung
- Schädlingsbekämpfung

Die Kaffeepflanzen entziehen dem Boden Nährstoffe, die ihm wieder zugeführt werden müssen.

Düngung

Die Kaffeepflanzen entziehen dem Boden sehr viele Nährstoffe, die ihm wieder zugeführt werden müssen. Der pH-Wert des Bodens beeinflusst die Zugriffsmöglichkeit der Pflanzen auf die darin enthaltenen Nährsalze. Generell gedeiht Kaffee in neutralem bis schwach alkalischem Boden. Bei Arabica-Pflanzen geht man von einem pH-Wert des Bodens von 4,2 bis 5,1 aus, bei Robusta von 4,0 und höher.

Für den Nährstoffhaushalt der Kaffeepflanzen ist neben Phosphorsäure (P_2O_5), Kali (K_2O) und Kalk ($CaCO_3$) besonders Stickstoff (N) wichtig. Humus ist ein guter Stickstofflieferant, der zudem die Pilz-Mikroorganismen ent- und erhält, die in Symbiose mit der Kaffeepflanze leben und für deren Nahrungsaufnahme wichtig sind.

Um den Boden humushaltig zu erhalten, müssen verbrauchte organische Stoffe wieder zugeführt werden. Dies kann zum Beispiel durch das Kompostieren von Stallmist, aufbereiteten Resten der Kaffeeentpulpung oder Pflanzenbeschnitt erfolgen.

Neben der organischen Düngung ist es auch erforderlich, dem Boden Mineralien zuzuführen, die ihm durch die Kaffeepflanzen entzogen worden sind. Die mineralische Düngung sollte zum Ende der Hauptregenzeit erfolgen, nicht jedoch während der Regenzeit selbst, da sonst der teilweise heftige Regen die Mineralstoffmischung wieder wegspülen würde.

Eisen (Fe) fehlt häufig in Böden, auf denen vorher Viehzucht betrieben wurde.

Kali (K_2O) ist wichtig für die gesunde Entwicklung der Pflanze. Ein Mangel daran zeigt sich in schlechtem Wachstum und fehlerhaften Blättern.

Kalk ($CaCO_3$) ist wichtig für das Wachstum. Kalkmangel lässt Wurzeln absterben, und die Blätter verfärben sich.

Magnesium (Ma) ist unerlässlich für das Wachstum und vor allem für die Photosynthese der Pflanzen. In sauren Böden kann der Magnesiumgehalt zu gering sein.

Mangan (Mn) ist häufig in Böden aus Vulkanasche in zu geringer Menge vorhanden.

Phosphorsäure (P_2O_5) fördert die Blüte und den Fruchtansatz. Ein Mangel daran kann durch Überproduktion, zu viele Unkräuter und geringe Bodenfeuchte auftreten und lässt den Ertrag spürbar zurückgehen.

Schädlinge und Krankheiten

Kaffeepflanzen wurden durch Züchtungen, Beschnitt und Düngung über Jahrzehnte hinweg den jeweiligen Kulturbedingungen angepasst, was dazu führte, dass Kaffee heute auch an Standorten gedeihen und wirtschaftlich sinnvoll angebaut werden kann, an denen dies ursprünglich nicht möglich

Kaffeebauer auf einer Plantage bei Vale do Caxixe in Brasilien

war. Die Pflanzen wurden verändert, und auch ihre Umgebung wurde durch den Menschen modifiziert. Das hat aber Schädlingen und Krankheiten, die den Kaffeebaum schädigen, teilweise sogar genutzt, sodass die Kaffeepflanzen dieser Bedrohung stärker ausgesetzt sind.

Pilze, Bakterien, Algen und Schadinsekten gedeihen in einem feuchtwarmen Klima besonders gut. Tropische und subtropische Pflanzen sind durch sie dementsprechend besonders gefährdet. Es ist kaum möglich, eine Kaffeepflanze ohne einen Schädlings- oder Keimbefall aufzuziehen. Aus diesem Grund ist es nötig, die Schädlinge zu bekämpfen und Krankheiten einzudämmen.

Es ist kaum möglich, eine Kaffeepflanze ohne einen Schädlings- oder Keimbefall aufzuziehen.

Zu den Schädlingen der Kaffeepflanze zählen Insekten, die Blätter fressen, Nährstoffe saugen und sich in den Stamm oder andere Pflanzenteile bohren. Dies sind beispielsweise Spinnen, Blattläuse, Schildläuse, Wanzen, Blasenfüßler, Käfer, darunter vor allem der Kaffeekirschenbohrer, Blätter fressende Raupen, Fruchtfliegen und Ameisen. Manche Schädlinge schädigen den Kaffeebaum zwar nicht unmittelbar, übertragen jedoch Krankheiten.

Neben den Insekten, welche die Kaffeepflanze schädigen, leben aber auch solche in der Umgebung der Kaffeepflanze, die sie schützen, da sie natürliche Fressfeinde der Schädlinge sind. Einige Insekten sind sogar lebenswichtig für die Kaffeepflanze, da sie die Blüten bestäuben.

Die Krankheiten, die eine Kaffeepflanze schädigen können, sind weniger durch Viren oder Bakterien verursacht, sondern durch Mikropilze oder Nährstoffmangel. Eine besonders aggressive Form des Mikropilzes ist der „Kaffeerost" (Hemileia vastemix). Diese Krankheit hat auf der Insel Sri Lanka, dem ehemaligen Ceylon, sogar dazu geführt, dass der komplette Bestand an Kaffeebäumen ausgerottet wurde. Aus diesem Grunde wird bis heute auf der Insel kein Kaffee mehr angebaut, sondern Tee. Die Bedrohung durch Kaffeerost ist leider auch in der aktuellen Kaffeezucht noch immer ein Thema. Heutzutage gibt es allerdings dank intensiver Forschung Mittel, welche die Krankheit eindämmen können.

Eine besonders aggressive Form des Mikropilzes ist der „Kaffeerost" *(Hemileia vastemix)*.

Sowohl bei der Schädlings- als auch bei der Krankheitsbekämpfung ist es notwendig, ganzheitlich zu arbeiten, um in jeder Hinsicht akzeptable Ergebnisse zu erreichen. Im besten Fall greifen dabei biologische, chemische und anbautechnische Maßnahmen ineinander. Eine solche sogenannte integrierte Kontrolle bedeutet, dass zum Beispiel auf biologischer Ebene natürliche Fressfeinde einer Schädlingsart eingeführt werden, um den Bestand des Schädlings einzudämmen. Zudem werden die Lebensbedingungen der Nutzinsekten so begünstigt, dass diese sich ausbreiten können. So

Mulch ist ein natürlicher Schutz vor Ungezieferbefall, hier auf einer Plantage in Kenia.

wird gegen Blattläuse etwa der Marienkäfer als natürlicher Fressfeind eingesetzt. Auf anbautechnischer Ebene decken Pflanzer den Boden um die Kaffeebäume mit Mulch ab. Dies verhindert, dass Insekten, wie der Blasenfüßler, ihre Larven direkt an den Wurzeln ablegen können. Das Insekt verpuppt sich zwar auf dem Boden, kann aber nicht durch den Mulch hindurch zur Pflanze gelangen.

Chemisch werden neben Insektiziden auch solche Mittel eingesetzt, die nicht das ausgewachsene Insekt töten, sondern in bestimmte Entwicklungsstadien des Insekts eingreifen und v. a. die Vermehrung verhindern. So gibt es zum Beispiel Mittel, welche die Befruchtung des Weibchens verhindern oder die Häutung der Larven hemmen, was ihr Wachstum unterbindet und sie letztlich absterben lässt. Bei der chemischen Schädlingsbekämpfung müssen stets die gesetzlichen Bestimmungen bezüglich der Höchstmengen bestimmter Inhaltsstoffe beachtet werden.

Neben Insekten und Krankheiten schädigen auch Unkräuter die Kaffeepflanze. Zum einen entziehen sie der Pflanze Nährstoffe und Wasser, zum anderen begünstigen sie wiederum die Entstehung von Krankheiten und den Befall mit Schädlingen. Aus diesem Grund müssen vor allem junge Anpflanzungen frei von Unkraut gehalten werden. Um Unkräuter so weit wie möglich einzudämmen, wird entweder per Hand oder mit einer Maschine gejätet, oder es werden Herbizide, also Unkrautvernichtungsmittel, eingesetzt. Bei beiden Methoden ist äußerste Sorgfalt geboten. Bei der mechanischen beziehungsweise manuellen Unkrautentfernung dürfen nicht die Wurzeln der Kaffeepflanzen beschädigt werden. Der Unkrautabfall muss entsorgt werden; eine weitere Verwendung als Mulch oder Humus ist nicht möglich, da es sonst zu einem erneuten Unkrautbefall kommen würde. Arbeitet man mit Herbiziden, müssen die rechtlichen Bestimmungen selbstverständlich genauestens befolgt werden, was auch bedeutet, dass nur bestimmte zugelassene Inhaltsstoffe bis zu einer definierten Höchstmenge verwendet werden dürfen.

Welche Maßnahmen im Einzelnen ergriffen werden, ist je nach Pflanzenart, Region und Pflanzer unterschiedlich. Der Schädlings- und Krankheitsbefall kann sehr verschieden sein, und damit lässt sich keine allgemein und überall gültige Vorgehensweise beschreiben. Dank intensiver Forschungsarbeit werden die Maßnahmen stetig weiterentwickelt, und es werden neue Varietäten gezüchtet, die über immer größere Widerstandskraft verfügen. Eine genaue Kontrolle, sehr gute Pflege, regelmäßiger Beschnitt und Nährstoffausgleich bleiben beim Kaffeeanbau weiterhin immens wichtig.

Neben Insekten und Krankheiten schädigen auch Unkräuter die Kaffeepflanze. Aus diesem Grund müssen vor allem junge Anpflanzungen frei von Unkraut gehalten werden.

Auf einer Kaffeefazenda in Brasilien werden Kaffeepflanzen mit Pflanzenschutzmitteln besprüht.

4 Kaffeeernte

Erntezeit und Erträge

Nach drei bis vier Jahren erzielt eine Kaffeepflanze erste Erträge. Nach sechs bis acht Jahren ist ihr maximales Produktionsvolumen erreicht, und nach circa 20 Jahren, wenn ein Kaffeebaum in der Regel kaum noch nennenswerte Erträge bringt, wird er entfernt und durch jüngere Pflanzen ersetzt. In Brasilien zum Beispiel werden pro Jahr rund 213 000 Hektar Land neu mit Kaffeepflanzen bestellt. Derzeit gibt es in Brasilien etwa 800 Millionen neue Bäume. Auf den jeweiligen Erntezyklus einer Anpflanzung haben viele Faktoren Einfluss: Die bedeutendsten sind die Höhenlage des Anbaus, die Bodenbeschaffenheit, das Mikroklima sowie die Pflege der Kaffeepflanzen.

In den meisten Produktionsländern wird Kaffee einmal pro Jahr geerntet, in einigen Gebieten kann es aber auch zu zwei Erntezyklen kommen.

Wann Kaffee geerntet wird, hängt von der geografischen Lage ab. In den meisten Produktionsländern wird einmal pro Jahr geerntet, in einigen Gebieten kann es aber auch zu zwei Erntezyklen kommen. In tropischen Ländern mit nur geringem Unterschied von Trocken- und Regenzeit gibt es häufig zwei Blüteperioden, die Haupt- und die Nebenblüte, und somit auch eine Haupt- und eine Nebenernte.

Entscheidend für die jeweils konkreten Erntezeiten ist neben der geografischen Lage auch die Anbauhöhe. In Regionen nördlich des Äquators wird meist von September bis Dezember geerntet. In den Anbauländern südlich davon beginnt die Ernte meist im April oder Mai und kann bis August dauern. Eine Ausnahme bilden Länder beziehungsweise Regionen direkt am Äquator, in denen lokal- und höhenlagenbedingt das ganze Jahr über Kaffee produziert werden kann.

Obwohl es verschiedene Ernteperioden gibt, hat man sich auf den Begriff „Kaffeejahr" geeinigt. Damit wird der Zeitraum vom 1. Oktober bis zum 30. September des Folgejahres beschrieben. Ernteerträge und weitere Zahlen und Statistiken werden einheitlich jeweils für ein Kaffeejahr angegeben, zum Beispiel für das „Kaffeejahr 2011 / 2012" (= Zeitraum vom 1. 10. 2011 bis 30. 9. 2012).

In der Erntesaison tragen viele Bäume gleichzeitig Früchte. Häufig werden die Kaffeekirschen nicht nur auf einzelnen Plantagen und großen Flächen auf einmal reif, sondern ganze Landstriche müssen zeitgleich abgeerntet werden.

Erntehelferinnen pflücken reife Kaffeekirschen auf einer Plantage des Kaffeeforschungszentrums in Pereira/Chinchina, Kolumbien.

Da nur reife, aber keine überreifen Früchte geerntet werden sollen und es ungefähr zehn bis 14 Tage dauert, bis aus einer zu reifen beginnenden Kirsche eine überreife wird, müssen die Bäume während der Erntezeit innerhalb dieser Zeitspanne immer wieder abgeerntet werden. Dies erfordert sehr viele Arbeitskräfte und kann zu einer logistischen Herausforderung werden. Eine Kaffeekirsche ist reif, wenn sie leuchtend rot ist, glänzt und eine pralle Schale aufweist. Die Kirsche sollte fest sein, aber nicht hart, und die Bohne sollte sich leicht aus der Frucht herausdrücken lassen. In diesem Idealzustand bleiben die Kirschen jedoch nicht lange. Im Stadium der Überreife färben sich die Früchte dunkelrot bis violett, bei Arabica-Pflanzen fallen sie häufig ab. Einige überreife Früchte vertrocknen am Baum und müssen nach der Erntesaison entfernt werden, da sie anfällig für Krankheiten, Keime und Schädlinge sind. Dies gilt auch für Früchte, die eine eingerissene, geplatzte oder sonstwie beschädigte Schale haben.

Die Erntezeit kann sich über zehn bis zwölf Wochen erstrecken, dauert teilweise auch bis zu vier Monate, da sich an den Kaffeepflanzen häufig Blüten, reife und unreife Kirschen gleichzeitig befinden. Bei Robusta-Pflanzen

Flächenbedarf und Erträge pro Jahr (durchschnittlich, gerundet, 1 Sack Rohkaffee à 60 kg)

Brasilien: Auf 1 Hektar stehen 2650 Bäume, die insgesamt 19 Sack Rohkaffee erbringen. Für 1 Sack Rohkaffee benötigt man 141 Bäume und 0,05 Hektar Land.

Vietnam: Auf 1 Hektar stehen 34 Bäume, die insgesamt 34 Sack Rohkaffee erbringen. Für 1 Sack Rohkaffee benötigt man 1 Baum und 0,03 Hektar Land.

Indonesien: Auf 1 Hektar stehen 8,5 Bäume, die insgesamt 8,5 Sack Rohkaffee erbringen. Für 1 Sack Rohkaffee benötigt man 1 Baum und 0,12 Hektar Land.

Kolumbien: Auf 1 Hektar stehen 9 Bäume, die insgesamt 9 Sack Rohkaffee erbringen. Für 1 Sack Rohkaffee benötigt man 1 Baum und 0,1 Hektar Land.

Quelle: ICO, Stand Mai 2011

Eine Kaffeekirsche ist reif, wenn sie leuchtend rot ist, glänzt und eine pralle Schale aufweist.

kann eine Erntesaison sogar sechs Monate anhalten, wobei sich der Hauptteil einer Ernte aber auf einen Zeitraum von etwa sechs bis acht Wochen konzentriert. Bei Arabica-Kaffee werden im zweiten und dritten Monat der Erntesaison die meisten Kirschen geerntet; bei Robusta fällt die Haupternte auf die Zeit zwischen dem zweiten und fünften Monat.

Erntemethoden

Ernte und Aufbereitung sind entscheidend für die Qualität und den Geschmack des Naturprodukts Kaffee.

Ernte und Aufbereitung sind entscheidend für die Qualität und den Geschmack des Naturprodukts Kaffee. Lediglich reife Kirschen eignen sich für die Herstellung von hochqualitativem Kaffee, da unreife Früchte unausgereifte Säuren besitzen und wenig Geschmack aufweisen. Überreife Kirschen dagegen faulen und schimmeln klimabedingt sehr schnell. Der dann entstehende Geschmack geht auf die Bohne über und lässt sich auch nach dem Rösten noch herausschmecken.

Handpflückung

Um zu gewährleisten, dass nur wirklich reife Kirschen geerntet werden, wird häufig einzeln mit der Hand gepflückt. Das ist zwar sehr zeit- und arbeitsaufwendig, garantiert aber ein hohes Qualitätsniveau. Speziell für Arabica-Kaf-

Die Kaffeekirschen per Hand zu ernten ist zeitaufwendig, garantiert aber ein hohes Qualitätsniveau.

fees, die nass aufbereitet werden, wird diese Erntemethode angewandt. Das gezielte Pflücken der reifen Kirschen muss an jedem Baum alle zehn bis 14 Tage wiederholt werden, bis schließlich alle Früchte abgeerntet sind. Manche Bäume werden bis zu zehnmal innerhalb einer Ernteperiode auf reife Früchte hin untersucht, und idealerweise sollten die Pflücker dabei vermeiden, die Äste einfach abzustreifen, da dann neben reifen auch unreife Früchte, loses Blattwerk und Schmutz aufgenommen werden. Ab- oder eingerissene Blätter schädigen den Baum. Um eventuell herunterfallende Früchte vor Staub und Schmutz zu schützen, breiten die Pflücker Tücher oder Planen unter den Bäumen aus.

Diese Erntemethode wird auf größeren Flächen durchaus ebenso angewandt wie auf kleinen, familiär betriebenen Pflanzungen. Kleinbauern bringen ihre Ernte zu Kooperativen, einer Art Zusammenschluss oder Genossenschaft von Kleinpflanzern, die dafür sorgen, dass alle Ernteerträge der Region an einem Ort gesammelt werden. Auf größeren Plantagen bringen die Pflücker ihre Tagesleistung zu einer plantageneigenen Sammelstelle, wo sie gewogen wird. Entsprechend erhalten die Arbeiter vom Plantagenbesitzer ihren Lohn.

Man rechnet, dass etwa 15 Kilogramm frische Kaffeekirschen zwei bis zweieinhalb Kilogramm Rohkaffee beziehungsweise rund zwei Kilogramm Röstkaffee ergeben, je nach dem sogenannten Einbrand beim Rösten, der elf bis 20 Prozent betragen kann und abhängig ist vom Feuchtigkeitsgehalt des jeweiligen Rohkaffees. Bei einer durchschnittlichen Pflückleistung von 50 bis 120 Kilogramm Kaffeekirschen pro Tag benötigt ein Pflücker etwa drei bis sieben Arbeitstage, bis er die Menge an Kaffeekirschen eingebracht hat, die man für einen 60-Kilogramm-Sack Rohkaffee benötigt. Die Pflückleistung ist dabei nicht nur davon abhängig, wie geschickt und schnell die Arbeitskräfte sind, sondern auch die Beschaffenheit der Plantagen beziehungsweise Baumreihen, der Abstand der Bäume untereinander und die zu pflückende Sorte beeinflussen die Tagesleistung.

Das gezielte Pflücken der reifen Kirschen muss an jedem Baum alle acht bis zehn Tage wiederholt werden, bis schließlich alle Früchte abgeerntet sind.

Man rechnet, dass etwa 15 Kilogramm frische Kaffeekirschen zwei bis zweieinhalb Kilogramm Rohkaffee beziehungsweise rund zwei Kilogramm Röstkaffee ergeben.

Strip-Pflückung

Bei der „Strip-Pflückung“, die auch „Melken“ oder „Milking“ genannt wird, werden alle Kirschen eines Zweiges abgestreift, unabhängig vom unterschiedlichen Reifegrad der Früchte. Die Früchte fallen dann auf Tücher, die vorher auf dem Boden ausgebreitet wurden. Die Pflückleistung bei dieser Methode ist entsprechend höher als beim selektiven Handpflücken. Rund 120 bis 250 Kilogramm Kaffeekirschen kann ein Pflücker so pro Arbeitstag

Pflückerin in Burundi bei der Arbeit

ernten. Diese Erntemethode wird häufig für Robustas sowie brasilianische und äthiopische Arabicas eingesetzt, die für die trockene Aufbereitung bestimmt sind. Da häufig neben reifen Früchten auch unreife Kirschen sowie Holzteile und Schmutz mit abgestreift werden, müssen diese Fremdkörper und die unreifen Früchte später aussortiert werden. Dieser Vorgang ist erheblich aufwendiger als bei der Handpflückung, womit sich die höhere Pflückleistung wieder etwas relativiert. Kirschen, die mit dieser Methode geerntet werden, sind nicht so gut für die nasse Aufbereitung geeignet wie selektiv handgepflückte Früchte.

Maschinenpflückung

Auf großen Kaffeefarmen kommen Pflückmaschinen auf Rädern zum Einsatz, die auf mechanischem Wege die Äste der Kaffeepflanzen „kämmen“,

Der ungefähre Umrechnungsfaktor von **Kirschen** zu **Rohkaffee** mit Pergamenthaut (dem sogenannten **Pergamino** oder Pergamentkaffee) ist fünf zu eins. Das heißt, fünf Kilogramm Kirschen ergeben etwa ein Kilogramm Pergamentkaffee. Von den Kirschen zum Rohkaffee ist der Umrechnungsfaktor sechs zu eins, da die Pergamenthülle plus defekte Bohnen circa 20 Prozent ausmachen, und von Kirschen zu **Röstkaffee** rund sieben bis acht zu eins.

Auf einigen topografisch geeigneten Plantagen, z. B. in Brasilien, werden häufig Maschinen zum Pflücken eingesetzt.

sodass die Kirschen auf einen integrierten Sammler oder auf unter den Pflanzen ausgebreitete Planen oder Netze fallen. Diese Methode ist nur bei geradlinig angelegten Baumreihen auf Plantagen möglich, da die Maschine durch die Reihen fahren muss. Durch diese Methode, die insbesondere in Brasilien angewendet wird, werden neben reifen, überreifen und unreifen Kirschen auch Schmutz und Pflanzenteile mit abgestreift, sodass vor einer Weiterverarbeitung ebenso wie bei der Strip-Methode loser Schmutz, Blätter und Zweigteile herausgelesen und die Kirschen nach Reifegrad sortiert werden müssen.

Unabhängig von der Erntemethode müssen im Nachgang heruntergefallene Kirschen eingesammelt werden. Diese werden zusammengeharkt und aufgesammelt, entweder manuell oder maschinell mit einer Art großem Staubsauger, der durch einen integrierten Filter die Kirschen gleich von Staub,

Schmutz und Steinen trennt. Wenn die Kirschen auf unter den Pflanzen liegende Matten oder Planen gefallen sind, werden diese zusammengerollt und zu Aufbereitungsanlagen gebracht.
Die frischen Kirschen weisen einen Wassergehalt von 50 bis 60 Prozent auf und sind daher sehr anfällig für Schimmel und verderben schnell. Aus diesem Grund müssen die gepflückten Kirschen nach der Ernte umgehend aufbereitet, sortiert und weiterverarbeitet werden. Dies passiert an speziellen Aufbereitungsanlagen und kann auf verschiedene Arten geschehen (siehe Kapitel 5 „Aufbereitung“).

Ernteerträge

Für den Ertrag sind die Lage der Bäume, ihr Alter sowie ihre Düngung und Pflege maßgeblich. Zwar folgen Kaffeeanbau und Kaffeeernte überall gewissen Grundsätzen und Prinzipien, aber in Ausprägung und Details gibt es große Unterschiede: In Brasilien, dem weltweit bedeutendsten Kaffeeanbauland, sind insgesamt über fünf Milliarden Kaffeebäume auf rund zwei Millionen Hektar Land für die Produktion von Kaffee im Einsatz. Damit stehen rund 2650 Bäume auf einem Hektar Land. Die Kaffeeproduktion in Brasilien liegt bei knapp 50 Millionen Sack Rohkaffee à 60 Kilogramm pro Jahr, die Tendenz ist steigend.

Auf größeren Plantagen bringen die Pflücker ihre Tagesleistung zu einer Sammelstelle, wo diese gewogen wird. Die Arbeiter erhalten dann ihren Lohn.

Die geernteten Kaffeekirschen werden teilweise mit der Hand sortiert, bevor sie aufbereitet werden.

Zum Vergleich: In Vietnam, einem ebenfalls sehr wichtigen „Kaffeeland" und mittlerweile zweitgrößtem Exporteur weltweit, sind 537 000 Hektar Land mit rund 18 Millionen Kaffeebäumen bepflanzt. Die Größe der Gesamtanbaufläche liegt also bei etwa einem Viertel der brasilianischen, die Dichte der Bäume pro Hektar ist aber deutlich geringer. Mit einem Produktionsvolumen von etwa 18 Millionen Sack Rohkaffee à 60 Kilogramm jährlich erreicht Vietnam aber dennoch 30 bis 40 Prozent des brasilianischen Ertrags.

Kolumbien, bis vor einigen Jahren das zweitwichtigste Kaffeeanbau- und Exportland der Welt, hat eine jährliche Produktion von rund acht Millionen Sack Rohkaffee à 60 Kilogramm. Dafür werden etwa 890 000 Hektar Land mit rund acht Millionen Kaffeebäumen benötigt. Kolumbien wurde als Kaffeeanbauland in den vergangenen Jahren von Vietnam und Indonesien überholt. Indonesien produziert etwa elf Millionen Sack Rohkaffee pro Jahr, wofür etwa dieselbe Menge Kaffeebäume benötigt wird. Auch im Hinblick auf den Kaffeeexport hat Indonesien Kolumbien inzwischen den Rang abgelaufen.

5 Aufbereitung

Die reif geernteten Kaffeekirschen müssen mehrere Verarbeitungsstufen durchlaufen, bis daraus ein aromatisches Getränk zubereitet werden kann. Aufgrund des zuckerhaltigen Fruchtfleischs, der feuchten Schale und der wasserhaltigen Samen und Häutchen sind die reifen Früchte nicht lange haltbar und auch nicht transportfähig. Würden die Kirschen in dieser Form transportiert werden, würden sie bald schimmeln oder gären. Aus diesem Grund muss zunächst die gesamte Hülle, also Fruchthaut und Fruchtfleisch, inklusive der Schleimschicht von der Bohne entfernt werden.
Bei diesem Prozess spricht man von der Aufbereitung der Bohne. Die beiden gängigsten Aufbereitungsmethoden sind die „nasse" und die „trockene" Aufbereitung. In einigen Gebieten wird Kaffee auch „halbtrocken" aufbereitet.
Bei der nassen und der halbtrockenen Aufbereitung bleibt als Ergebnis die Bohne mit Silberhäutchen und Pergamenthaut übrig. In diesem Stadium wird der Kaffee als „Pergamentkaffee" bezeichnet. Nach der trockenen Aufbereitung haftet das getrocknete Fruchtfleisch noch an der Bohne, da die komplette Kirsche mit der vollständigen Hülle getrocknet wird.

Insgesamt sind bei der Aufbereitung je nach Methode mehrere Schritte notwendig:

- Vorsortieren
- gegebenenfalls Entpulpen
- Fermentieren oder Trocknen
- falls bereits fermentiert: Trocknen
- Weiterverarbeiten (Schälen, Sortieren)

Das Ziel der Aufbereitung ist es, den Wassergehalt der frischen Kirschen so weit zu verringern, dass die Bohnen haltbar werden. Außerdem soll die Umhüllung der Kirschen entfernt und so der Kaffee für den Markt vorbereitet werden. Der Wassergehalt der frisch geernteten Kaffeekirschen beträgt rund 60 Prozent. Nach dem Aufbereiten und Trocknen liegt der Wassergehalt des Pergament- beziehungsweise Rohkaffees bei etwa zwölf bis 13 Prozent.

Kaffeekirschen werden mit Hilfe eines Entpulpers vom Fruchtfleisch befreit.

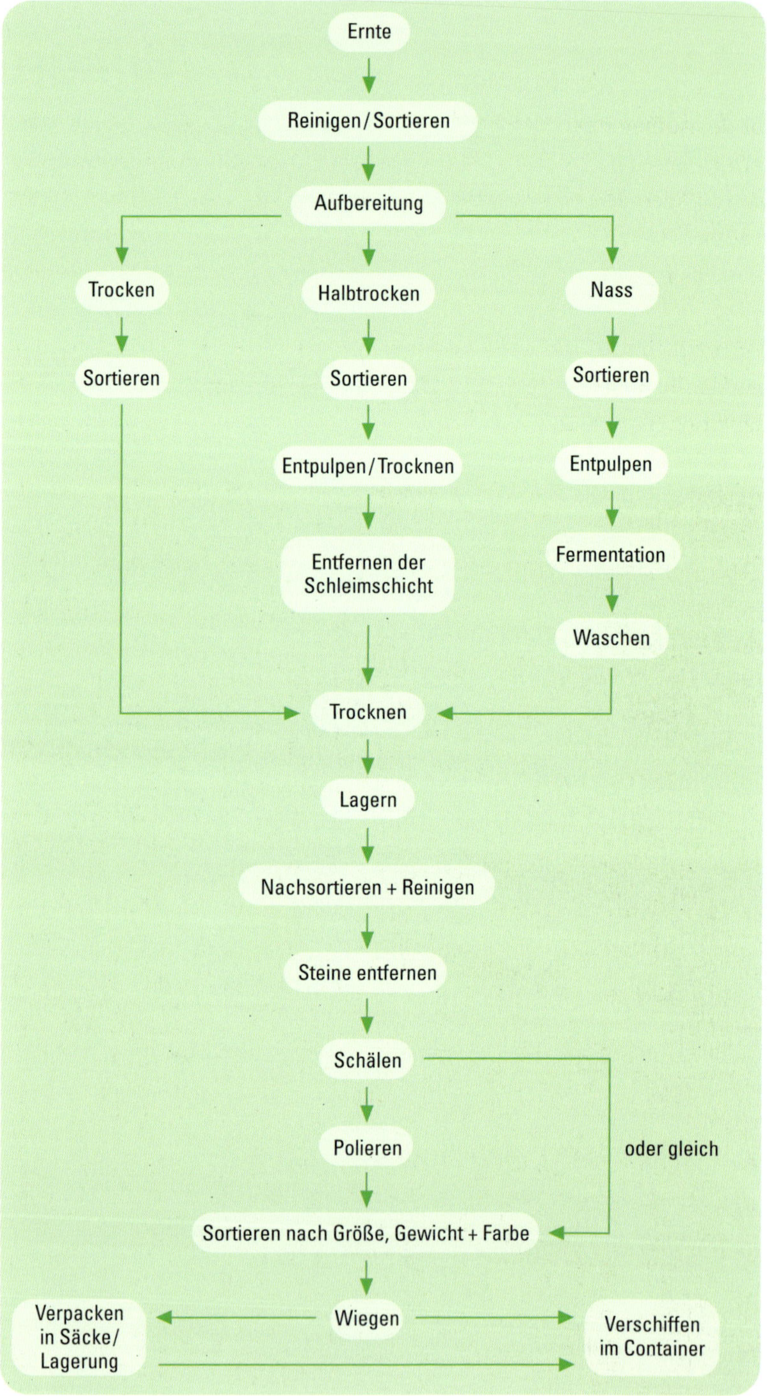

Ablaufschema Aufbereitung

Vorsortieren

Vor der Aufbereitung werden die geernteten Kaffeekirschen von Schmutz befreit, gereinigt und vorsortiert. Diese Vorsortierung kann entweder trocken oder nass in Schwemmtanks (Siphontanks) oder Schwemmkanälen geschehen.

Vor der Aufbereitung werden die geernteten Kaffeekirschen von Schmutz befreit, gereinigt und vorsortiert.

Trockenes Vorsortieren

Wird trocken vorsortiert, so kann dies auf mehrere Arten geschehen: Häufig werden die Bohnen direkt nach dem Pflücken mit einem großen Sieb von Staub und Blättern getrennt. Dabei werden die Kirschen von den Arbeitern

Ein Erntehelfer beim Verlesen der geernteten Kaffeekirschen

Plantagenarbeiter beim Sieben

auf einem großen runden Sieb hochgeworfen und wieder aufgefangen. Kleine Schmutzpartikel fallen so durch die Sieblöcher. Manchmal wird auch mechanisch gesiebt. Dabei werden zwei vibrierende Siebe mit unterschiedlich großen Löchern, die entweder kleiner oder größer sind als die Kirschen, hintereinander oder nebeneinander geschaltet. Auch kann maschinell gereinigt werden, indem Staub, Blätter und kleine Schmutzpartikel durch eine Maschine herausgeblasen oder angesaugt werden.

Nasses Vorsortieren in Schwemm- oder Siphontanks

Bei der nassen Vorsortierung werden die Kirschen in einen speziellen Behälter gegeben, der mit Wasser befüllt ist und in den bis fast zum Grund eine Wasserzuleitung führt. Am Boden ist ein Auffangbehälter angebracht, in dem sich schwere Fremdkörper, wie Steine oder Sand, sammeln. Alles, was deutlich schwerer ist als Wasser, sinkt hierhin ab und kann durch das Öffnen der Bodenklappe leicht entfernt werden. Am oberen Rand des Schwemmtanks ist ein Auslauf für Teile, die leichter sind als Wasser und oben aufschwimmen. Auch sie werden aussortiert. Dabei handelt es sich zum Beispiel um kleine Holzstückchen, Schalen oder trockene und zu kleine Kaffeekirschen. Oberhalb des Bodenbehälters ist noch ein weiteres Rohr angebracht. Die reifen Kaffeekirschen sinken im Becken ganz langsam nach unten, da sie minimal schwerer als Wasser sind. Sie werden durch das soge-

Wassertank auf einer Kaffeeaufbereitungsanlage in Doi Chang im Norden Thailands

nannte Siphonrohr erst senkrecht nach oben, dann waagerecht durch den ständigen Fluss des ablaufenden Wassers zur nächsten Verarbeitungsstufe geschwemmt.

Nasses Vorsortieren im Schwemmkanal

Eine weitere Art der nassen Vorsortierung ist die im Schwemmkanal. Während die Sortierung im oben beschriebenen Siphontank chargenweise passieren muss, können dem Schwemmkanal kontinuierlich Kirschen zugeführt werden. Der Schwemmkanal ist leicht geneigt und verfügt über eine U-förmige Sinkvorrichtung. Die Kaffeekirschen werden zusammen mit Wasser in den Kanal gegeben und leicht aufgewirbelt. Leichte Teile schwimmen auf der Wasseroberfläche und werden abgeschöpft. Die reifen Kirschen sinken zusammen mit schweren Teilen in einem Rohr senkrecht nach unten, passieren den untersten Punkt des U-förmigen Rohrs und werden durch den Sog des Wassers wieder senkrecht nach oben befördert. Für Teile, die schwerer sind als die reifen Kirschen, ist der Sog nicht stark genug: Sie fallen am untersten Punkt der U-förmigen Sinkvorrichtung durch einen Ablauf nach unten und werden dort aufgefangen.

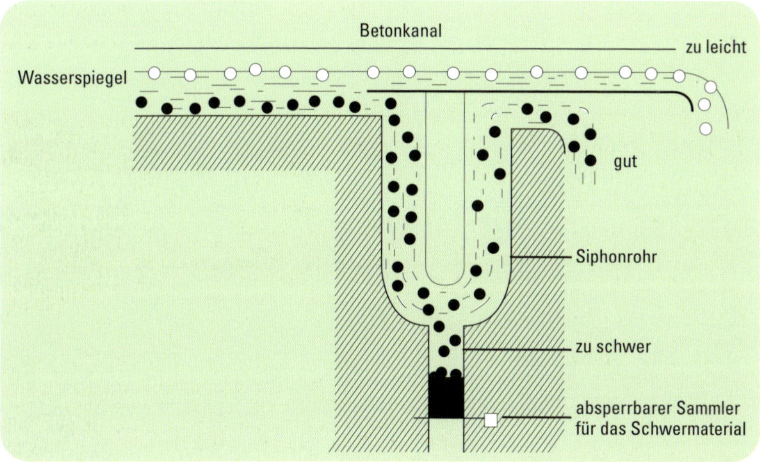

U-förmige Sinkvorrichtung. Mit ihr lassen sich Steine und Sand einerseits und aufschwimmende Teile andererseits von den geeigneten Kaffeekirschen trennen (Schnitt der Seitenansicht).

Aufbereitungsarten

Trockene Aufbereitung

Von den drei Aufbereitungsmethoden ist die trockene Aufbereitung die älteste und ursprünglichste: Die geernteten, vorsortierten Kaffeekirschen werden mit kompletter Umhüllung so lange auf Trockenflächen von der Sonne getrocknet, bis sich die Bohnen ohne Rückstände herausschälen lassen. Diese Methode setzt voraus, dass zur Zeit der Ernte in der jeweiligen Region die nötige Sonneneinstrahlung, eine hohe Temperatur und geringe Luftfeuchtigkeit gegeben sind. Reicht die Kraft der Sonne nicht aus oder ist das Klima ungünstig, so müssen die Kirschen künstlich mit entsprechenden Maschinen (nach-)getrocknet werden.

Ausbreitung auf Trockenflächen

Bei der trockenen Aufbereitung werden die geernteten Kaffeekirschen auf großen Flächen zu einer fünf bis sechs Zentimeter flachen Schicht ausgebreitet. Dicker darf die Schicht nicht sein, sonst verlieren die trocknenden Kirschen die Feuchtigkeit zu langsam und können gären oder faulen. Dünnere Lagen sind kaum von Vorteil, da die Kirschen auch dann nicht

Kaffeekirschen liegen zum Trocknen in der Sonne ausgebreitet.

wesentlich schneller trocknen. In der reifen Kirsche wird durch die Trocknung ein leichter Gärungsprozess in Gang gesetzt, der auf natürliche Weise wieder beendet wird, sobald die Kirsche getrocknet ist.
Die Trockenflächen größerer Aufbereitungsbetriebe oder Plantagen sind meist aus Beton, haben eine glatte und möglichst dunkle Oberfläche, die Wärme aufnimmt und gut wieder abstrahlt. Idealerweise ist die Fläche leicht geneigt, damit durch äußere Einflüsse oder Kondensation entstehendes Wasser ablaufen kann und die Kirschen nicht verderben. Die Kirschen müssen vor Regen und starken Temperaturschwankungen geschützt werden; dennoch lässt sich Feuchtigkeit manchmal nicht völlig vermeiden. Die großen Trockenanlagen verfügen über Regenschutz in Form von ausgespannten Planen oder ausfahrbaren Schutzdächern. Bei kleineren Farmen werden die Kirschen bei Regen manuell mit Planen abgedeckt. Teilweise werden die Kirschen auch gegen die pralle Mittagssonne geschützt, und selbst abends decken viele Produzenten die Kirschen ab, damit kein Tau die Früchte verderben kann.
Wichtig ist, dass die Trockenfläche gut zu bearbeiten ist, denn die Kirschenschicht muss mehrfach täglich mit Rechen bewegt werden, damit die Kirschen ausreichend auslüften können. Rund 40 Kilogramm frische Kirschen können pro Quadratmeter getrocknet werden. Somit benötigt man für die Ernte von 2000 Kilogramm Kirschen rund 50 Quadratmeter Trockenfläche. Auf großen Plantagen sind dies entsprechend riesige Areale.
Kleinere Betriebe oder Farmen trocknen die Ernte unter anderem auch auf Drahtgestellen, die mit Jute oder Tuch bedeckt sind, sodass die Bohnen vor Schmutz geschützt sind und keine Bodenfeuchtigkeit aufnehmen. Lehm oder Asphalt als Untergrund sind ungeeignet, da beide Materialien Gerüche an den Kaffee weitergeben und Lehm zudem Wasser aufnehmen und abgeben kann. Für geringe Erntevolumina benutzen die Produzenten teilweise auch einfache Trockenmatten, die den Vorteil haben, dass sie bei Regen, Sturm oder nachts einfach zusammengerollt werden können.

Einfache Trockenanlage

Die Kaffeekirschen sind dann ausreichend getrocknet, wenn das Fruchtfleisch außen trocken und fest ist und man die Bohne im Inneren beim Schütteln deutlich hören kann.
Vor allem in Gebieten mit großen Ernten und / oder entsprechend günstigen klimatischen Voraussetzungen, wie etwa in Brasilien, Äthiopien oder

Bestimmte Geschmacksprofile der verschiedenen Provenienzen kommen durch die nasse Aufbereitung besser zum Ausdruck.

Indonesien, kommt die trockene Aufbereitung zur Anwendung. Robusta-Kaffee wird fast ausschließlich auf diese Weise aufbereitet, weil die Kirschen weniger Wasser enthalten als Arabica und somit schneller trocknen. Es dauert rund drei bis fünf Wochen, bis die Kaffeebohnen eine Restfeuchte von circa zwölf Prozent aufweisen. In manchen Fällen muss der Kaffee maschinell nachgetrocknet werden.
Nach der Trocknung werden die Bohnen gelagert oder sofort geschält. Trocken aufbereitete Kaffees werden als „unwashed“ oder „natural“ deklariert.

Nasse Aufbereitung

Als die Kolonialmächte begannen, Kaffee in Ländern anzubauen, in denen es keine scharfe Abgrenzung von Trocken- und Regenzeit gab, war man gezwungen, eine andere Aufbereitungsmethode zu entwickeln: die nasse Aufbereitung. Relativ häufiger Regen und feuchte Nächte machten die trockene Aufbereitung dort unmöglich, da aufgrund der Feuchtigkeit die Pulpe, das zuckerhaltige Fruchtfleisch der Kaffeekirschen, schimmelte. Die Kaffeebauern kamen auf die Idee, die Bohnen vom Fruchtfleisch zu befreien und sie dann zu trocknen.
Anfänglich wurden die Kirschen einfach mit den Füßen zerstampft, um das Fruchtfleisch abzulösen. Später wurden dafür Maschinen, sogenannte Entpulper, eingesetzt.
Mit der danach noch anhaftenden Schleimschicht wäre keine einwandfreie Trocknung möglich, da der Schleim sowohl Schmutz und Staub als auch Wasser aus der Luft aufnimmt, was das Austrocknen verhindert. Zudem bietet die zuckerhaltige feuchte Schicht einen guten Nährboden für Bakterien und Schimmelpilze. Deshalb zersetzt man diese durch gesteuerte Gärungsprozesse im Wasserbad und wäscht sie dann ab.
Inzwischen hat man entdeckt, dass durch die nasse Aufbereitung feine Säuren entstehen, die zu einem ausgewogenen Kaffeegeschmack beitragen. Daher wird sie heute auch in vielen Ländern angewendet, die eigentlich die klimatischen Voraussetzungen für eine trockene Aufbereitung hätten. Bestimmte Geschmacksprofile der verschiedenen Provenienzen kommen durch die nasse Aufbereitung besser zum Ausdruck.
Folgende Schritte sind bei der nassen Aufbereitung notwendig:
1. Entpulpen
2. Entfernen der Schleimschicht durch Fermentation
3. Trocknen
4. Weiterverarbeiten

Nasses Vorsortieren und anschließende Aufbereitung

Eine Frau bedient einen Entpulper auf einer Plantage in Thailand.

Entpulpen

Nach der Vorsortierung werden die Kirschen trocken oder nass dem Entpulper zugeführt. Den Kirschen werden dort die äußere Haut und das Fruchtfleisch abgequetscht, ohne dass die Pergamenthaut beschädigt wird. Das entfernte Fruchtfleisch und die Hautreste müssen danach von den bearbeiteten Kirschen getrennt werden. Als Ergebnis bleiben die Bohnen mit anhaftender Schleimschicht übrig.
Das Entpulpen, manchmal auch nur Pulpen genannt, geschieht meist entweder durch einen Trommelpulper oder einen Scheibenpulper. Es gibt zwar mit dem Raoeng Pulper und dem Screen Pulper noch weitere Entpulper, diese werden jedoch sehr viel seltener benutzt.

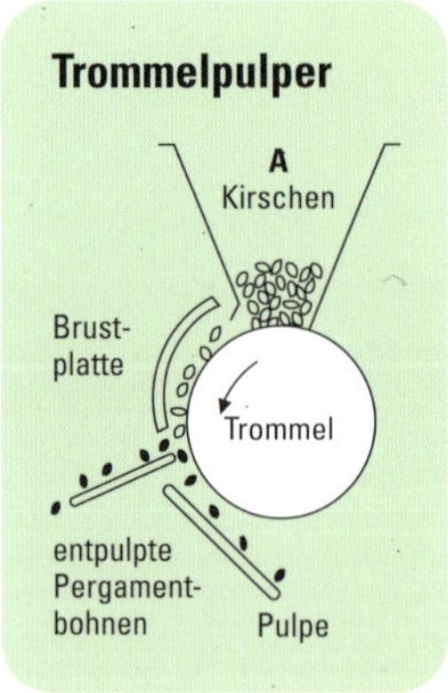

Trommelpulper

Der Trommelpulper ist eine einfache Maschine, die eher für kleinere Mengen geeignet ist und häufig von Kleinstbauern genutzt wird. Es gibt aber auch größere Ausführungen, die drei bis vier Tonnen Kaffeekirschen pro Stunde entpulpen können. Das Gerät besteht aus einer Trommel, die sich um ihre Längsachse dreht. Die vorsortierten Kirschen fallen chargenweise meist zusammen mit Wasser in einen Zulaufbehälter. An dessen Boden sammeln sich even-

Trommelpulper

tuell noch übrig gebliebene schwere Fremdkörper. Die Kirschen quellen mit dem Wasser über den in Richtung Trommel niedriger werdenden Rand des Zulaufbehälters und fallen in einer gleichmäßigen Schicht über die gesamte Breite auf die Trommel.
Die Oberfläche der rotierenden Trommel ist mit Noppen bestückt, durch welche die Kirschen mitgenommen und in kleine Kanäle gedrückt werden. Diese Kanäle verengen sich nach außen und verfügen am anderen Ende über eine Öffnung, die in etwa der Größe einer Kaffeebohne mit Pergamenthaut entspricht. Durch die Bewegung der Trommel werden die Kirschen zwischen der Trommelwand und dem Kanalboden zerquetscht. Mit einer Klinge werden schließlich die entpulpten Bohnen durch die Öffnung hinausgedrückt und fallen auf ein Sieb. Die abgequetschte, nun musartige Pulpe wird weitergeführt und fällt nach unten auf ein Ableitblech.

Scheibenpulper
Der Scheibenpulper ist eine Maschine mit mehreren nebeneinanderliegenden Scheiben. Diese haben auf beiden Seiten eine raue Oberfläche, drehen sich um ihre Mittelachse und zerquetschen die Kirschen an einem Widerstand. Die Kirschen werden hier wie beim Trommelpulper meist zusammen mit Wasser zugeführt. Auch hier können in dem zuführenden Überlaufbehälter Steine und andere schwere Fremdkörper absinken. Die Kirschen werden dann an die beiden Seiten der Scheiben geführt. Zwischen jeder Seite einer Scheibe und der Wand ist ein kleiner Spalt, der nach unten hin schmaler wird, sodass am

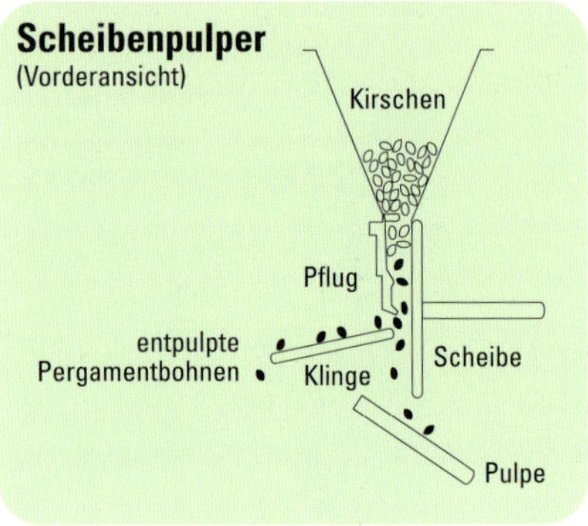

Ende nur noch die entpulpten Bohnen hindurchpassen. Die rotierenden Scheiben quetschen an der Wand das Fruchtfleisch von den Bohnen ab und drücken die Bohne weiter in einen Kanal. Die Pulpe dagegen wird durch die Drehbewegung aus dem nicht ganz an der Scheibe anliegenden Kanal hinausgedrängt.

Sieben und Nachpulpen

Nach dem Entpulpen werden die Bohnen gesiebt, sodass nicht vollständig vom Fruchtfleisch befreite Bohnen von den einwandfrei entpulpten Bohnen separiert werden. Es kann auch vorkommen, dass einige kleine Bohnen komplett ohne Entpulpen durchgerutscht sind und deshalb zusammen mit den unvollständig entpulpten Bohnen noch einmal nachgepulpt werden müssen. Manchmal reicht ein Siebvorgang nicht aus, sodass einige Aufbereiter die Bohnen nach dem Entpulpen durch einen Waschkanal schicken. Dort werden die Bohnen dann nach Gewicht sortiert.

Der Nachpulper ist enger eingestellt als der Hauptpulper und hat eine geringere Kapazität, da ja weniger Bohnen anfallen als beim Hauptvorgang.

Die Bohnen, die nach dem Entpulpen nur noch die Schleimschicht umgibt, werden dann weiter zum Fermentationsbecken transportiert.

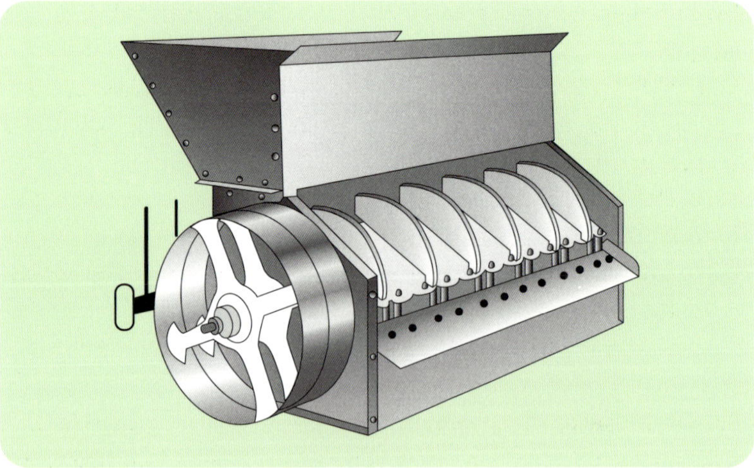

Scheibenpulper mit sechs Scheiben, Deckel aufgeklappt

Die abgequetschte Pulpe, die Häutchen und andere Abfälle und Rückstände aus den Klärtanks werden zu Kompost umgewandelt und als Düngemittel genutzt.

Fermentationsvorgang

Die entpulpten Bohnen werden einem Fermentationsbecken zugeführt. Dies geschieht über einen Zulauf, wobei häufig mit einem Schieber nachgeholfen wird.

Unter **Fermentation** versteht man die chemische Umbildung einer Substanz in biologische Materialien, die durch Enzyme katalysiert und durch äußere Faktoren beeinflusst wird. Eigentlich ist die Bezeichnung Fermentation bei der nassen Aufbereitung nicht korrekt, da in der Bohne keine chemische Reaktion im eigentlichen Sinn stattfindet. Die Definition „Entfernen der Schleimschicht durch biochemische Reaktion oder Hydrolyse" ist zutreffender.

Die Bohnen werden entweder komplett mit Wasser bedeckt und so unter Ausschluss von Sauerstoff aufbereitet (sogenannte Unterwasser-Fermentation) oder ohne Wasser fermentiert, was man als „Offene Fermentation" beziehungsweise „Trockene Fermentation" bezeichnet. Ziel ist es, die nicht wasserlösliche Schleimschicht von den Bohnen zu entfernen.
Es wird ein gesteuerter Gärungsprozess in Gang gesetzt, der gestoppt wird, sobald sich die Reste der Schleimschicht vom Pergamenthäutchen lösen lassen. Diese sogenannte Fermentation kann auf verschiedenen Wegen erfolgen:

- durch vorhandene kaffeeeigene Enzyme, etwa Pectase und Pectinase,
- durch hinzugefügte kaffeeeigene Enzyme, zum Beispiel Pektin, oder hinzugefügte Pulpe,
- durch hinzugefügte kaffeefremde Enzyme oder Stoffe, beispielsweise Hefen.

Die Fermentation dauert sechs bis 72 Stunden, je nach Art und Vorbereitung der Bohnen sowie dem Anteil der Enzyme.

Bei der nassen Aufbereitung von Kaffeekirschen wird zwischen Unterwasser- und Offener Fermentation unterschieden.

Unterwasser-Fermentation

Bei der Unterwasser-Fermentation werden die entpulpten Bohnen in einem speziellen Tank komplett mit Wasser bedeckt und umgerührt.

Um die Fermentation zu beschleunigen, werden teilweise Pektine, Hefen sowie Reste der Pulpe mit in das Wasserbecken gegeben.

Während der Gärung ist eine strikte Kontrolle und sorgfältige Hygiene nötig. Gärt nur eine Bohne zu lange, kommt es zur Überfermentation, und eine sogenannte Stinkerbohne entsteht. Eine solche Bohne kann, wenn sie unbemerkt bleibt, eine ganze Lieferung ungenießbar machen.
Sind alle Bohnen von der störenden Schleimschicht befreit, werden sie in einem Waschkanal abgespült. Teilweise lässt man sie noch in einem Einweichtank einige Stunden ruhen, bis sie dann getrocknet werden.
Die Schleimschicht der Bohne enthält Enzyme, welche die Fermentation in Gang setzen. Manchmal werden dem Wasser Reste der Pulpe zugefügt, um den kaffeeeigenen Enzymanteil zu erhöhen. Teilweise wird auch handelsübliches Pektin oder Hefe (Saccharomyces) verwendet, um den Gärungsprozess zu beschleunigen.

Offene beziehungsweise Trockene Fermentation

Bei der Offenen oder Trockenen Fermentation werden die nass vorsortierten und entpulpten Bohnen ohne zusätzliches Wasser in einem Tank belassen und gegen Regen abgedeckt. Durch die Feuchtigkeit in den Bohnen fermentiert die anhaftende Schleimschicht. Der Prozess muss genauestens kontrolliert werden, da es schnell zu Schimmelbildung kommen kann. Die Offene oder Trockene Fermentation benötigt im Allgemeinen etwas weniger Zeit als die Unterwasser-Fermentation, da die Enzyme nicht verwässern und die Sauerstoffzufuhr intensiver ist. Nach dem Prozess müssen die Bohnen sofort weiterverarbeitet werden.

Waschen

Nachdem die noch an den Bohnen haftenden Fruchtfleisch- und Schleimschichtreste durch Fermentation abgebaut worden sind, werden die Bohnen

Kaffeebohnen werden nach der Aufbereitung erneut gewaschen.

noch einmal in speziellen Tanks gewaschen und gesiebt, um unerwünschte Fremdkörper herauszufiltern. Zur Beseitigung von Schleimresten und Enzymen im Wasser beziehungsweise in den Tanks werden natürliche alkalische Mittel eingesetzt.

Trocknen

Anschließend werden die Kaffeebohnen je nach Gegebenheiten auf Trockenplätzen (Patios) von der Sonne oder künstlich in Trockenmaschinen getrocknet. Dabei werden die Bohnen in einer etwa zwei bis fünf Zentimeter dünnen Schicht ausgebreitet und anfangs häufig gewendet, damit die Bohnen schnell antrocknen. Später müssen die Bohnen nur noch alle paar Tage

Zum Trocknen ausgebreitete Kaffeebohnen werden von Arbeitern auf einer Plantage in Santa Ana in El Salvador mit Harken regelmäßig gewendet.

gewendet werden. Sie sollten aber vor Regen und Tau sowie extremer Sonneneinstrahlung geschützt werden. Nach zehn bis 15, maximal aber 21 Tagen weisen die Kaffeebohnen die erwünschte Restfeuchte von zwölf Prozent auf und können eingelagert werden.

Vor allem Arabica-Kaffees aus einigen Ländern werden nass aufbereitet. Im Welthandel bezeichnet man diese Rohkaffees als „Milds“ und entsprechend ihrer Herkunft als „Colombian Milds“ oder „Other Milds“. Gewaschene Kaffees weisen stärkere Aromen und höhere Säureanteile bei gleichmäßiger Qualität auf. Offenbar wird der Geschmack durch Keimungsprozesse während der Nassaufbereitung beeinflusst.

In einigen Ländern sind Maschinen im Einsatz, die viele der weiter vorne genannten Schritte kombinieren. So gibt es Mühlen, die vorsortieren, reinigen und gleichzeitig nass aufbereiten, oder Entpulper, welche die Schleimschicht gleichzeitig mechanisch entfernen, sogenannte Aquapulper. Zwar kann man mit diesen Maschinen oftmals Wasser und Energie einsparen, sie sind aber, da sie komplexer sind, auch störanfälliger. In ihnen findet die Herausbildung der Geschmacksprofile nicht genauso statt, wie das bei der nassen Aufbereitung der Fall ist. Die Zeit und die Erfahrungen der Produzenten werden zeigen, welche Art von Maschinen und welche Form der Aufbereitung sich durchsetzen werden.

Ein Kaffeebauer wendet mit einer Maschine Kaffeekirschen, die auf Betonflächen in Brasilien zum Trocknen ausgelegt sind.

Halbtrockene Aufbereitung

In manchen Produktionsländern, zum Beispiel in einigen Teilen Brasiliens, in Malaysia und in Burundi, wird eine Kombination aus beiden Aufbereitungsarten eingesetzt – die halbtrockene Aufbereitung, die auch als „semi-washed" oder „pulped natural" bezeichnet wird. Hierbei wird durch einen maschinellen Prozess das Fruchtfleisch weitgehend von den Kirschen abgetrennt. Es erfolgt danach aber keine Fermentation, sondern der Pergamentkaffee trocknet zusammen mit den anhaftenden Fruchtfleischresten. Mitunter erfolgt noch ein Waschprozess vor der Trocknung des Pergamentkaffees.

Diese Methode ist wassersparend und erzeugt einen Kaffee mit weniger Säure. Der Vorteil dieser Methode ist, dass man nicht selektiv geerntete Früchte durch den Entpulpungsprozess gut trennen kann. Bei der Methode fallen folgende Schritte an:

1. Entpulpen, gleichzeitiges Trennen von reifen und unreifen Früchten
2. Vortrocknen
3. Entfernen der getrockneten Schleimschicht

Die Mischung aus reifen und unreifen Früchten wird nach der Vorsortierung in eine spezielle Sortiermaschine, den „Immature Separator", gefüllt, die gleichzeitig als Entpulper funktioniert. Die Maschine besteht aus einem Zylinder mit Löchern, in dem ein Rotor die Kirschen in Richtung einer Öffnung bewegt. Dabei werden die weicheren reifen Kaffeekirschen zerquetscht und durch die Löcher gedrückt.

Die unreifen Kirschen sind zu hart, um entpulpt zu werden, bewegen sich daher zur Öffnung der Maschine und werden aussortiert. Sie können trotzdem für die Herstellung von Rohkaffee verwendet werden, indem sie bei einer Temperatur von unter 30 Grad Celsius getrocknet und weiterverarbeitet werden.

Die entpulpten reifen Kirschen werden mit der noch anhaftenden Schleimschicht auf großen Flächen getrocknet. Sobald die Schleimschicht trocken ist, kann sie mechanisch entfernt werden.

Der „pulped natural", also halbtrocken aufbereitete Kaffee hat in den vergangenen Jahren an Bedeutung gewonnen und wird vor allem durch seine gute Mischkompatibilität sowohl mit trocken als auch mit nass aufbereitetem Kaffee geschätzt. Zudem ist die Methode für Gebiete relevant, wo aus verschiedenen Gründen nicht selektiv gepflückt wird und man deshalb nach der Ernte unreife und reife Früchte gemischt vorliegen hat.

> Halbtrocken aufbereitete Kaffees werden als „pulped natural" bezeichnet.

Weiterverarbeitung

Nach der Aufbereitung werden die Bohnen noch weiterverarbeitet. Dabei werden Pergamenthaut sowie möglichst auch Silberhäutchen und der größte Teil des Wassers in der Bohne entfernt, sodass am Schluss die saubere und trockene Rohkaffeebohne übrig bleibt. Die Kaffeebohnen werden sortiert und in Säcke oder Big Bags verpackt. Dies geschieht im Ursprungsland.

Schälen

Zunächst werden die aufbereiteten und gereinigten Kaffeebohnen in einem Schälgang von noch verbliebenen Umhüllungen gereinigt. Dies geschieht in einer Mühle („Mill") oder einem sogenannten Trocken-Beneficio.

Trocken aufbereiteter Kaffee wird so vom getrockneten Fruchtfleisch, der Pergamenthülle und dem verbliebenen Silberhäutchen entfernt. Vom gewaschenen Kaffee müssen nur noch Pergamenthülle und Silberhäutchen gelöst werden. Die Trennung von Umhüllung und Bohne erfolgt in Schälmaschinen, in denen das Schälgut in einer Maschine entweder gegeneinandergeschleudert oder durch Druck aufgebrochen wird. Dabei ist wichtig, dass das Schälgut gut getrocknet ist, sodass die Schale bei Druck aufplatzt, die Bohnen selbst jedoch intakt bleiben. Außerdem muss das Schälgut frei sein von Fremdkörpern, wie etwa Steinen und Staub, damit die Maschinen nicht beschädigt werden.

Nach dem Schälen werden die Bohnen manchmal poliert, um zum einen das eventuell noch anhaftende Silberhäutchen zu entfernen, zum anderen, um den Bohnen Glanz zu verleihen.

Einige Schälmaschinen sind gleichzeitig Poliermaschinen. Während des Schälgangs werden in ihnen Druck und Temperatur im Schälrohr erhöht, die Rohkaffeebohnen werden durch Reibung aneinander poliert. Bei den Maschinen wird zwischen solchen unterschieden, die nur Pergamentkaffee verarbeiten – also nur die Pergamenthaut abschälen –, und anderen, die auch imstande sind, die komplett trockene Kirsche zu schälen.

Pergamentkaffee, auch Pergamino genannt, bezeichnet die Bohnen mit noch anhaftender Pergamenthaut.

Sortieren

Nach dem Schälen sind noch zahlreiche weitere Reinigungs- und Sortierarbeiten vorzunehmen. Nach der Schälung muss eine Art Endklassifizierung vorgenommen werden. Neben der Trennung von eventuell verbliebenen Rückständen werden die Kaffeebohnen nach Größe, Dichte und Farbe sortiert. Das geschieht von Hand oder mit mechanischen beziehungsweise elektronischen Sortiermaschinen. Zunächst sortieren Arbeiter mit der Hand Steine, Holzstücke, Farbfehler und Missbildungen aus. Anschließend wird der vorsortierte Kaffee über ein Gitter mit unterschiedlich großen Löchern gestreut und so maschinell weiter nach Größe und Form sortiert. Danach erfolgt eine weitere Unterteilung der Bohnen nach Dichte und Farbe. Am Ende steht noch eine optische Kontrolle, die häufig vom Rohkaffee-Einkäufer oder Exporteur selbst vorgenommen wird.

Sortieren nach Größe

Nach dem Schälen werden die Bohnen nach Größe sortiert. Erst danach erfolgt die Einteilung nach Dichte und Farbe. Die Reihenfolge ist sehr wichtig, da mit jedem Schritt die Separation immer feiner wird. Die Größenvorsortierung ist nötig, um ein gleichmäßiges Rösten zu gewährleisten. Zwar sind heutzutage gute Röstsysteme im Einsatz, die es möglich machen, auch Bohnen verschiedener Größe einheitlich zu rösten, der

Arbeiter sortieren Rohkaffee in einem Lagerhaus in Äthiopien.

Kunde kauft jedoch lieber einheitlich große Bohnen. Auch das Wachstum des Espresso- und Spezialitätensegments erfordert eine gründlichere Sortierung. Zudem hat die gute Qualitätskontrolle im Vorfeld bereits einen Einfluss auf den Markt, der heute deutlich weniger tolerant gegenüber defekten Bohnen ist.

Das Sortieren nach Größe erfolgt durch entweder rotierende oder vibrierende Scheibensiebe mit verschieden großen Löchern. Qualitätsbezeichnungen, wie Kenya AA oder Columbia Supremo, beziehen sich auf die Größe der Bohnen einer bestimmten Provenienz. Dabei hat jedes Land ein eigenes System zur Einteilung der Kaffeequalitäten entwickelt. Manchmal bezieht sich die Bezeichnung nur auf die Größe, manchmal zusätzlich noch auf andere Faktoren, wie zum Beispiel die Form.

Die meisten Länder beachten heute sowohl Größe als auch Form bei der Bezeichnung der Qualität. Bezeichnet man eine Menge Kaffeebohnen als „ungraded", ist damit entweder gemeint, dass sie nicht nach Größe sortiert wurden oder dass sie größer oder kleiner sind als eine bestimmte Sortiergröße.

> Jedes Land hat ein eigenes System zur Einteilung der Kaffeequalitäten entwickelt. Manchmal bezieht sich die Bezeichnung nur auf die Größe, manchmal zusätzlich noch auf andere Faktoren, wie beispielsweise die Form.

Sortieren nach Dichte

Viele Defekte einer Kaffeebohne zeigen sich in einem Verlust an Dichte. Aus diesem Grund wird nach der Größensortierung eine Qualitätsklassifizierung nach Dichte vorgenommen. Generell weist eine höhere Dichte auf eine höhere Qualität hin.

Die Sortierung nach Dichte erfolgt, indem man die Bohnen in einem Luftstrom schweben lässt, wodurch – unterstützt durch Vibration – die Schwerkraft die Dichte der Bohnen erkennen lässt. Bei gleicher Größe sind Bohnen von geringerer Dichte leichter. Vor der Sortierung nach Dichte sollte nach Größe sortiert worden sein, ansonsten besteht die Gefahr, dass lediglich kleinere und deshalb leichtere Bohnen als untauglich für den Verkauf aussortiert würden, obwohl sie nicht defekt sind.

Vorrangig werden zwei Maschinentypen verwendet: der Catador und die Separierungsmaschine oder -platte, auch „Densimetric Table" oder nach seinem Erfinder „Oliver" genannt.

Der Catador ist eine hohe, säulenartige Maschine mit meist drei schmalen Seitenkanälen. Diese Maschine steht auf einem oder mehreren Ventilatoren. Auf der einen Seite wird oben der Rohkaffee hineingegeben. Der Kaffee gelangt in einen nach oben gerichteten Luftstrom. Die leichten Bohnen schweben und werden über einen Kanal zur anderen Seite oben abgeführt.

Nach dem Schälen werden die Rohkaffeebohnen nach Größe, Dichte und Farbe sortiert.

Der schwerere, qualitativ hochwertigere Kaffee fällt entgegen dem Luftstrom hinunter und wird durch eine andere Säule abgeführt. Eine dritte Qualitätsstufe bilden die mittelschweren Bohnen, die in der Mitte wiederum in einen anderen Kanal geblasen werden. Die Abluft wird im Verlauf des Vorgangs mit Häutchenresten und Staubpartikeln angereichert und muss durch einen Zyklon gereinigt werden.

Die Separierungsmaschine oder der „Densimetric Table" besteht aus einer vibrierenden Platte, unter der Ventilatoren angebracht sind. Gelegentlich befinden sich diese auch am Rand der Platte. Die Kaffeebohnen werden kontinuierlich auf die Platte aufgebracht und durch Vibration auf der gesamten Fläche verteilt. Der Luftstrom hebt dabei die leichteren Bohnen von geringerer Dichte etwas an. Die spezielle Vibration der leicht geneigten Platte sorgt dafür, dass die schwereren Bohnen von größerer Dichte, die weiterhin Kontakt zur Platte haben, auf ihr nach oben wandern. Die Schwerkraft lässt hingegen die schwebenden Bohnen in die entgegengesetzte Richtung nach unten sinken. Mittelschwere Bohnen werden in der Mitte abgefangen.

Sortieren nach Farbe

Auch Farbabweichungen von Rohkaffeebohnen können auf Defekte hinweisen. Typischerweise handelt es sich dabei um Bohnen, die ganz schwarz oder sehr dunkel, aber auch extrem blass oder fast weiß sind. Auch unreife, wachsartige und überfermentierte Bohnen, sogenannte Stinker, können mittels der Farbseparierung durch UV-Licht herausgefiltert werden.

Jede Farbe hat eine spezielle Wellenlänge, die von einem Farblesegerät erfasst wird. Alle Wellenlängen, die der „idealen" Rohkaffeefarbe entsprechen oder ähneln, werden vom Lesegerät akzeptiert, abweichende dagegen nicht. Beim farblichen Sortieren wird der Rohkaffee kontinuierlich auf ein Transportsystem gegeben, zum Beispiel ein Fließband. Die Kaffeebohnen passieren dann nacheinander die Lichtschranke des Farblesegerätes und werden entweder akzeptiert und weitergeleitet oder aussortiert. Erkennt das Lesegerät einen Farbfehler, so wird ein Luftstrom ausgelöst, der die Bohne vom Band wegbläst und aussortiert.

Die geeigneten und ungeeigneten Bohnen verlassen die Maschine über unterschiedliche Kanäle. Für dieses Separieren gibt es verschiedene Maschinen, die sich im technischen Aufbau gleichen und vorrangig durch die Art des Transportsystems unterscheiden (Fließband, Kanäle, Rollflächen etc.).

Das Sortieren wird in einigen Ländern auch komplett von Hand vorgenommen. Liegt der Kaffee getrennt nach den verschiedenen Qualitätsabstufungen vor, wird er in Säcke oder Big Bags abgefüllt oder kommt als Schüttgut in Container und kann transportiert werden. Die besten Qualitäten gehen meistens in den Export, fehlerhafte Ware wird meist im Ursprungsland selbst konsumiert.

Nach der Aufbereitung und Weiterverarbeitung liegt der Rohkaffee in verschiedenen Qualitätsabstufungen vor.

6 Transport und Lagerung

Kaffee wird in tropischen Regionen angebaut und klassischerweise in Industrienationen konsumiert. Zwar wird auch in den Ursprungsländern, wie zum Beispiel Brasilien, zunehmend der im eigenen Land angebaute Kaffee getrunken, aber in der Regel muss er immer noch einen langen Weg zurücklegen, bis er als Getränk genossen werden kann. Die Kette vom Anbau bis zum Endprodukt geht über viele verschiedene Beteiligte. Je nachdem, wie und wo Kaffee angebaut und verkauft wird, ergeben sich ganz verschiedene Handels- und Transportwege. Den einen allgemein gültigen Weg gibt es nicht. Generell gilt aber: Vom Pflanzer muss der geerntete und aufbereitete Kaffee zum Hafen gelangen, auf ein Schiff geladen und in das Zielland transportiert werden. Dort angekommen wird der Kaffee weitertransportiert, entweder zu einem Lagerhalter oder direkt zum Verarbeiter. Nach verschiedenen Verarbeitungsstufen im Konsumland gelangt der Kaffee in unterschiedlichen Formen in den Handel oder zur Gastronomie, um schließlich aufgebrüht zu werden.

Bedingt durch längere Fahrtzeiten der Schiffe sowie seltenere und weniger häufig angebotene Frachtpassagen gab es früher für Röster und Lagerhalter eine größere Notwendigkeit, Kaffee im Voraus zu kaufen und diesen zu lagern. Heute gibt es häufigere und schnellere Verschiffungen aus den Ursprungsländern, wodurch die Kaffeeeinkäufer im Konsumland zeitlich flexibler geworden sind und Lieferungen zeitnah, also „just in time", erfolgen können. Die Röster benötigen deutlich kleinere Lagerbestände, sogenannte Stocks, was auch finanzielle Vorteile bietet: Je weniger gekaufter Rohkaffee auf Lager gehalten werden muss, desto weniger Kapital ist gebunden.

Dennoch werden die Lagerung und das Rösten in den meisten Fällen noch immer im Zielland vorgenommen, da im Anbauland die technischen Möglichkeiten und die Lagerbedingungen, etwa durch eine hohe Luftfeuchtigkeit, unsichere Lagerung und politische Unruhen, nicht immer optimal oder teilweise gar nicht vorhanden sind. Meist übernehmen Lagerhalter die Lagerung des Rohkaffees für Händler und die kleinen und großen Röstbetriebe im Konsumland.

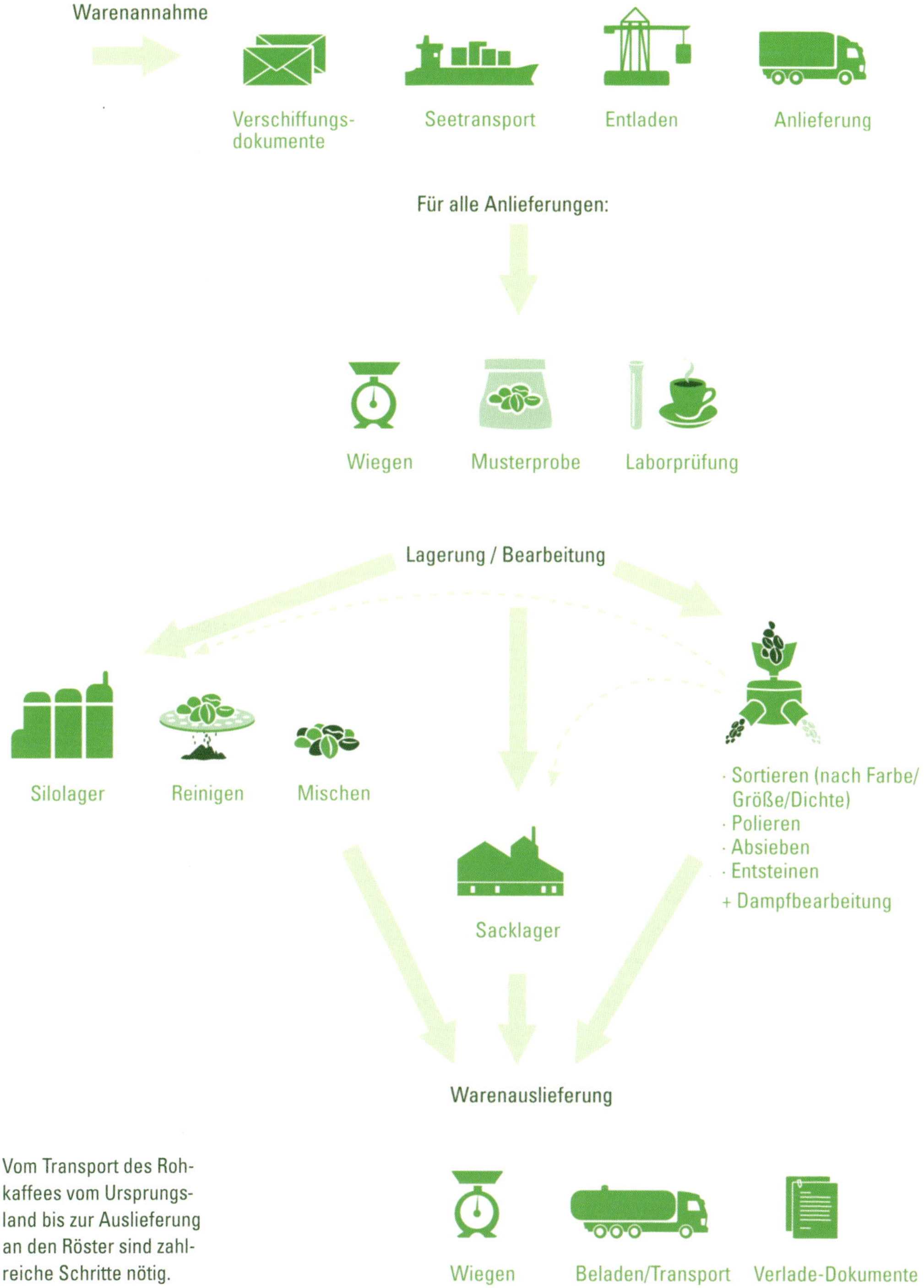

Vom Transport des Rohkaffees vom Ursprungsland bis zur Auslieferung an den Röster sind zahlreiche Schritte nötig.

Sammlung der frisch geernteten Kirschen, die per Lkw zum Aufbereitungsbetrieb transportiert werden

Vom Pflanzer zum Schiff

Kaffee wird in der Regel auf großen Plantagen angebaut. Es gibt aber durchaus auch Anbauflächen von kleinen Betrieben oder Kleinstflächen, wie zum Beispiel auf dem Grundstück einer Familie. Kleine Farmen oder Familienbetriebe bringen ihre Ernte häufig zu Kooperativen, also Zusammenschlüssen von Kleinbauern. Der Transport zu den Sammelstellen erfolgt in Säcken und je nach Region, Infrastruktur und finanziellen Mitteln des Landwirts per Maultier, zu Fuß, mit einem von Tieren gezogenen Wagen oder per motorisiertem Vehikel, zum Beispiel einem Moped oder Lkw. Der Exporteur bezieht den Rohkaffee aus dem Sammellager, oder die Sammelstelle gehört dem Exporteur. Die Aufbereitung des geernteten Kaffees geschieht im Anbauland, entweder noch durch die Pflanzer oder durch einen entsprechenden Aufbereitungsbetrieb. Kaffee von großen Plantagen wird meist von einem Exporteur direkt gekauft und verschifft. Aber auch hier ist der Weg nicht fest vorgeschrieben: Gelegentlich sind auch Zwischenhändler oder Vermarktungsgesellschaften in den Prozess eingebunden, oder der Importeur des Ziellands kauft direkt vor Ort. Je nach Vertragsart zwischen Verkäufer und Käufer übernimmt eine der beiden Parteien die Kosten und Organisation für den Transport und eine entsprechende Versicherung (siehe dazu Kapitel 7 „Kaffee als Handelsgut“).

Der Rohkaffee wird meistens mit dem Lkw – entweder in Säcken, Big Bags oder Liner Bags – zum Hafen transportiert. Der Transport von Kaffee kann im Ursprungsland manchmal aufgrund von instabilen Wetterbedingungen, schlechter Infrastruktur, politisch schwierigen Verhältnissen oder schlicht

Letzte Prüfung des Rohkaffees vor der Verschiffung

Rohkaffee wird in Säcken zum Schiff im Ursprungsland transportiert.

großen Entfernungen auf schlechten Straßen nicht genau terminiert werden. Die Reedereien haben jedoch exakte Fahrpläne zu bedienen, deshalb können Verspätungen beim Transport des Kaffees zum Hafen dazu führen, dass das Schiff den Hafen bereits verlassen hat.

Verschiffung des Kaffees

Rohkaffee wird in Jute- oder Sisalsäcken verschifft, die je nach Anbauland 50, 60, 69 oder 70 Kilogramm wiegen und in einer Größenordnung von 275 bis 320 Sack pro Container in die Schiffe verladen werden. Auch der Transport in größeren Polypropylensäcken, sogenannten Big Bags, ist möglich. Die Big Bags gelten als sehr robust und platzsparend und werden

Rohkaffee wird in Säcken, Big Bags (siehe oben) oder als Bulkware in Containern verschifft.

in der Regel mit einer Tonne Rohkaffee beladen, wobei 20 Big Bags in einen Container geladen werden; teilweise werden die Big Bags auch palettisiert. Rohkaffee kann aber auch als loses Schüttgut transportiert werden. Man spricht dann von Bulkware. Hier befindet sich der Rohkaffee in einem containergroßen Polypropylen-Inlet, einem sogenannten Liner Bag, innerhalb eines Containers mit einem Ladungsgewicht von bis zu 21,6 Tonnen.

Der überwiegende Teil des Kaffees für die Großröster in Deutschland wird als Bulkware verladen. Heutzutage geschieht dies nicht mehr in speziellen Bulk-Containern, sondern der Liner Bag wird in einen 20-Fuß-Standard-Container eingehängt, befestigt und mit Rohkaffee befüllt. Dieses geschieht mithilfe eines sogenannten Blowers, eines Förderbands mit Trichter und Gebläse, wodurch der Rohkaffee schnell und gleichmäßig in den Liner Bag hineingeblasen wird. Die Verladung als Bulkware wurde Ende der 1980er-Jahre eingeführt und führte mit den technischen Veränderungen bei der Be- und Entladung der Container zu veränderten logistischen Abläufen.

Mit der Einführung des Containers in den 1960er-Jahren kam es zu einer deutlichen Zeitersparnis beim Umschlag im Hafen. Die Container können bereits vor dem Eintreffen des Schiffes mit Säcken, Big Bags oder losem Schüttgut befüllt werden. Bei Ankunft des Schiffes werden die Container zügig be- bzw. entladen, und die Liegezeit des Schiffes im Hafen verkürzt sich entsprechend. Heute werden über 95 Prozent des Kaffeetransportes in Containern abgewickelt. Nur vereinzelt werden Kleinstsendungen, meist Spezialitätenkaffees, noch anderweitig verladen, entweder als LCL-Stückgutsendungen, das heißt in Sammelcontainern, oder per Luftfracht, manchmal auch in normalen Containern. Die zwei gängigsten Container-Arten für die Verschiffung von Rohkaffee sind die 20-Fuß-Standard-Container und die belüfteten, beziehungsweise ventilierten 20-Fuß-Container. Die Standard-Container werden am häufigsten für den Transport von Kaffee verwendet. Sie werden aber auch für den Transport anderer Waren genutzt und stehen deshalb im Ursprungsland in der Regel ausreichend zur Verfügung.

Der Boden der Container besteht meistens aus Hartholz. Ausgleichsöffnungen im Container verhindern, dass beim Öffnen und Schließen ein Über- oder Unterdruck entsteht, sorgen aber nicht für einen Lüftungseffekt. Der befüllte Container sollte unter Deck gelagert werden und – je nach Klima – im Empfangshafen sehr zügig entladen werden, da extreme Temperaturschwankungen, die bereits durch Temperaturunterschiede zwischen Tag und Nacht entstehen, zu Kondenswasserbildung und eventuell auch zu

Containerschiff im Hamburger Hafen

Schimmel führen können. Um einer Schimmelbildung zusätzlich entgegenzuwirken, werden auch natürliche Trockenmittel, wie zum Beispiel Tonerde, eingesetzt, oder der Kaffee wird abgedeckt, und die Containerwände werden mit Wellpappe oder Papier verkleidet.
Ventilierte, beziehungsweise belüftete 20-Fuß-Container werden heute nicht mehr so häufig eingesetzt. Diese Container verfügen über geschützte Lüftungsöffnungen auf der gesamten Länge des Containers im oberen und unteren Bereich der Wände. Somit kann eine zu hohe Luftfeuchtigkeit im Innern des Containers an die Umgebungsluft abgegeben werden. Dadurch benötigen diese Container weder zusätzliche Trockenmittel noch Wellpappe, um einen Feuchtigkeitsschaden an der Ware zu vermeiden.

Lagerbedingungen und Qualitätskontrolle während der Überfahrt

Kaffee sollte möglichst temperaturbeständig und trocken transportiert werden, damit er in bester Qualität im Bestimmungshafen eintrifft. Die Ware

EVERGREEN
CHINA SHIPPING
EISBRECHER

muss vor extremen Temperaturen geschützt werden. Bei einem zu hohen Feuchtigkeitsgehalt können die Bohnen schimmeln und/oder fermentieren und so „muffig" werden. Vor allem nass aufbereiteter Kaffee ist gefährdet, da er einen höheren Feuchtigkeitsgehalt hat und mehr Wasserdampf abgibt als trocken aufbereiteter Kaffee.

Kaffeebohnen sind ein lebendiges Naturprodukt. In ihnen laufen weiterhin biochemische und mikrobielle Prozesse ab, die ein auf die Außentemperatur, die relative Luftfeuchtigkeit, die Temperatur und den Wassergehalt der Bohnen abgestimmtes Lüftungsprogramm des Laderaumes beziehungsweise der Container nötig machen.

Der Boden und die Wände des Containers müssen grundsätzlich sauber, trocken und geruchsfrei sein. Da Rohkaffee dazu neigt, Fremdgerüche anzunehmen, und in vielen Containern vorher andere Warenarten transportiert wurden, muss kontrolliert werden, dass der Container frei von Gerüchen ist. Kaffee ist darüber hinaus anfällig für Schädlinge. Aus diesem Grund muss der Container schädlingsfrei gehalten werden. Dies gilt sowohl für kaffeetypische Schädlinge, wie den „Kaffeekäfer", der sich vor allem bei langen Lagerzeiten an Land verbreitet, als auch für Schaben, Ratten und Mäuse. Häufig werden Container in den Ursprungsländern begast, damit ein Befall vermieden wird.

Entladen im Zielhafen

Die Entnahme des Rohkaffees aus den Containern sollte nicht mehr als 24 Stunden nach dem Löschen (Entladen) des Containerschiffes erfolgen. Der Container stellt kein ideales Langzeitlagermedium für Rohkaffee dar und sollte nur zu Transportzwecken und zur kurzen Lagerung genutzt werden.

Um einen radikalen Temperaturwechsel zu vermeiden, müssen die Bohnen auch beim Entladen äußerst sorgfältig behandelt werden. Rohkaffee hat beim Verladen meist eine Eigentemperatur von 30 bis 35 Grad Celsius; die Kerntemperatur unter Deck beträgt in der Regel 18 bis 20 Grad Celsius. Beim Entladen im Zielland kann die Temperatur teilweise sogar unter null Grad Celsius fallen. Deshalb wird ein schnelles Entladen angestrebt, um größere Feuchtigkeitsschäden durch die extremen Temperaturschwankungen zu verhindern.

Nach der Ankunft im Hafen wird der Container mit dem Rohkaffee entweder mit dem Lkw oder per Bahn zum Käufer oder Röster gebracht oder aber in Hafennähe bei einem Lagerhalter eingelagert. Grundsätzlich werden Proben vom Kaffee entnommen, um die Qualität zu beurteilen und eventuelle Schäden festzustellen.

Containerhafen bei Nacht, Hamburg

Lagerung im Konsumland

Kaffee ist ein sehr sensibles Produkt, welches in keiner Verarbeitungsstufe lange gelagert werden sollte. Frische Kaffeekirschen sind nicht länger als 48 Stunden haltbar, aufbereiteter Pergamentkaffee – je nach Aufbereitungsart – in der Regel bis zu zehn Tage. Kaffee lagert man am besten als Rohkaffee, aber auch der sollte nicht länger als ein Jahr gelagert werden. In Einzelfällen kann es jedoch zu einer längeren Lagerung kommen. Optimale Lagerbedingungen und regelmäßige Qualitätskontrollen sind in jedem Stadium nötig, um Qualitätseinbußen zu verhindern.

Wird der Kaffee beim Lagerhalter zwischengelagert, so werden die Container direkt vom Hafen auf das Gelände des Lagerhalters gebracht und entladen. Sofern die Ware in Säcken oder in Big Bags verschifft wurde, wird der Rohkaffee geprüft, gewogen und auf Holzpaletten – auch Hafenpaletten genannt – in einer Lagerhalle eingelagert. Hierbei werden etwa 30 bis 50 Säcke, manchmal auch nur 16 bis 30 Säcke, in drei bis fünf Schichten auf eine Palette gestapelt. Zum Teil werden die Säcke im Lager aufgeschlitzt und der Inhalt in Silos gelagert. Big Bags fassen in der Regel eine Tonne und werden in maximal zwei Lagen übereinandergestapelt. Big Bags, die quasi einen Mittelweg zwischen Bulk- und Sacksystem darstellen, werden sowohl für den Transport als auch für die Lagerung genutzt.

Wurde der Kaffee als Bulkware verschifft, so wird nach dem Öffnen des Containers das Inlet mechanisch über einer Schleuse entleert und der Inhalt innerhalb der Siloanlage pneumatisch oder über andere Fördersysteme weitergeleitet. Das leere Inlet wird aus dem Container entnommen, gepresst und als Rohstoff in der Kunststoffindustrie wiederverwertet. Nach dem Wiegen, eventuellen Reinigen und Sortieren wird der Rohkaffee in den meisten Fällen in Silozellen zwischengelagert. Die Silolagerung ist vor

Hamburg und Bremen sind für Deutschland und Europa wichtige „Hubs", also Dreh- und Angelpunkte für den Kaffeeumschlag. **Über eine Million Tonnen Rohkaffee** werden über die beiden Hafenstädte eingeführt, mehr als die Hälfte davon wird in Hamburg umgeschlagen. **Über 35 000 Container** mit Rohkaffee erreichen die Hansestadt Hamburg pro Jahr, was sie zu Europas wichtigstem Umschlagsplatz für Rohkaffee, vor allem Arabica, macht. Etwa ein Drittel des umgeschlagenen Rohkaffees wird von Hamburg aus in die europäischen Nachbarländer re-exportiert.

Rohkaffeelager

Lager mit Kaffeesäcken in Hamburg

allem für große Mengen homogenen Rohkaffees sinnvoll, während kleinere Chargen, zertifizierte und Spezialitätenkaffees häufig in kleineren Einheiten, zum Beispiel Big Bags, gelagert werden.

Silos bestehen häufig aus verschiedenen Zellenkonstruktionen, so können in den einzelnen Zellen unterschiedliche Provenienzen und Qualitäten in unterschiedlichen Mengen gelagert werden. Diese getrennten Behälter beziehungsweise Zellen sind wichtig für die separate Lagerung der einzelnen Rohkaffeesorten und ermöglichen eine schnelle und getrennte Entnahme. Zellen können Fassungsvermögen von einer Tonne bis zu 100 Tonnen aufweisen und teilweise sogar noch größer sein.

Es gibt verschiedene Siloarten: Kreissilos, Zellensilos, Wabensilos und Behältersilos. Die gängigsten Silos sind gerundet, haben einen konischen Deckel und einen Durchmesser von fünf bis 15 Metern. Das Baumaterial sollte möglichst so gewählt sein, dass keine Feuchtigkeit entsteht und auch keine absorbiert wird. Aus diesem Grunde wird häufig Stahlblech gewählt, aber auch Beton kommt zum Einsatz.

Je nachdem, ob der Lagerhalter zu einem Importeur gehört oder eigenständig arbeitet, übernimmt er zahlreiche Aufgaben in der Lieferkette. Diese reichen von der Versicherung über die Containerbereitstellung, Warenkontrolle und Warensicherung im Ursprungsland bis hin zur Dokumentation, Verzollung, Lagerung, Reinigung, Mischung und gegebenenfalls Abwicklung des Re-Exports im Konsumland. Genaues Informationsmanagement, Tracking-Systeme und regelmäßige Qualitätskontrollen sind Pflicht. Lagerhalter positionieren sich zunehmend als „Schnittstellen-Manager“ zwischen dem Ursprung und der Verarbeitung von Kaffee und bieten immer mehr zusätzliche Leistungen an. Man spricht hier von einer „Added-value-Funktion“: Lagerhalter bieten teilweise auch Vorbehandlungen von Rohkaffee an, zum Beispiel das sogenannte Dämpfen nach dem Lendrich-Verfahren, um reizarmen Kaffee herzustellen (siehe Kapitel 8 „Verarbeitung“) oder um einige Qualitäten zu optimieren.

Der Lagerhalter übernimmt neben der Lagerung des Rohkaffees auch das Mischen von verschiedenen Provenienzen für seinen Kunden. Rohkaffeemischungen werden auch als „Blends“ bezeichnet. Verschiedene Röster haben für ihre Produkte individuelle Geschmacksprofile, die immer gleich sein müssen. Der verfügbare Rohkaffee variiert jedoch je nach Ernteaufkommen, sodass immer wieder neu gemischt werden muss, um das gewünschte Geschmacksprofil zu erreichen. Dies übernehmen einige Röster in ihren eigenen Anlagen, indem sie verschiedene Rohkaffeesorten in ihren eigenen Silozellen lagern und diese eigenständig mischen oder nach der Röstung die Mischungen zusammenstellen. Andere beziehen diese „Blends“ fertig abgemischt nach zuvor vereinbarten Parametern vom Lagerhalter, sodass der angelieferte Kaffee unmittelbar den Röstanlagen zugeführt werden kann.

Transport zum Verarbeiter

Wird der Rohkaffee beispielsweise vom Röster bestellt, wird er entsprechend den Silozellen entnommen, gewogen, als Sackware oder in Big Bags mit dem Lkw oder per Güterzug zur nächsten Verarbeitungsstufe, zum Beispiel zum Röstwerk, transportiert.

Ein Rückstellmuster Rohkaffeebohnen lagert in einer Dose.

7 Kaffee als Handelsgut

Kaffee ist eines der bedeutendsten Welthandelsgüter. Der Großteil, etwa 70 Prozent, des weltweit angebauten Rohkaffees wird exportiert. Der andere Teil wird von der Bevölkerung im jeweiligen Anbauland selbst konsumiert oder in kleinen Anteilen gelagert, um später verkauft zu werden. Deutschland ist ein wichtiger Handels- und Umschlagsplatz für Kaffee. Vielfach wird der nach Deutschland eingeführte Rohkaffee wieder in andere Länder ausgeführt. Die Empfängerländer sind insbesondere die europäischen Nachbarländer.

Handelswege und Beteiligte

Die Handelswege sind je nach Herkunftsland, Zielland und den beteiligten Akteuren sehr unterschiedlich. „Den" Handelsweg gibt es folglich nicht, jedoch lassen sich einige allgemeingültige Aussagen darüber treffen, wie Kaffeehandelsketten in der Regel funktionieren.

Kaffee wird zu 95 Prozent als Rohware gehandelt und vom Ursprungsland in dieser unverarbeiteten Form ins Konsumland transportiert. Die Preisketten variieren ebenfalls. Beteiligte an diesen Wegen können sein: Pflanzer (Kleinbauer, Plantagenbesitzer), Kooperative, Zwischenhändler, Exporteur, Importeur, Agent und Makler sowie Veredelungsbetrieb (Entkoffeinierer, Röster, Hersteller von löslichem Kaffee). Am Ende der Handels- und Preiskette steht immer der Konsument, der seinen Kaffee über den Lebensmitteleinzelhandel, den Röster direkt oder die Gastronomie bezieht.

Ein besonders wichtiges Kriterium für die Ausgestaltung der Handelsketten ist die Größe der landwirtschaftlichen Produktionsbetriebe, von denen der Kaffee stammt. Von der Größe und Art der Anbaubetriebe hängt die Anzahl der nachgeschalteten Akteure maßgeblich ab. Kleinbauern haben nach der Ernte keine Möglichkeit, die Kaffeekirschen zu entpulpen, aufzubereiten oder weiterzuverarbeiten.

Aus diesem Grunde haben sich viele Kleinbauern in Kooperativen oder Genossenschaften organisiert, um ihre kleinen Ernten dort zu großen Mengen zusammenzufügen. Dieses Sammeln von geerntetem Kaffee von mehreren Produktionsbetrieben kann auch durch einen Zwischenhändler geschehen. Bei größeren Farmen wird die Aufbereitung und Weiterverarbeitung des Kaffees meist vor Ort übernommen, weshalb hierbei die Plantagenbesitzer

Bronzeskulptur einer Kaffeebohne auf der Coffee Plaza in der Hafencity in Hamburg

Der Warenfluss beim Rohkaffee ist sehr komplex und nicht standardisiert.

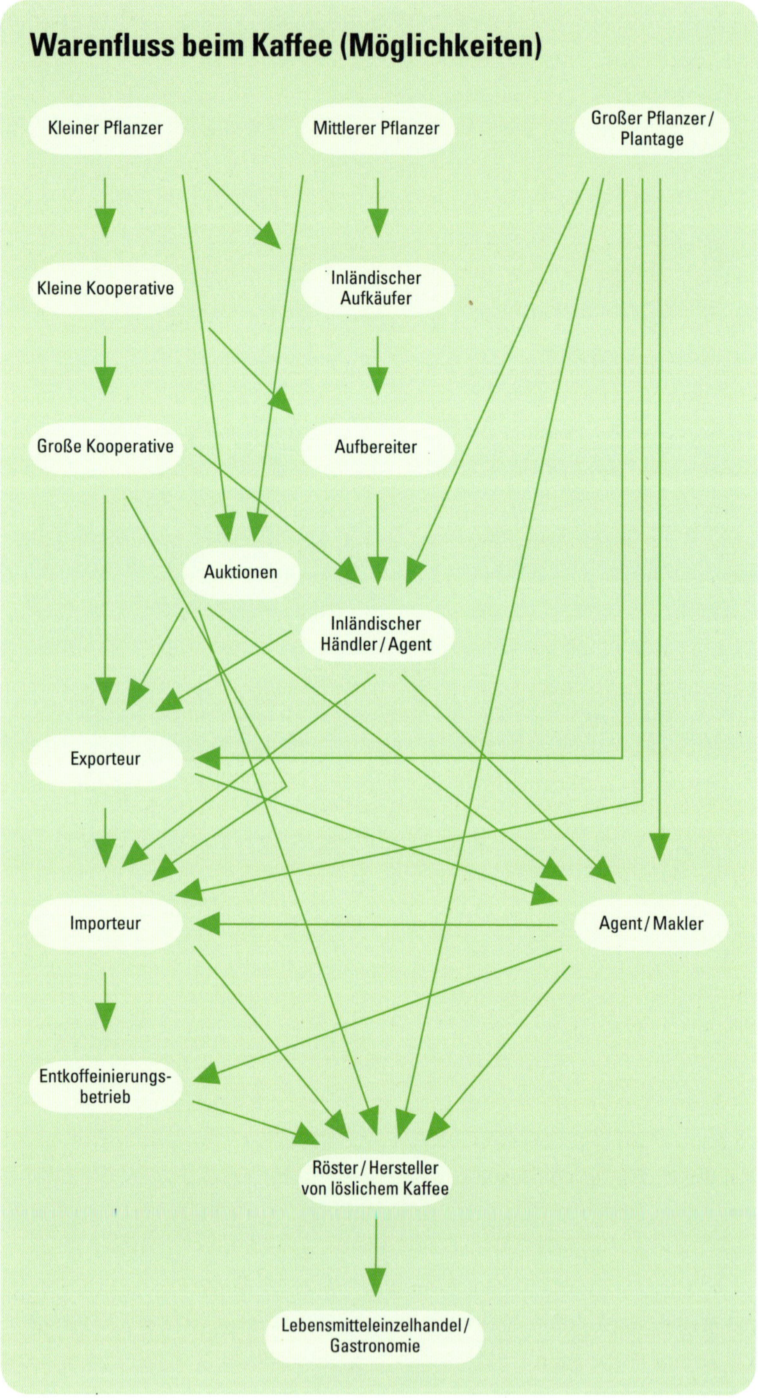

häufig mit den Exporteuren direkt in Kontakt treten oder über Agenten oder Makler an Importeure und Röster verkaufen.

Die staatlichen und gesetzlichen Rahmenbedingungen in den Kaffee anbauenden Ländern sind ein weiterer wichtiger Faktor für die Ausgestaltung der Handelswege. Seit rund 20 Jahren herrscht in den meisten Produktionsländern ein freier Markt, in dem die beteiligten Handelspartner selbstständig agieren können. Dieses liberale System war in der Vergangenheit nicht selbstverständlich, sondern häufig kauften und verkauften staatliche oder halbstaatliche Institutionen Kaffee und legten die Preise fest. So gab es beispielsweise in einigen englischsprachigen Kaffeeanbauländern in Afrika sogenannte Marketing Boards, die ein Monopol bezüglich der gesamten Kaffeeernte hielten und die Preise bestimmten.

In einigen französischgeprägten Staaten Afrikas setzten die „Caisses de stabilisation" Preise für alle Verarbeitungsstufen fest. In einigen Teilen Mittel- und Lateinamerikas organisierten halbstaatliche Verbände oder Institute den Kauf und Verkauf von Kaffee und garantierten den Bauern einen Mindestpreis. Die Bauern hatten die Wahl, ihren Kaffee für diesen Preis zu verkaufen oder aber Geschäfte mit privaten Händlern zu machen.

Heutzutage hat sich größtenteils das liberale System durchgesetzt; dennoch hat die jeweils nationale Politik eines Anbaulandes oft Einfluss auf das Marktgeschehen. Dies zeigt sich beispielsweise in der Vergabe von Lizenzen an Exporteure oder anderen staatlichen Regularien für den Kaffeeexport.

In einigen Ländern, zum Beispiel in Kenia an der Börse „Nairobi Coffee Exchange", wird Rohkaffee in Auktionen physisch gehandelt. Diese Auktionen sind vor allem landesintern von Bedeutung, da beispielsweise ein Exporteur Rohkaffee von Kooperativen in Auktionen erwirbt, um diesen dann weiterzuverkaufen.

Versteigerungen von Kaffees über das Internet sind heutzutage ebenfalls möglich, wie beispielsweise beim „Cup of Excellence". Dies ist eine Auszeichnung für Spezialitätenkaffees, die mehrfach von Experten verkostet und bei konstant hoher Bewertung über eine Internetauktion meistbietend von Importeuren oder Spezialitätenröstern gekauft werden.

> Im Jahr 1963 wurde die „International Coffee Organization" (ICO) als zentrales Forum für den Austausch zwischen Kaffeeproduzenten- und Konsumentenländern gegründet. Die Ziele und Arbeitsweise der ICO sind in einem für jeweils mehrere Jahre geltenden internationalen Kaffeeabkommen (International Coffee Agreement – ICA) festgelegt. (www.ico.org)

Aufgaben des Importeurs

Importeure kaufen Kaffee im Ursprungsland, beispielsweise von einem Exporteur, direkt von einer Plantage, einer Kooperative oder über einen Agenten oder Makler, und verkaufen den Kaffee im Konsumland an den Röster oder einen anderen Veredelungsbetrieb.

Aufgaben des Importeurs

- Kauf von Rohkaffee im Ursprungsland und Verkauf des Rohkaffees an Röster
- Expertise für Verfügbarkeiten, Ernteaussichten, individuelle Entwicklungen
- Organisation und gegebenenfalls Transport (je nach Vertragsart)
- Abwicklung von Zollangelegenheiten
- Abnahme des Risikos hinsichtlich Transport, Qualitäten, sonstiger Fehler
- Gegebenenfalls Finanzierung

Aufgaben des Maklers

- Vermittlung eines Handelsgeschäftes
- Expertise für Verfügbarkeiten, Ernteaussichten, individuelle Entwicklungen
- Überwachung und gegebenenfalls Organisation des Transports (je nach Vertragsart)
- Unterstützung bei der Abwicklung von Zollangelegenheiten
- Kontrolle des Zahlungsverkehrs

Aus Sicht des Rösters liegt die Aufgabe des Importeurs vereinfacht gesagt darin, Kaffee in gewünschter Qualität und Menge zum vereinbarten Zeitpunkt zu liefern. Die großen Importeure agieren international und sind in fast jedem wichtigen Kaffeeanbauland selbst, über Vertreter oder eigene Exportfirmen vor Ort tätig und können persönliche Kontakte zum potenziellen Verkäufer pflegen. Der Importeur ist je nach Vertragsvereinbarungen für den Transport zuständig und trägt das Risiko für die Belieferung des Kunden.

Es kommt vor, dass bestimmte Kaffeequalitäten, bedingt durch Missernten, politische Unruhen oder Unwetter, nicht verfügbar sind. Dann muss auf andere Qualitäten ausgewichen werden, die gerade lieferbar sind.

Es ist die Aufgabe des Importeurs, verfügbare Alternativen vorzuschlagen. Dazu sind gute Geschäftskontakte zu allen Beteiligten der Wertschöpfungskette existenziell. Der Importeur muss vorausschauend handeln und sicherstellen, dass der Röster die Ware zu einem bestellten Zeitpunkt erhält. Er kauft und verkauft die Ware real und muss sich gegen eventuelle Risiken absichern.

Im Kaffeehandel sind zeitlich in die Zukunft gerichtete Kontrakte relevant (Forward Contracts), da Rohkaffee häufig mehrere Monate vor der realen Ernte gekauft beziehungsweise gesichert wird. Der gekaufte beziehungsweise gesicherte Kaffee existiert also zum Zeitpunkt des Kaufes oder der Abmachung häufig noch gar nicht.

Aufgaben des Agenten oder Maklers

Agenten und Makler können eine wichtige Vermittlungsfunktion zwischen dem Rohkaffeeproduzenten und dem Käufer des Rohkaffees haben und werden sowohl von Exporteuren als auch von Importeuren oder Röstern beauftragt. Sie haben die Aufgabe, verfügbaren Kaffee anzubieten, gegebenenfalls alternative Rohkaffeesorten vorzuschlagen und das Handelsgeschäft zwischen Käufer und Verkäufer zustande zu bringen. Zudem wird häufig die komplette Abwicklung des Geschäftes übernommen, wie zum Beispiel das Verschicken und Verfolgen von Musterproben, die Kontrolle über die Verschiffung des Kaffees und das Dokumenten-Handling sowie die Überwachung des Zahlungsverkehrs. Lediglich in die Finanzierung sind Agenten und Makler nicht involviert.

Vorgänge und Verträge

Bei einem Geschäft mit Rohkaffee zwischen Anbau- und Konsumland sowie zwischen Händler und Industrie werden in der Regel jeweils zwei Vorgänge getätigt: Zum einen wird Kaffee physisch zu einem vereinbarten Preis verkauft beziehungsweise gekauft. Zum anderen tätigt jeder der beiden Beteiligten, also sowohl der Käufer als auch der Verkäufer, ein Gegengeschäft an der Börse, um den Kauf beziehungsweise Verkauf abzusichern.

Das physische Kaffeegeschäft

Das physische Geschäft mit dem Handelspartner wird meist auf der Basis von Standardverträgen geschlossen. Es gibt zwei international anerkannte Institutionen, die solche Verträge ausgearbeitet haben: die ECF (European Coffee Federation) mit Sitz in Amsterdam und die GCA (Green Coffee Association) mit Sitz in New York. Für den europäischen Raum werden in aller Regel die „European Contracts for Coffee", die es in vier verschiedenen Ausfertigungen gibt, angewendet. Je nachdem, wer die Handelspartner innerhalb der Handelskette sind und welche Transaktion getätigt wird, wird der jeweils passende Vertrag zugrunde gelegt.
Die Verträge werden vielfach als Basis aller Konditionen in individuelle Ein- und Verkaufsverträge aufgenommen, um grundlegende Angelegenheiten zu regeln und auftretende Fragen auch in Streitfällen leichter klären zu können. Es geht insbesondere um grundlegende Bestimmungen zur Qualität und Probenauswahl, Grundsätzliches zur Verschiffung und zu Lieferfristen sowie um Versicherungsregelungen und Regelungen für eventuelle Streitfälle. Die typischen Verträge für den Handel von Kaffee zwischen Ursprungsland und Importland sind der European Contract for Coffee (E.C.C.) und der European Free Carrier Contract for Coffee (E.FCA.C.C.). Sie sind typischerweise maßgeblich zwischen dem Exporteur und Importeur, da sie den Ablauf der Ver-

Die **ECF-Standardverträge** regeln vor allem die Qualität und Menge des Kaffees, den Transport, die Zahlungsmodalitäten und die Gerichtsbarkeit. Da es sich um Standardverträge handelt, Kaffee aber keineswegs ein Standardprodukt ist, werden häufig Zusatzvereinbarungen eingebracht oder Passagen im Einverständnis beider Handelspartner geändert. So haben insbesondere Großröster spezielle Vertragsvarianten.

Unterschiedliche Sorten von gerösteten und rohen Kaffeebohnen

schiffung vom Ursprungsland und die Verantwortung des Exporteurs bis zur Ankunft der Ware im Bestimmungshafen regeln. Der E.C.C. umfasst auch Regelungen, die früher in einem eigenständigen Bulk-Vertrag festgelegt waren. Die beiden Standardverträge European Contract for Spot Coffee (E.C.S.C.) und European Delivery Contract for Coffee (E.D.C.C.) werden beim Handel von Kaffee innerhalb Europas, also beispielsweise zwischen Händler und Röster, angewendet. Der E.C.S.C. regelt den Handel mit Kaffee, der bereits in europäischen Lagern liegt („spot coffee").

Vertragsbestandteile

Qualität und Menge des Kaffees

Maßgeblich für ein Handelsgeschäft ist die Qualität des Kaffees. Es kann keine allgemeingültige Beurteilung und Einstufung geben, da Kaffee ein Naturprodukt ist und die Qualität und der Geschmack von vielen Faktoren abhängen. Eine präzise Beurteilung des jeweiligen Kaffees ist nur durch Musterproben möglich (vgl. dazu Kapitel 9 „Qualitätssicherung"). Dazu wird vor dem Kauf ein Muster an den potenziellen Käufer (je nach Handelsstufe der Importeur oder die Kaffeeindustrie) geschickt, der den Rohkaffee und den daraus probeweise hergestellten Röstkaffee sensorisch und teilweise analytisch beurteilt. Dies garantiert eine hohe Sicherheit der Qualität, ist aber auch ein sehr aufwendiger und schwerfälliger Prozess.

Ist der Käufer mit dem Muster zufrieden, werden entsprechende Qualitäten anschließend häufig als „Typ“ festgelegt, der auch in Zukunft gehandelt werden soll. Eine bestimmte Kaffeequalität wird somit für den Käufer spezifisch standardisiert oder „maßgeschneidert“. Dies ist häufig bei sehr langfristigen und vertrauensvollen Handelsbeziehungen der Fall.
Kaffeequalitäten können auch beschrieben werden. Handelt es sich nicht um einen „Typ“, der festgelegt wurde, so muss der Käufer sich auf die Einstufung und Beschreibung des Verkäufers – meist des Exporteurs – verlassen. Die Beschreibung beinhaltet dann das Anbauland, die Sorte und Bohnengröße sowie das Erntejahr und eine kurze, oberflächliche Kategorisierung des Geschmacks. Die Beschreibung „Brazil Arabica Santos 2010/2011, 2/3, 17/18, s.s, fc“ bedeutet beispielsweise, dass der Kaffee aus Brasilien kommt, Arabica ist und im Kaffeejahr 2010/2011 geerntet wurde. „2/3“ limitiert die Fehleranzahl gemäß den Bestimmungen der COB (Classificação Oficial Brasileira), mit „17/18“ wird die Bohnen- beziehungsweise Siebgröße beschrieben. „s.s.“ steht für die Tassenqualität „strictly soft“, und „fc“ bedeutet, dass der Kaffee von gleichmäßiger, feiner Tassenqualität („fine cup“) sein sollte. Häufig wird noch angegeben, ob der Kaffee nass, trocken oder halbtrocken aufbereitet wurde und welche Farbe er hat (green, greenish, light green, lightish, yellowish). Für eine Klassifizierung der Rohkaffeebohnen hinsichtlich der Qualität werden bei Arabicas auch die Buchstaben AA, A, B und C verwendet, die in absteigender Reihenfolge die Größe der Bohnen angeben. Kenia AA ist beispielsweise eine sehr hochwertige Qualität aus Kenia. Weitere Beschreibungen für die Charakteristika sind unter anderem:

- Härte und Dichte: HB = Hard Bean, SHB = Strictly Hard Bean
- Größe: extra large, very large, large, bold, good, medium, small oder nach Siebgröße (zum Beispiel 17/18)
- Form: flat, Bourbon, Peaberry, Maragogype etc.
- Röstverhalten: fine roast, good to fine roast, good roast

Die Qualitätsbeschreibungen für Robusta sind ähnlich festgelegt wie für Arabica. Lediglich die Beschreibung der Größe der Bohnen wird bei Robusta mit römischen Ziffern in absteigender Reihenfolge (I, II und III) anstatt in Buchstaben und alphabetischer Reihenfolge angegeben. Die sehr unterschiedlichen Qualitätsbeschreibungen für die verschiedenen Ursprungsländer sind nicht konform mit Standardbeschreibungen an den Börsen, auf die später eingegangen wird, und folgen keinem strikt festgelegten und allgemeingültigen Katalog.

Die Menge wird ebenfalls festgelegt und je nach Anbauland in unterschiedlichen Einheiten angegeben beziehungsweise verpackt. In einigen Ländern werden Säcke à 60 Kilogramm verwendet, in anderen Säcke à 69 oder 70 Kilogramm. Wird Bulkware gekauft (siehe Kapitel 6 „Transport und Lagerung"), kann auch in Tonnen gerechnet werden.
Der Handel spricht beim Kauf und Verkauf von Rohkaffee von „lot", was Einheit bedeutet und je nach Vereinbarung eine bestimmte, individuell unterschiedliche Menge bezeichnen kann. Ein lot an der New Yorker Börse beispielsweise bezeichnet 37 500 lb (lb., lateinisch „libra", bezeichnet das angloamerikanische Pound oder Pfund und entspricht 453 Gramm), in London beträgt ein lot an der Börse 10 000 Kilogramm bzw. 10 Tonnen. Preise werden wiederum pro lb angegeben.

Transport und Versicherung

Kaffee wird in der Regel in den Ursprungsländern auf Schiffe verladen. Welcher Vertragspartner die Transportkosten sowie das Risiko und somit die Versicherung für den Seetransport übernimmt, ist vertraglich festgelegt. Dabei wird meist auf die Incoterms Bezug genommen. Diese wurden von der Internationalen Handelskammer erstellt und sind Standardregeln für die Lieferung von Waren. Dabei wird definiert, welche Rechte, Pflichten und jeweiligen Risiken Käufer und Verkäufer für die Lieferung der Ware haben. Für die Verschiffung von Kaffee werden in der Regel folgende Codes verwendet: FOB = Free On Board; CIF = Cost Insurance Freight, CFR = Cost and Freight und FCA = Free Carrier.
Bei einem FOB-Vertrag organisiert der Käufer die Verschiffung, der Exporteur muss aber dafür sorgen, dass der Kaffee auf das vom Käufer gebuchte Schiff gelangt. Der Verkäufer trägt so die Verantwortung für den Kaffee, bis die Ladung durch den Reeder beziehungsweise den Kapitän an Bord des Schiffes übernommen wird. Bei FOB bezeichnet der im Vertrag festgelegte Kaufpreis den Warenwert zum Zeitpunkt des Übergangs auf das Schiff, was bedeutet, dass der Käufer beziehungsweise der Importeur die Fracht- und Versicherungskosten übernimmt. Diese Vertragsart wird meistens genutzt. Der Käufer kann so selbst (häufig günstigere) Konditionen mit den Reedereien aushandeln und kontrolliert hierdurch den Transportweg.
Bei häufigen Schiffsladungen handelt der Importeur oder Agent mit der Schifffahrtsgesellschaft einen Mantelvertrag („standing over agreement") aus. Hierbei werden die Konditionen für Transporte in einem bestimmten Zeitraum festgelegt. Bei CIF übernimmt der Verkäufer die Kosten für den

Container im Hafen von New York

Transport und die Versicherung; CFR besagt, dass der Verkäufer den Transport zahlt, der Käufer sich aber um die Versicherung kümmert und die Kosten dafür trägt. Ist FCA vereinbart worden, so wird die Ware an einem festgelegten Ort übergeben, und von dort aus übernimmt der Käufer alles Weitere. Die ECF-Standardverträge sehen vor, dass normalerweise der Exporteur verpflichtet ist, den Transport zum Zielhafen zu veranlassen und sich um alle Vertragsangelegenheiten der Verschiffung zu kümmern. Ein wichtiges Dokument für den Transport des Kaffees ist das „Konossement", auch „Bill of loading" (B/L) genannt. Dies ist die Urkunde über einen abgeschlossenen Seefrachtvertrag. Mit der Unterzeichnung dieses Dokumentes bestätigt der Reeder, den Kaffee so wie dort beschrieben übernommen zu haben. Er verpflichtet sich, diesen im Bestimmungsort dem rechtmäßigen Empfänger gegen eine quittierte Ausfertigung des Konossements zu übergeben.
Ein weiteres wichtiges Dokument in dieser Handelsstufe stellt das ICO-Herkunftszertifikat dar. Das Zertifikat wird vom Exporteur beantragt und von einer lokalen autorisierten Zertifizierungsstelle ausgestellt und vom Zoll bestätigt. Das Zertifikat beinhaltet die ICO-Nummer, welche auch Teil der Warenmarkierung ist, beispielsweise 002/5223/1399. 002 steht für Brasilien, 5223 für den unter dieser Nummer registrierten Exporteur und die 1399 ist die fortlaufende Nummer des von diesem Exporteur im laufenden Erntejahr exportierten lots. Das Zertifikat enthält weitere Informationen, wie zum

Säckchen mit Rohkaffeebohnen aus Indonesien

Beispiel die Angabe des Verschiffungs- und Zielhafens, den Namen der Reederei und die Art der Verschiffung, die Menge und das Gewicht sowie die Beschreibung des Kaffees mit Angabe der Aufbereitungsart.

Bei Streitigkeiten zwischen Handelspartnern wird ein Schiedsgericht angerufen. In Europa stehen als Schiedsgerichtsorte Hamburg oder London zur Auswahl.

Zahlungsmodalitäten

Zwei Zahlungsweisen sind im Kaffeehandel üblich: „Cash against documents" (CAD) oder „Letter of credit" (L/C). Wurde im Vertrag CAD vereinbart, so muss die Zahlung entweder per Banküberweisung oder Scheck sofort erfolgen, wenn die erforderlichen Dokumente übergeben wurden. Im Normalfall werden diese Dokumente an die Bank des Käufers oder an seinen Makler oder Agenten geschickt und gehen, sobald die Zahlung getätigt wurde, direkt an den Käufer. Dieser Fall wird auch „Dokumenteninkasso" genannt und ist die übliche Zahlungsweise, da sie zeit- und kostengünstig ist. Hierbei besteht jedoch ein Ausfallrisiko, weshalb bei Handelsbeziehungen, die noch nicht so lange bestehen oder noch nicht so vertrauensvoll sind, die L / C-Variante gewählt wird. Dabei wird die Zahlung mittels Akkreditiv getätigt, welches eine unwiderrufliche Garantie der Bank des Käufers ist, dass bei Erhalt der Dokumente der vereinbarte Betrag für die Lieferung an die Bank des Verkäufers gezahlt wird. Dies muss der Käufer vor Verschiffung veranlassen. Der Kosten- und Zeitaufwand dieser Zahlungsweise ist deutlich höher als bei CAD, dafür ist sie deutlich sicherer.

Gerichtsbarkeit

Bei Streitigkeiten zwischen Handelspartnern greift ein Schiedsgericht ein, welches im Vertrag festgelegt werden kann. Die ECF-Standardverträge lassen den Vertragspartnern die freie Wahl, welchen Gerichtsort sie wählen. Zur Auswahl in Europa stehen London und Hamburg. Die amerikanischen Verträge der GCA sehen immer New York als Schiedsgerichtsort vor.
Rechtlich wird zwischen Unstimmigkeiten bezüglich der Qualität des Kaffees und technischen Unstimmigkeiten (sogenannten principle arbitrations) unterschieden, wobei Letztere alle anderen Angelegenheiten unabhängig von der Kaffeequalität zusammenfassen. Kommt es zu einem Verfahren, so wird das national gültige Recht des Schiedsgerichtsstandortes angewendet. Der Ablauf des Verfahrens und die Rechtsprechung können also je nach Standort sehr unterschiedlich ausfallen. Generell legen die nationalen Kaffeeverbände die Regeln und die Gestaltung der Schiedsgerichtsbarkeit fest und berufen erfahrene Mitarbeiter aus der Kaffeebranche als potenzielle Schiedsrichter. Ein Urteil eines Schiedsgerichtes kann

grundsätzlich international vollstreckt werden. Das Schiedsgericht des Deutschen Kaffeeverbandes wird von der Handelskammer Hamburg ausgeführt und ist das von europäischen Kaffeeunternehmen am häufigsten vereinbarte Schiedsgericht. Der Vorteil eines Schiedsgerichtes im Vergleich zu staatlichen Gerichten besteht darin, dass die eingesetzten Schiedsrichter aus der Praxis kommen und dass das Verfahren schneller und günstiger abgeschlossen werden kann, weil es durch weniger Instanzen gehen muss. Durch die Einbindung von Praktikern aus der Kaffeebranche hat das Urteil des Schiedsgerichtes zudem eine größere Anerkennung unter den Parteien.

Preis

Ein wesentlicher Bestandteil des Vertrages zwischen Käufer und Verkäufer ist der Preis. Je nach Qualität des Kaffees und Transportmodalitäten variiert der Preis. „Den" Kaffeepreis gibt es nicht, er wird zwischen den Vertragspartnern ausgehandelt. Als Preisbarometer gilt die Börse, die den jeweils aktuellen Wert für eine normierte Qualität und einen definierten Liefertermin anzeigt. Kaffee wird elektronisch (nicht physisch) an der Börse in New York (Arabica) und London (Robusta) als Warentermingeschäft gehandelt. Diese Börsenpreise gelten als Basis für eine Preisfindung zwischen den Handelspartnern,

Die aktuellen Kurse können online verfolgt werden.

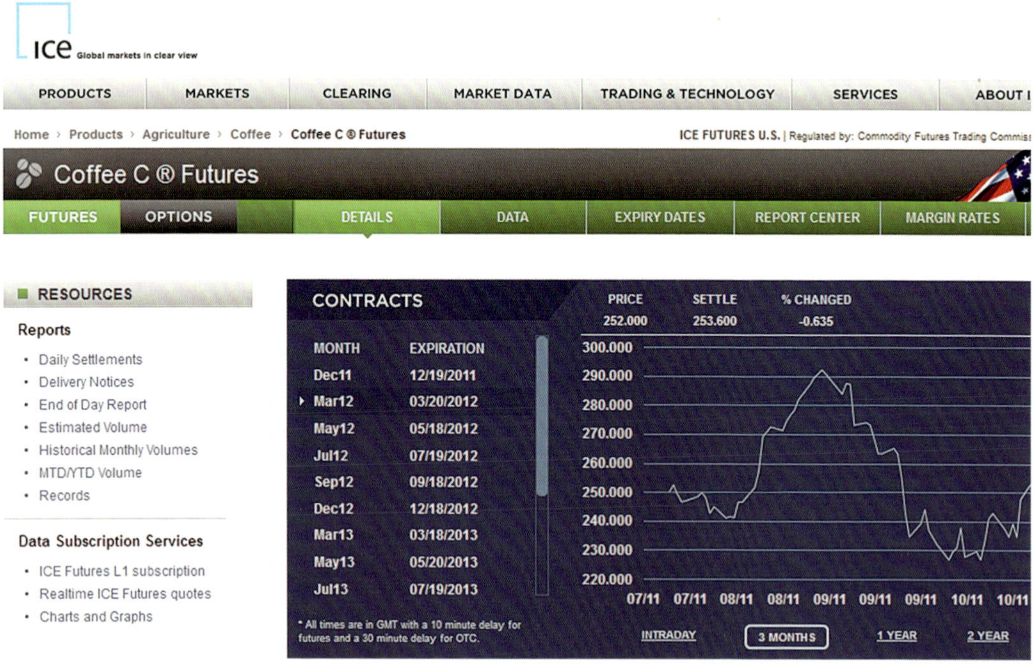

jedoch wird selten genau der Börsenpreis für den physisch gehandelten Kaffee bezahlt. Der Grund dafür ist, dass die tatsächlich gehandelten Qualitäten nicht uniform sind und somit die Unterschiede zur Börsenware preislich nach oben oder unten kalkuliert werden müssen. Beim physischen Kaffeegeschäft gibt es nun mehrere Möglichkeiten, den Preis zu gestalten: per **„Outright"-Geschäft** oder per **„Price to be fixed"-Geschäft.**

Beim **„Outright"-Geschäft** wird ein fester Preis zwischen dem Käufer und Verkäufer ausgemacht, der sich an dem aktuellen Börsenpreis orientiert. Dabei sind alle Vertragsbestandteile, wie Kaffeequalität, Lieferdatum, Zahlungsbedingungen, Transport, Menge und der Preis, festgelegt.

Eine andere Möglichkeit ist die vertragliche Einigung der Handelspartner auf einen definierten preislichen Auf- oder Abschlag gegenüber dem Börsenpreis (**„Price to be fixed"-Geschäft**"). Dieses sogenannte Differential ist die Differenz zwischen dem Börsenpreis und dem Preis für das tatsächliche Produkt. Beim „Price to be fixed"-Geschäft ist somit das Differential die vertraglich maßgebliche Vereinbarung zum Preis. Der Endpreis wird noch nicht konkret benannt, weil dieser vom künftigen Börsenkurs plus oder abzüglich des vereinbarten Differentials abhängt. Welcher Börsenkurs zugrunde gelegt wird, kann der Käufer beziehungsweise Verkäufer zu einem späteren Zeitpunkt fixieren. Welcher Handelspartner fixieren darf, wird vertraglich vereinbart. In der Regel fixiert beim Geschäft zwischen Exporteur und Importeur der Verkäufer, also der Exporteur; beim Handel zwischen Importeur und Röster im Zielland ist es meist der Käufer, also der Röster, der den Preis fixiert. Käufer und Verkäufer von Kaffee einigen sich beispielsweise darauf, dass der Kaffee im August verschifft werden soll und der Käufer „+ 4" bezahlt. Dies bedeutet, dass der Käufer 4 US-Cents pro lb mehr bezahlt, als die Börsennotierung an der New Yorker Börse sein wird. Zum Zeitpunkt des Vertragsabschlusses ist aber noch nicht festgelegt, von welchem Börsenpreis ausgegangen wird, lediglich das Differential zu einem in der Zukunft liegenden Börsenpreis wird vertraglich festgehalten sowie ein Zeitraum, innerhalb dessen der Preis fixiert werden sollte. Dieser Zeitraum wird eingegrenzt durch den **Börsenliefermonat,** der meist ein bis drei Monate nach dem **Verschiffungsmonat** liegt. Soll der Rohkaffee beispielsweise im August im Ursprungsland verschifft werden, so steht dem Verschiffungsmonat August der Börsenmonat September gegenüber. Das bedeutet, dass – je nach vertraglicher Vereinbarung – der Preis für die Ware entweder vor Verschiffung („prior shipment"), vor Ablauf des erstmöglichen („prior first notice day") oder aber des letzten möglichen Handelstages des Börsenmonats („prior last trading day") fixiert werden soll. Der

„first notice day" entspricht je nach Börse entweder dem siebtletzten oder letzten Handelstag des Vormonates oder dem ersten des Börsenliefermonats. Der „Last trading day" liegt ein bis sieben Tage vor dem letzten Geschäftstag des Börsenliefermonats. Einige Verträge beinhalten individuelle Klauseln, die auch den ersten möglichen Fixierungstermin nennen, beispielsweise „Fixation earliest 90 days prior to month of shipment".
Ist der Börsenkurs für den Verkäufer günstig, so „fixiert" dieser, sofern ihm laut Vertrag das Recht zur Fixierung zusteht („sellers call"). Hierbei ist wichtig, dass der Termin der Fixierung des Preises innerhalb der im Vertrag vereinbarten Zeitspanne liegt. Für die Preisfindung ist dann der notierte Börsenpreis für den relevanten Kaffee an diesem Tag der Fixierung gültig.

Preisschwankungen

Dynamische Preisbewegungen gehören im Kaffeehandel zum Alltag. Ein Grund dafür ist das schwankende **Angebot von Kaffee** trotz stetig steigender Nachfrage. Durch Unwetter, Umweltschäden oder politische Unruhen bedingte Ernteausfälle sind beim Kaffeehandel keine Seltenheit. Zudem tragen Finanzspekulationen an der Börse und Kostenschwankungen für Rohöl, Transport und Versicherungen zu einem unbeständigen Kaffeepreis bei.

Von großer Bedeutung hierbei sind auch **Währungsschwankungen:** Der internationale Kaffeehandel wird in US-Dollar abgewickelt (siehe Abschnitt „Börse und Warenterminmarkt"). Für den deutschen Kaffeehandel bedeutet beispielsweise ein höher bewerteter Dollarkurs eine Verteuerung des Rohkaffees, da er den Kaffee in Deutschland in einer anderen Währung, dem Euro, verkauft. Gleiches gilt für Währungsschwankungen in den Ursprungsländern.

Teilweise wird der Kaffeebauer zum Beispiel in der Landeswährung Peso bezahlt, der Käufer handelt aber im Zielland in einer anderen Währung. Es kommt auch vor, dass der Exporteur im Ursprungsland eine Fremdwährung annehmen muss, um konkurrenzfähig zu bleiben. In vielen Fällen müssen demnach Fremdwährungen gekauft werden oder ungünstige Devisenkassageschäfte einkalkuliert werden. Zur Absicherung von Währungsschwankungen und ungünstigen Wechselkursen können am Kaffeehandel beteiligte Parteien an Finanzterminbörsen aktiv werden und beispielsweise Devisentermingeschäfte oder Devisenoptionen kaufen.

Ein Verkäufer, zum Beispiel der Produzent oder Exporteur im Ursprungsland, hat beispielsweise im Mai einen Vertrag mit einem Importeur getätigt, der die Verschiffung einer bestimmten Kaffeequalität für August sowie ein Differential von „+4" und eine Fixierung „prior first notice day, earliest 90 days prior to month of shipment" vorsieht. Er kann dann frühestens drei Monate vor Verschiffung und spätestens Ende August beziehungsweise Anfang September einen Preis fixieren. Der Börsenliefermonat ist September. Wenn er beispielsweise die Bedingungen am 30. Juli für günstig hält, wird er an diesem Tag fixieren. Damit gilt der Börsenpreis von diesem Tag. Liegt der Preis am 30. Juli an der New Yorker Börse für Arabica beispielsweise bei 240 US-Cents pro lb, so zahlt der Käufer 244 US-Cents pro lb, da ein Differential von „+4" vereinbart wurde.

Ausführung des physischen Handels

Wurde der Kaffee fristgerecht und in der vereinbarten Qualität und Menge geliefert, so gilt der Vertrag als erfüllt und das physische Kaffeegeschäft zwischen den beiden Parteien als abgeschlossen. Der vereinbarte Preis wird gezahlt. Wurde das Kaffeegeschäft nicht zufriedenstellend erfüllt, so wird nachverhandelt; es wird ein sogenannter Claim ausgesprochen. Kann keine Einigung erzielt werden, wird das im Vertrag vereinbarte Schiedsgericht angerufen.

Gegengeschäft an der Börse / Warenterminhandel

Die Kaffeebörse ist nicht nur ein Preisbarometer für den zu vereinbarenden Preis im physischen Kaffeegeschäft, sondern ermöglicht dem Käufer und dem Verkäufer, ihr real getätigtes Handelsgeschäft abzusichern, da die Erfüllung des Vertrages, also die Lieferung des Kaffees, meist mehrere Monate in der Zukunft liegt. Dies geschieht über ein Gegengeschäft an der Warenterminbörse in New York oder London.
Die Börse gilt als großer virtueller Marktplatz des Kaffeehandels mit einer hohen Transparenz, denn die täglich gehandelten Kaffeepreise und Mengen werden veröffentlicht und sind für jeden Beteiligten ersichtlich. Händler im Konsumland verfolgen meist den ganzen Tag das Börsengeschehen auf dem Bildschirm. Wer an der Börse aktiv werden will, benötigt eine Zulassung bzw. ein Konto bei einem zugelassenen Börsenhändler. Neben Firmen aus dem Kaffeehandel nehmen meist Fondsgesellschaften, Spekulanten und Investoren am Börsengeschehen teil, wobei es keinen Parketthandel mehr gibt, sondern alle Transaktionen elektronisch vorgenommen werden.

Exkurs: Grundlagen Termingeschäfte

Termingeschäft

An der Börse gibt es zum einen den Kassamarkt, zum anderen den Terminmarkt. Beim Kassamarkt wird ein Geschäft getätigt, welches direkt nach dem Abschluss ausgeführt werden muss. Beim internationalen Kaffeehandel sind Kassamärkte kaum relevant, da selten Transaktionen an der Börse zu tatsächlicher Auslieferung der Ware führen, sondern als Absicherung dienen. Dennoch beeinflussen sich Termin- und Kassamarkt gegenseitig.

Beim Terminmarkt können nach Abschluss eines Handelsvertrages und der Erfüllung mehrere Wochen oder gar Monate vergehen. Die Erfüllung des Geschäftes und somit die Übertragung eines Wertes erfolgt zu einem festen Termin und zu einem festen Preis. Terminmärkte sind unterteilt in Warenterminmärkte, also Transaktionen mit Waren und Rohstoffen, wie zum Beispiel Kaffee, und in Finanzterminmärkte, die wiederum Finanzprodukte (Derivate), wie beispielsweise Wertpapiere, Devisen, Indizes oder Währungen, handeln. Wichtig für einen Warenterminhandel ist eine garantierte Liquidität, die durch eine ausreichende Zahl von Börsenteilnehmern und größere Volumina an Transaktionen gewährleistet ist.

Bei Termingeschäften, sogenannten Hedging-Operations, werden „Futures" und „Options" gehandelt (to hedge = absichern). **„Long Hedge"** bedeutet immer den Kauf von Kontrakten, **„Short Hedge"** den Verkauf. Bei beiden Hedge-Geschäften (Futures und Options) schließen Käufer und Verkäufer einen standardisierten Vertrag ab, der im Falle des Kaffeehandels Qualitäten, Mengen und bestimmte Fälligkeitstermine festlegt. Der Vertragsabschluss geschieht nicht direkt zwischen dem Käufer und Verkäufer, sondern über die Börse (siehe „Clearing House"), ist also anonym. Die kleinste handelbare Einheit ist ein Kontrakt. Im Fall von Kaffee ist der Terminmarkt von einer starken Volatilität gekennzeichnet, das heißt, der Markt schwankt sehr.

Futures

Die sogenannten Futures sind Positionen, die auch als Terminkontrakte bezeichnet werden und den Börsenteilnehmer dazu verpflichten, entweder eine Ware zu einem bestimmten Zeitpunkt zu liefern („Short Position") oder aber abzunehmen („Long Position"). Man bezeichnet diese auch als feste Termingeschäfte, da sie wahrgenommen werden müssen. Die Vertragspartner legen einen Termin fest, an dem geliefert und gezahlt wird. Als Hedger hat man zwei Möglichkeiten: Entweder, man lässt es zu einer realen Lieferung kommen, was nur in rund zwei Prozent der Fälle geschieht, oder aber man tätigt ein Gegengeschäft („Offsetting transaction“) und entgeht somit der Verpflichtung, die man vertraglich eingegangen ist. Dieses Vorgehen, nämlich das Gegengeschäft zu einer bereits getätigten Transaktion, wird als „glattstellen“ bezeichnet. Futures, also Terminkontrakte, können in beliebiger Reihenfolge gekauft („Long Hedge“) oder verkauft („Short Hedge“) werden, um Gewinne zu erwirtschaften. Verkauft ein Börsenteilnehmer einen Kontrakt, bevor er einen gekauft hat, bezeichnet dies einen Leerverkauf. Er verkauft eine Position („Short position“), von der er erwartet, dass der Preis für diese in der nächsten Zeit fallen wird. Fallen die Preise dann tatsächlich, kauft er die Position zurück („Long Position“), er „deckt die Leerverkaufsposition“. Kauft ein Hedger einen Kontrakt zuerst, dann erwartet er einen Preisanstieg der gekauften Positionen. Ist dieser erreicht, verkauft er den Kontrakt und stellt somit die Position glatt.

Options

Bei „Options“, also Optionen, hat der Erwerber das Recht, aber nicht die Pflicht, einen „Future Contract“ zu kaufen („Call Option“) oder zu verkaufen („Put Option“). Es besteht aber keine Verpflichtung, diese Option einzulösen, daher spricht man von bedingten Termingeschäften. Der Emittent der „Option“ muss im Falle, dass der Erwerber des Optionsscheines seine Option einlöst und vor einem vereinbarten Termin den Kontrakt kaufen oder verkaufen möchte, das gewünschte Geschäft tätigen. Er ist dann in der Verpflichtung und hat keine Wahl.
Als Ausgleich für dieses Risiko muss der Optionskäufer („Long Position“) dem Optionsverkäufer („Short Position“) eine Gebühr („Optionspreis“) bei Vertragsabschluss zahlen. Wurde bis Ablauf der festgesetzten Frist („Expiration Date“) die Option nicht wahrgenommen, so ist die Option wertlos und verfällt. Der Basiswert, zu dem eine Option gekauft werden kann, wird „Exercise Price“ oder „Strike Price“ genannt.

Clearing House – die neutrale Instanz

Alle Geschäfte, die an der Warenterminbörse abgeschlossen werden, werden vom sogenannten Clearing House abgewickelt. Jede Warenterminbörse besitzt ein eigenes, unabhängiges Clearing House, welches am Ende jeden Börsentages alle Käufe und Verkäufe von „Futures“ oder „Options“, die an diesem Tag getätigt wurden und noch nicht erfüllt sind, verwaltet („Open Interest“). Zu jedem Kauf eines Kontraktes muss es einen Gegenpart geben, sprich einen Verkauf eines exakt gleichen „Future contracts“. Dabei hat es sich durch die Umstellung des Börsengeschehens von Parketthandel auf elektronischen Handel so entwickelt, dass ein Käufer seinen Gegenpart nicht kennt; das Clearing House wird quasi zum Gegenpart eines jeden Handels mit Terminkontrakten. Das Clearing House ist somit der Käufer aller getätigten Verkäufe von „Futures“ und der Verkäufer aller gekauften Kontrakte. Das Gleiche gilt für „Options“. Die zu zahlende Optionsprämie durch den Erwerber der „Options“ wird ebenfalls an das Clearing House gezahlt. Durch diese neutrale Instanz ist eine hohe Sicherheit und Transparenz des Börsengeschehens gewährleistet; der private Handel unter zwei Börsenparteien ist nicht gestattet. Dies zeigt auch, dass das Börsengeschäft im Kaffeehandel abgekoppelt vom physischen, realen Kauf und Verkauf von Rohkaffee ist und lediglich als Sicherung des real getätigten Geschäftes dient. Beim physischen Kaffeehandel ist oftmals das persönliche Vertrauen in das Geschäftsverhalten des Verkäufers maßgebliche Geschäftsgrundlage für den Käufer.

Wer darf an der Warenterminbörse handeln?

An der Börse dürfen nur zugelassene Teilnehmer handeln. Jeder Börsenhändler („Trader“) muss eine Teilnahmeberechtigung und ein spezielles Börsenkonto besitzen. Marktteilnehmer, die Futures zur Absicherung kaufen oder verkaufen, werden als „Hedger“ bezeichnet. Händler der physischen Ware sind ebenso an der Börse vertreten wie Fondsgesellschaften („Fonds“) und Marktteilnehmer, die für ihre eigenen Interessen handeln und spekulieren („Locals“). Meist lassen Händler und Unternehmen Broker oder Börsenmakler für sich an der Börse tätig sein oder verfügen über eine eigene Abteilung, die sich ausschließlich mit dem Börsengeschehen befasst. Um ein Termingeschäft vornehmen zu dürfen, müssen Hedger eine finanzielle Sicherheit hinterlegen („Margin“).

Beim Futures-Handel müssen Käufer und Verkäufer über ein Startkapital verfügen, welches sie als Anzahlung tätigen können („Initial Margin“), bevor sie eine Futures Position eröffnen. Diese finanzielle Sicherheit, auch Anfangseinschuss genannt, wird auf einem Konto („Margin Account“) hinterlegt, welches immer einen Mindestkapitalbetrag („Maintenance Margin“) aufweisen muss, der sich prozentual nach der Höhe des Betrages der Transaktion richtet. Dieser Betrag muss immer auf dem Konto verbleiben, solange man über eine offene Position verfügt, und liegt meist etwas unter dem Initial Margin. Wird der Minimalbetrag auf dem Konto unterschritten oder

reicht der Anfangseinschuss nicht aus, um ein Geschäft zu tätigen, so erhält der Kontobesitzer eine Aufforderung („Margin Call"), seinen Kontostand zu überprüfen und entsprechend zu erhöhen, sodass der Betrag wieder mindestens beim vereinbarten „Maintenance Margin" liegt. In der Praxis sieht dies so aus, dass der Broker den Rohkaffeehändler beispielsweise anruft, für den er handelt, und ihn auffordert, den Kontostand zu erhöhen oder aber die Position glattzustellen.
Die Vorschriften für die Margins sowie die Höhe der finanziellen Mittel (Einschusssätze) sind für verschiedene Transaktionen unterschiedlich und richten sich nach der Volatilität des Marktes. Insgesamt sollte das Margin-Konto immer ein finanzielles Polster aufweisen, damit Marktschwankungen nicht dazu führen, dass der „Maintenance Margin" unterschritten wird. Als Faustregel gilt, dass man nie mehr als 50 Prozent des Kontoguthabens verwenden sollte, um eine Position zu eröffnen. Einschüsse sind keine wirklichen Kosten, da in der Regel die Positionen später glattgestellt werden und es zu keiner realen Lieferung kommt.
Mit Glattstellung der Positionen werden die aufgewendeten finanziellen Mittel dem Margin-Konto wieder gutgeschrieben. Dennoch muss hierfür permanent Kapital zur Verfügung stehen, dessen Höhe von Handelsvolumen und Börsenentwicklung bestimmt wird. Je höher die Börsenpreise klettern, desto größer sind die Einschusssätze, für welche die Händler das Geld aufbringen müssen.

Börsenbildschirm der New Yorker Börse, ICE Futures US

An welchen Börsen wird Kaffee gehandelt?

Die für Kaffee international relevanten Börsen sind in New York und London. An der New Yorker Börse wird Arabica in der Einheit „US-Cents per lb" gehandelt; Robusta in London in der Einheit „US-Dollar per Tonne".

New York

Arabica-Kaffee wird heutzutage an der New Yorker Warenterminbörse ICE (Intercontinental Exchange), genauer am ICE Futures US, gehandelt. Der Börsenhandel für Kaffee hat eine lange Tradition: Bereits 1882 wurde das „Coffee Exchange of the City of New York" gegründet, um Brazilian Arabica zu handeln. Klassisch war bis in die 1990er-Jahre noch der Parketthandel an der New Yorker Börse. Heute wird in den USA vollständig elektronisch gehandelt. Die Börse ist montags bis freitags von 3.30 Uhr bis 14.00 Uhr NY-Zeit (8.30 Uhr bis 19.00 Uhr London-Zeit) geöffnet, außer an einigen festgelegten Feiertagen. Der Warenterminhandel steht unter der Aufsicht der „Commodity Futures Trading Commission" (CFTC), einer von der US-Regierung eingesetzten Organisation, die die Börse überwacht. Das Clearing House an der New Yorker Börse ist die „New York Clearing Corporation" (NYCC).

Vor der New Yorker Börse in der Wall Street

„C-Kontrakt"

Traditionell gilt der „New York Board of Trade Coffee Futures Contract", kurz „C-Kontrakt", als maßgeblich für den internationalen Kaffeehandel von Arabica an der Börse; „C" steht in diesem Fall für „Coffee". Der „C-Kontrakt" ist ein Terminkontrakt und schreibt vor, welche Sorten und Qualitäten zugelassen sind, welche Börsenliefermonate angeboten werden und in welchen Einheiten ge- und verkauft werden darf. Das Börsenkürzel ist „KC".

In New York wird der Handel von Kaffee in Einheiten von jeweils 37 500 lb abgewickelt, was 17 010 Kilogramm bzw. 17,01 Tonnen entspricht. Eine Einheit entspricht einem lot. Wer in New York also ein lot kauft, erhält 17 010 Kilogramm Rohkaffee. Als Börsenliefermonate sind März (H), Mai (K), Juli (N), September (U) und Dezember (Z) zugelassen. Die Beschreibung „KCZ12" bedeutet beispielsweise, dass der Preis für den C-Kontrakt (Kürzel KC) für den Börsenliefermonat Dezember (Z) 2012 berechnet wird. Es kommt selten zu einer realen Lieferung, da die „Futures" als Gegengeschäft zum realen Kaffeehandel gehandelt und jeweils glattgestellt werden.

Um den Rohkaffeehandel zu vereinheitlichen, ist Börsenkaffee standardisiert und die jeweilige Kaffeequalität genau beschrieben hinsichtlich Sorte, Ursprungsland, Verschiffungshafen, Erntejahr, Größe, Form, Farbe, Härte und Defekte. Häufig werden auch Röstverhalten und Geschmack angegeben. In New York sind „Mild Arabicas" aus 19 Produzentenländern zugelassen, wobei Kaffees aus Kolumbien mit Aufschlägen, andere mit Abschlägen (zum Beispiel Indien, Venezuela, Burundi) gehandelt werden. Kaffee, der an der Börse zur Einlieferung in speziell lizenzierte Lagerhäuser angeboten wird, wird von neutralen Kaffeeexperten („Graders") auf die Qualität untersucht und einzelne Fehler aus Proben ausgezählt. Für jede Qualität, die an der Börse gehandelt wird, muss es ein Zertifikat geben, welches die genauen Charakteristika beschreibt.

Minimalanforderungen sind, dass der Kaffee optisch einwandfrei ist, keinen Fremdgeschmack oder -geruch aufweist, ein gleichmäßiges Röstverhalten hat und bestimmten Größenanforderungen entspricht. Im „C-Kontrakt" gehandelter Kaffee darf nicht mehr als 15 Fehler pro lot aufweisen. Als Ausnahme gilt Kaffee aus Kolumbien, der nicht mehr als zehn Fehler haben darf, um als Börsenware zugelassen zu werden. Für Defekte der Bohnen sind Charakteristika und Normierungen erstellt. Die genauen Anforderungen an den Börsenkaffee sowie die Beschreibungen der Defekte sind im „C-Kontrakt" festgehalten und auf der Website der Börse unter www.theice.com ersichtlich. Die als Futures angebotene Börsenware ist also tatsächlich als

Rohkaffee, der auf Qualität geprüft wurde, in einem Lager existent. Da es beim Warenterminmarkt an der Börse aber meist um finanzielle Absicherung des physischen Kaffeegeschäftes geht und nicht um den tatsächlichen Kauf oder Verkauf der realen Ware, wird der angebotene Rohkaffee selten ausgeliefert.

Außenansicht der Börse Euronext Liffe in London

London

Die Londoner Börse ist vor allem für den Handel mit Robusta von internationaler Bedeutung. Bis 2001 wurde Kaffee am „Liffe" gehandelt, welches dann an die Warenterminbörse Euronext überging. Die Londoner Börse wird heute „NYSE Euronext Liffe" oder – trotz der Fusion – noch „Liffe" genannt; die elektronische Handelsplattform heißt „LIFFE connect". Parketthandel gibt es seit dem Jahr 2000 nicht mehr, seither ist alles auf elektronischen Handel umgestellt; Handelszeiten sind montags bis freitags – außer feiertags – von 9.00 Uhr bis 17.30 Uhr Londoner Zeit. „LCH Clearnet" fungiert als Clearing-Stelle für alle in London gehandelten Terminkontrakte. Die übergeordnete Instanz ist die Aufsichtsbehörde „Security Investment Board" (SID).

Rohkaffee-Kontrakte werden seit 1992 in US-Dollar pro Tonne ge- und verkauft. Analog zum „C-Kontrakt" der New Yorker Börse gibt es den „Robusta Coffee Contract, No. 409" (Börsenkürzel RCD), der sowohl die zum Handel zugelassenen Qualitäten als auch die Lieferbedingungen und Einheiten festlegt. In London wird Robusta in 10 000 Kilogramm-Einheiten (= 10 Tonnen = ein lot) gehandelt.

Bei einem Kauf von zehn lots an der Börse in London erhält der Käufer beispielsweise 100 000 Kilogramm (= 100 Tonnen) Rohkaffee. Als Börsenliefermonate gelten Januar (F), März (H), Mai (K), Juli (N), September (U) und November (X), die in einem Vertrag mit den jeweils in Klammern genannten Kürzeln benannt werden. „RCDK12" bedeutet beispielsweise, dass ein Robusta-Kontrakt zum Börsenliefermonat Mai 2012 gekauft wurde. Die Qualitäts- und Defektbeschreibungen für Robusta sind ähnlich festgelegt wie für Arabica an der New Yorker Börse und im Kontrakt Nr. 409 aufgeführt (www.euronext.com).

Futures im Kaffeehandel

Terminkontrakte werden im Kaffeehandel als Gegengeschäft zum real unter Handelspartnern abgeschlossenen Geschäft verwendet. Generell gilt, dass ein „Long Hedge" getätigt wird, also Kontrakte gekauft werden, wenn man physische Ware verkauft hat. Im umgekehrten Fall ist ein „Short Hedge", also der Verkauf von Futures, das Gegengeschäft zum real gekauften Rohkaffee. Durch diese Gegengeschäfte sichern sich die am Kaffeehandel Beteiligten ab.

Optionen im Kaffeehandel

Optionen werden von Börsenteilnehmern getätigt, die im Kaffeehandel tätig sind und das reale Geschäft absichern möchten, oder um nicht planbare Größen von Ernten abzusichern, um unerwartet hohen Preissteigerungen entgegenzuwirken oder um auf unerwartete Nachfragesituationen durch Röster oder Händler vorbereitet zu sein. Manche nutzen Optionen auch aus spekulativen Gründen. Für größere Unternehmen, die an der Börse aktiv sind, können Optionen zusammen mit Terminkontrakten Flexibilität und Risikomanagement darstellen, allerdings erfordert dies auch einen sehr guten Überblick und eine ständige Beobachtung des Börsengeschehens und der Preisentwicklung. Für kleinere Käufer beispielsweise bieten Optionen die Möglichkeit, an der Börse ohne „Margin", also ohne hinterlegte Sicherheiten, aktiv zu werden. Optionen sind jedoch hoch risikoreich und können daher bei Fehlinvestitionen existenzbedrohend sein.
Folgende Strategien können für die verschiedenen Szenarien angewendet werden:

- Kauf einer Call Option („Long Call"), wenn starke Preissteigerungen erwartet werden.
- Verkauf einer Call Option („Short Call"), wenn stabile oder fallende Preise erwartet werden.
- Kauf einer Put Option („Long Put"), wenn stark fallende Preise erwartet werden.
- Verkauf einer Put Option („Short Put"), wenn stabile oder steigende Preise erwartet werden.

Teilweise kombinieren Börsenteilnehmer auch die verschiedenen Optionen, um sich gegen erwartete Risiken abzusichern. Ein Kauf einer Put Option und einer Call Option kann dann finanziell von Interesse sein, wenn ein stark steigender oder fallender Preis erwartet wird. Für beide wurde eine Prämie bezahlt, das heißt, die Optionen sind nur rentabel, wenn der Marktpreis so weit steigt oder fällt, dass die Gesamtprämie „zurückverdient" wurde. Eine solche Kombination enthält zugleich ein Risiko, da es sein kann, dass beide Prämien, die für den Kauf der jeweiligen Option anfallen, verloren gehen, sofern der Börsenpreis stabil ist.

Zusammenspiel von physischem Handel und Gegengeschäft

1. Beispiel eines Outright-Geschäftes mit Gegengeschäft aus Sicht des Importeurs

Das Outright-Geschäft beschreibt die sofortige Vereinbarung des Endpreises. Bei jedem physischen Kaffeegeschäft tätigen die Beteiligten ein Gegengeschäft an der Börse, um sich abzusichern.

Annahmen:

- Vertrag zwischen Produzenten und Importeur über 1.000 Sack à 69 Kilogramm zu 120 US-Cents/lb
- Vertrag zwischen Importeur und Röster über 1.000 Sack à 69 Kilogramm zu 108 US-Cent/lb
- Börsenpreis fällt von 106 US-Cents/lb auf 90 US-Cents/lb

Zeitpunkt	Physischer Handel / Effektivgeschäft	Warentermingeschäft / Gegengeschäft (New Yorker Börse)
3. Mai	**I kauft von P Kaffee** – **1.000 Sack à 69 kg** aus Costa Rica SHB Arabica – Dies entspricht **69.000 kg** beziehungsweise **152.318 lb** – Verschiffung im Juli – Preis (Outright-Geschäft): **120 US-Cents pro lb** – Verschiffungsart: FOB Ursprung **Preis:** 120 US-Cents x 152.318 lb = **18.278.160 US-Cents**	**I verkauft** – **152.318 lb** entsprechen **4,06 lots** (à 37.500 lb) – **Da nur ganze lots an der Börse gehandelt werden können, werden 4 lots verkauft:** – **4 lots** zum Kurs von **106 US-Cents pro 1 lb** (tagesaktueller Kurs) – **4 lots** entsprechen **150.000 lb** **Preis:** 106 US-Cents x 150.000 lb = **15.900.000 US-Cents**
20. Mai	**I verkauft an R** – 1.000 Sack à 69 kg Costa Rica SHB Arabica – Preis (Outright-Geschäft): **108 US-Cents pro lb** **Preis:** 108 US-Cents x 152.318 lb = **16.450.344 US-Cents**	**I kauft** – 4 lots zum Kurs von **90 US-Cents pro lb** (tagesaktueller Kurs) **Preis:** 90 US-Cents x 150.000 lb = **13.500.000 US-Cents**
Fazit	**Verlust** von 12 US-Cents pro lb, folglich 12 US-Cents x 152.318 lb = **18.278,16 US-$ gesamt** (Gegenprobe: 16.450.344 US-Cents – 18.278.160 US-Cents)	**Gewinn** von 16 US-Cents pro lb, folglich 16 US-Cents x 150.000 lb **= 24.000 US-$ gesamt** (Gegenprobe: 15.900.000 US-Cents – 13.500.000 US-Cents)

Beteiligte: P = Produzent; I = Importeur; R = Röster • 1 lb = 453 g, 1 lot an der New Yorker Börse = 37.500 lb

Insgesamt: 24.000,00 US-Dollar (Gewinn Warentermingeschäft)
– 18.278,16 US-Dollar (Verlust physisches Geschäft)
= 5.721,84 US-Dollar.

Dies entspricht einem Gewinn von ungefähr vier US-Cents pro lb für den Importeur.

In diesem Beispiel hat sich der Börsenpreis zum Vorteil des Importeurs entwickelt: Er verkauft die Kontrakte zu einem höheren Preis, als er sie einkauft. Zugleich muss er den Rohkaffee günstiger an den Röster verkaufen, als er ihn vom Produzenten gekauft hat, da der Börsenkurs, der stets als Parameter für die Marktpreise gilt, gefallen ist. Bei dem geschilderten Beispiel kann der Kaffeehändler Verluste im physischen Warengeschäft mit Gewinnen im Börsengeschäft kompensieren und tendenziell ausgleichen. Dabei ist keine vollständige Absicherung möglich, da an der Börse nur ganze lots gehandelt werden können, die nicht der exakten physisch gekauften lb-Menge entsprechen.

Sack mit Rohkaffee aus Costa Rica

Das folgende Beispiel zeigt, wie sich eine Börsenbewegung nach oben auf das Geschäft des Importeurs auswirkt.

Annahmen:

- Vertrag zwischen P und I über 1.000 Sack à 69 Kilogramm zu 120 US-Cents/lb
- Vertrag zwischen I und R über 1.000 Sack à 69 Kilogramm zu 125 US-Cents/lb
- Börsenpreis steigt von 106 US-Cents/lb auf 110 US-Cents/lb

Zeitpunkt	Physischer Handel / Effektivgeschäft	Warentermingeschäft / Gegengeschäft (New Yorker Börse)
3. Mai	**I kauft von P Kaffee** – **1.000 Sack à 69 kg** aus Costa Rica SHB Arabica – Dies entspricht **69.000 kg** beziehungsweise **152.318 lb** – Verschiffung im Juli – Preis (Outright-Geschäft): **120 US-Cents pro lb** – Verschiffungsart: FOB Ursprung **Preis:** 120 US-Cents x 152.318 lb = **18.278.160 US-Cents**	**I verkauft** – **152.318 lb** entsprechen **4,06 lots** (à 37.500 lb) – **Da nur ganze lots an der Börse gehandelt werden können, werden 4 lots verkauft:** – **4 lots** zum Kurs von **106 US-Cents pro 1 lb** (tagesaktueller Kurs) – **4 lots** entsprechen **150.000 lb** **Preis:** 106 US-Cents x 150.000 lb = **15.900.000 US-Cents**
20. Mai	**I verkauft an R** – 1.000 Sack à 69 kg Costa Rica SHB Arabica – Preis (Outright-Geschäft): **125 US-Cents pro lb** **Preis:** 125 US-Cents x 152.318 lb = **19.039.750 US-Cents**	**I kauft** – 4 lots zum Kurs von **110 US-Cents pro lb** (tagesaktueller Kurs) **Preis:** 110 US-Cents x 150.000 lb = **16.500.000 US-Cents**
Fazit	**Gewinn** von 5 US-Cents pro lb, folglich 5 US-Cents x 152.318 lb = 761.590 US-Cents = **7.615,90 US-$ gesamt** (Gegenprobe: 19.039.750 US-Cents – 18.278.160 US-Cents)	**Verlust** von 4 US-Cents pro lb, folglich 4 US-Cents x 150.000 lb = 600.000 US-Cents = **6.000 US-$ gesamt** (Gegenprobe: 15.900.000 US-Cents – 16.500.000 US-Cents)

Beteiligte: P = Produzent; I = Importeur; R = Röster • 1 lb = 453 g, 1 lot an der New Yorker Börse = 37.500 lb

Insgesamt: 7.615,90 US-Dollar (Gewinn physisches Geschäft)
– 6.000,00 US-Dollar (Verlust Warentermingeschäft)
= 1.615,90 US-Dollar.

Dies entspricht einem Gewinn von ungefähr einem US-Cent pro lb für den Importeur.

Bei dem geschilderten Beispiel kann der Kaffeehändler Verluste im Termingeschäft an der Börse mit Gewinnen im physischen Geschäft kompensieren und tendenziell ausgleichen. Dabei ist keine vollständige Absicherung möglich, da an der Börse nur ganze lots gehandelt werden können, die nicht der exakten physisch gekauften lb-Menge entsprechen.
In diesem Beispiel ist der Börsenpreis gestiegen: Der Importeur verkauft die Börsenkontrakte zu einem niedrigeren Preis, als er sie einkauft. Dadurch muss er den Weiterverkaufspreis des vom Produzenten erworbenen Rohkaffees anheben, wenn er an den Röster verkauft. Da sich der Börsenpreis nach oben verändert hat, orientiert sich der physische Markt daran, und der Importeur kann vom Röster einen höheren Preis für den Rohkaffee verlangen, als er an den Produzenten gezahlt hat.

2. Beispiel eines Price-to-be-fixed-Geschäftes (PTBF) mit Gegengeschäft aus Sicht des Händlers:

Beim „Price-to-be-fixed"-Geschäft wird das Differential, die Differenz zum Börsenpreis, vereinbart. Der Endpreis steht bei Vertragsabschluss nicht fest, sondern setzt sich aus einem Börsenpreis in der Zukunft und dem vereinbarten Differential zusammen. In diesem Beispiel fixieren Produzent und Röster jeweils den Preis.

Annahmen:
- Vertrag zwischen I und P über 1.000 Sack à 69 Kilogramm, Differential „+ 10 US-Cents/lb"
- Vertrag zwischen I und R über 1.000 Sack à 69 Kilogramm, Differential „+ 12 US-Cents/lb"
- Börsenkurs steigt. P fixiert bei 102 US-Cents/lb (Börsenkurs), R fixiert bei 111 US-Cents/lb (Börsenkurs)

Zeitpunkt	Physischer Handel / Effektivgeschäft	Warentermingeschäft / Gegengeschäft (New Yorker Börse)
23. März	**I kauft von P Rohkaffee** – 1.000 Sack à 69 kg aus Costa Rica SHB Arabica – Dies entspricht **69.000 kg** beziehungsweise **152.318 lb** – Verschiffung im Juli – Preis (PTBF-Geschäft): **plus 10 US-Cents pro lb** (Differential zum Börsenkurs)	
15. April	**I verkauft an R** – 1.000 Sack à 69 kg Costa Rica SHB Arabica – Dies entspricht **69.000 kg** beziehungsweise **152.318 lb** – Verschiffung Juli – Preis: **plus 12 US-Cents pro lb** (Differential zum Börsenkurs)	
6. Mai	**P fixiert den Preis gegenüber I** – **102 US-Cents pro lb** (tagesaktueller Kurs an der Börse)	**I verkauft** – **152.318 lb** entsprechen **4,06 lots** (à 37.500 lb) – **Da nur ganze lots an der Börse gehandelt werden können, werden 4 lots verkauft:** – **4 lots** entsprechen **150.000 lb** – 4 lots für **102 US-Cents pro lb** (tagesaktueller Kurs an der Börse) **Preis:** 102 US-Cents x 150.000 lb = **15.300.000 US-Cents**
15. Mai	**R fixiert den Preis gegenüber I** – **111 US-Cents pro lb** (tagesaktueller Kurs an der Börse)	**I kauft** – **4 lots** für **111 US-Cents pro lb** (tagesaktueller Kurs an der Börse) – **4 lots** entsprechen **150.000 lb** **Preis:** 111 US-Cents x 150.000 lb = **16.650.000 US-Cents**
8. Juli	**P verschifft Ware und stellt Rechnung an I** – Preis: **112 US-Cents pro lb** (zusammengesetzt aus **Börsenpreis 102 US-Cents pro lb** und vereinbartem Differential von **10 US-Cents pro lb**) **Preis:** 112 US-Cents x 152.318 lb **= 17.059.616 US-Cents Gesamtpreis**	

Zeitpunkt	Physischer Handel / Effektivgeschäft	Warentermingeschäft / Gegengeschäft (New Yorker Börse)
16. Juli	**I stellt Rechnung an R** – Preis: **123 US-Cents pro lb** (zusammengesetzt aus **Börsenpreis 111 US-Cents pro lb** und Differential von **12 US-Cents pro lb**) **Preis:** 123 US-Cents x 152.318 lb **= 18.735.114 US-Cents**	
Fazit	**Gewinn** durch physischen Handel von **11 US-Cents pro lb,** folglich 11 US-Cents x 152.318 lb = 1.675.498 US-Cents **= 16.754,98 US-$ gesamt** (Gegenprobe: 18.735.114 US-Cents – 17.059.616 US-Cents)	**Verlust** durch Börsengeschäfte von **9 US-Cents pro lb,** folglich 9 US-Cents x 150.000 lb = 1.350.000 US-Cents **=13.500,00 US-$ gesamt** (Gegenprobe: 15.300.000 US-Cents – 16.650.000 US-Cents)

Beteiligte: P = Produzent; I = Importeur; R = Röster • 1 lb = 453 g, 1 lot an der New Yorker Börse = 37.500 lb

Insgesamt: 16.754,98 US-Dollar (Gewinn physisches Geschäft)
– 13.500,00 US-Dollar (Verlust Warentermingeschäft)
= 3.254,98 US-Dollar.

Dies entspricht einem Gewinn von ungefähr zwei US-Cents pro lb für den Importeur.

In diesem Beispiel ist der Börsenpreis in dem Zeitraum, der zwischen dem Verkauf von Kontrakten und Kauf von Kontrakten liegt, gestiegen. Somit hat der Importeur ein Verlustgeschäft an der Börse gemacht, da er Kontrakte zu einem günstigeren Preis verkauft hat, als er sie später zurückkaufen, sprich glattstellen kann. Durch einen Gewinn im physischen Geschäft erhält er trotz Verlusten an der Terminbörse insgesamt einen Gewinn.

Fällt der Börsenpreis in diesem Zeitraum, so kann der Importeur die zuvor verkauften Kontrakte zu einem günstigeren Preis glattstellen und so einen Gewinn im Warentermingeschäft machen. Gleichzeitig bedeutet ein gefallener Börsenpreis, dass der Importeur den Kaffee günstiger an den Röster verkauft, als er ihn eingekauft hat. Durch das Gegengeschäft an der

Börse erhält er trotz Verlusten im physischen Geschäft einen Gewinn. Ein Beispiel dafür:

Annahmen:

- Vertrag zwischen I und P über 1.000 Sack à 69 Kilogramm, Differential „+ 10 US-Cents/lb"
- Vertrag zwischen I und R über 1.000 Sack à 69 Kilogramm, Differential „+ 12 US-Cents/lb"
- Börsenkurs fällt. P fixiert bei 102 US-Cents/lb (Börsenkurs), R fixiert bei 60 US-Cents/lb (Börsenkurs)

Zeitpunkt	Physischer Handel / Effektivgeschäft	Warentermingeschäft / Gegengeschäft (New Yorker Börse)
23. März	**I kauft von P Rohkaffee** – 1.000 Sack à 69 kg aus Costa Rica SHB Arabica – Dies entspricht **69.000 kg** beziehungsweise **152.318 lb** – Verschiffung im Juli – Preis (PTBF-Geschäft): **plus 10 US-Cents pro lb** (Differential zum Börsenkurs)	
15. April	**I verkauft an R** – 1.000 Sack à 69 kg Costa Rica SHB Arabica – Dies entspricht **69.000 kg** beziehungsweise **152.318 lb** – Verschiffung Juli – Preis: **plus 12 US-Cents pro lb** (Differential zum Börsenkurs)	
6. Mai	**P fixiert den Preis gegenüber I** – **102 US-Cents pro lb** (tagesaktueller Kurs an Börse)	**I verkauft** – **152.318 lb** entsprechen **4,06 lots** (à 37.500 lb) – **Da nur ganze lots an der Börse gehandelt werden können, werden 4 lots verkauft:** – **4 lots** entsprechen **150.000 lb** – 4 lots für **102 US-Cents pro lb** (tagesaktueller Kurs an der Börse) **Preis:** 102 US-Cents x 150.000 lb = **15.300.000 US-Cents**

Zeitpunkt	Physischer Handel / Effektivgeschäft	Warentermingeschäft / Gegengeschäft (New Yorker Börse)
15. Mai	**R fixiert den Preis gegenüber I** – **60 US-Cents pro lb** (tagesaktueller Kurs an Börse)	**I kauft** – **4 lots** für **60 US-Cents pro lb** (tagesaktueller Kurs an der Börse) – **4 lots** entsprechen **150.000 lb** **Preis:** 60 US-Cents x 150.000 lb = **9.000.000 US-Cents**
8. Juli	**P verschifft Ware und stellt Rechnung an I** – Preis: **112 US-Cents pro lb** (zusammengesetzt aus **Börsenpreis 102 US-Cents pro lb** und vereinbartem Differential von **10 US-Cents pro lb**) **Preis:** 112 US-Cents x 152.318 lb **= 17.059.616 US-Cents Gesamtpreis**	
16. Juli	**I stellt Rechnung an R** – Preis: **72 US-Cents pro lb** (zusammengesetzt aus **Börsenpreis** **60 US-Cents pro lb** und Differential von **12 US-Cents pro lb**) **Preis:** 72 US-Cents x 152.318 lb **= 10.966.896 US-Cents**	
Fazit	**Verlust** durch physischen Handel von **40 US-Cents pro lb**, folglich 40 US-Cents x 152.318 lb = 6.092.720 US-Cents **= 60.927,20 US-$ gesamt** (Gegenprobe: 10.966.896 US-Cents – 17.059.616 US-Cents)	**Gewinn** durch Börsengeschäfte von **42 US-Cents pro lb**, folglich 42 US-Cents x 150.000 lb = 6.300.000 US-Cents **= 63.000,00 US-$ gesamt** (Gegenprobe: 15.300.000 US-Cents – 9.000.000 US-Cents)

Beteiligte: P = Produzent; I = Importeur; R = Röster • 1 lb = 453 g, 1 lot an der New Yorker Börse = 37.500 lb

Insgesamt: 63.000,00 US-Dollar (Gewinn Warentermingeschäft)
– 60.927,20 US-Dollar (Verlust physisches Geschäft)
= 2.072,80 US-Dollar

Dies entspricht einem Gewinn von ungefähr 1,3 US-Cents pro lb für den Importeur.

Was bestimmt den Kaffeepreis?

„Den Kaffeepreis" gibt es nicht, und daher ist es schwer, allgemeine Aussagen zu treffen. Die Preisbildung von Rohkaffee ist abhängig von vielschichtigen Parametern. Kaffee ist kein einheitliches Produkt. Daher variieren auch die Preise.

Der Preis jeder einzelnen Warensendung aus dem Anbauland hängt entscheidend von der Sorte, der Qualität und der Aufbereitungsart des Rohkaffees ab. Weitere wichtige Einflussfaktoren sind das Verhältnis von Angebot und Nachfrage sowie der Umfang und die Handhabung der Lagerbestände in den Produktions- und Konsumländern. Dazu kommen Einflüsse kurzfristiger Art, wie zyklisches Verhalten der Erträge beim Naturprodukt Kaffee sowie spekulatives Engagement am Kaffeeterminmarkt. Die Statistiken der Internationalen Kaffeeorganisationen (ICO) (www.ico.org) ermöglichen einen guten Einblick in die grundsätzlichen Preisentwicklungen von wichtigen Kaffeesorten. Dabei ist zu beachten, dass dies Preisindizes sind, welche die grundsätzliche Entwicklung widerspiegeln. Diese Indikatorpreise sind sowohl von den Börsenpreisen als auch von den Preisen für real gehandelte Ware zu unterscheiden.

Zoll

- Die **Einfuhr** von nicht entkoffeiniertem Rohkaffee in die EU ist aus allen Ursprungsländern zollfrei. Bei anderen Kaffeeprodukten variieren die Einfuhrzölle, je nachdem ob Handelsabkommen zwischen der EU und den Exportländern bestehen, die Zollbegünstigungen vereinbaren (Präferenzabkommen), oder nicht.

- Besteht kein Präferenzabkommen mit einem Ursprungsland, so gelten die folgenden **Zollsätze:** 8,3 Prozent für entkoffeinierten Rohkaffee, 7,5 Prozent für koffeinhaltigen Röstkaffee, 9,0 Prozent für entkoffeinierten Röstkaffee sowie 9,0 Prozent für Kaffee-Extrakte. Durch Präferenzabkommen mit Ländergruppen oder einzelnen Staaten entfallen die Zölle entweder komplett oder liegen auf einem niedrigeren Niveau.

- **Tagesaktuelle Informationen** zu den jeweiligen Zollsätzen sind auf der Internetseite der Europäischen Kommission unter Eingabe des Ursprungslandes und des entsprechenden TARIC-Codes (TARIC = Integrierter Tarif der Europäischen Gemeinschaft) abrufbar.
  http://ec.europa.eu/

Weitere Infos auf www.zoll.de

Der Röstkaffeepreis setzt sich aus verschiedenen Faktoren zusammen. Um die Preisbildung zu veranschaulichen, werden anhand des folgenden Beispiels einige wesentliche Preisbestandteile erläutert (bitte beachten, dass dies lediglich eine exemplarische Kalkulation ist). Nach einer pauschalen Beispielrechnung für 500 Gramm Röstkaffee bei einem fiktiven Verkaufspreis von 3,99 Euro ergeben sich als größte Preisbestandteile:

2,44 Euro Rohkaffee (Basis ICO-Preisindex und Umrechnungskurs vom 30. Juni 2011)

1,095 Euro Kaffeesteuer

0,26 Euro Mehrwertsteuer

0,195 Euro Restbetrag aufgeteilt für:

- Transport vom Ursprungsland nach Europa und später in den Einzelhandel
- Kaffeelagerung
- Aufbereitung und Reinigung
- gegebenenfalls Entkoffeinierung
- Röstung (inklusive Gewichtsverlust von circa elf bis 20 Prozent)
- Qualitätssicherung
- Zertifizierungskosten
- Verpackung
- Großhandel
- Lebensmitteleinzelhandel
- Marge für Händler, Röster, Einzelhandel

Im Ergebnis geht daher der größte Anteil vom Röstkaffeepreis in das Kaffeeanbauland. Den zweitgrößten Anteil erhält der Finanzminister.

Kaffeesteuer

In Deutschland fällt eine Kaffeesteuer an. Die Kaffeesteuer ist eine **Verbrauchssteuer,** die den Verbrauch einer bestimmten Ware belastet, in der Regel aber direkt beim Hersteller oder Händler erhoben wird. Die Steuer wird in dem Land erhoben, in dem das Erzeugnis verbraucht wird, nicht dort, wo es hergestellt wird.

Das **Kaffeesteuergesetz** und die **Kaffeesteuerverordnung** regeln, wer für die Entrichtung der Kaffeesteuer zuständig ist, wann und in welcher Höhe die Steuer anfällt, was bei der Lieferung in andere Länder oder aus anderen Ländern zu beachten ist und vieles mehr. In Deutschland liegt der Steuersatz bei 2,19 Euro pro Kilogramm geröstetem Kaffee und bei 4,78 Euro pro Kilogramm löslichem Kaffee.

100
50

Erläuterung der Preisbestandteile

Eine der „klassischen" Rohkaffeesorten ist „Other Mild Arabicas". Diese kostet beispielsweise in Anlehnung an den ISO-Index von Juni 2011 279 US-Cents je lb (453 Gramm). Für 500 Gramm Rohkaffee zahlt der Röster beispielsweise daher 308 US-Cents. Da beim Rösten häufig rund 13 Prozent Einbrand entsteht, werden 575 Gramm Rohkaffee zur Herstellung von 500 Gramm Röstkaffee benötigt. 575 Gramm Rohkaffee kosten somit 354 US-Cents. Beim tagesaktuellen Wechselkurs (30. Juni 2011) Dollar/Euro bedeutet das rund 2,44 Euro Kosten für den Wareneinsatz Rohkaffee für die Herstellung von 500 Gramm Röstkaffee. Dazu kommen 1,095 Euro Kaffeesteuer je 500 Gramm sowie sieben Prozent Mehrwertsteuer. Diese beträgt auf Grundlage des Beispielpreises von 3,99 Euro für 500 Gramm Röstkaffee 0,26 Euro Mehrwertsteuer. Es ist zu beachten, dass dies nur eine exemplarische Kalkulation ist.

Die meisten Kaffees enthalten Mischungen aus verschiedenen Sorten. Sowohl der Rohkaffeepreis als auch der Röstkaffeepreis schwanken, wobei die schwankenden Rohkaffeepreise von den Röstern einkalkuliert werden müssen.

Containerterminal der Hamburger Hafen und Logistik AG (HHLA) im Hamburger Hafen

Umrechnungen Kaffee

Umrechnungen in Sack-Kaffee

1 Tonne	=	16,667 Säcke à 60 kg oder 14,50 Säcke à 69 kg
	=	2.204,6 lb
	=	1.000 kg

Kaffee-Volumen

1 m³	≈	600 kg Kaffee oder 1.322,76 lb. Kaffee

Maße für Containerverschiffung

20-Fuß-Container	=	300 – 330 Säcke à 60 kg 250 – 285 Säcke à 69 kg oder 70 kg Bulk: Zwischen 20.000 kg und 21.600 kg
40-Fuß-Container	=	Bis 350 Säcke à 69 kg oder 70 kg (Wegen Gewichtsbeschränkungen)

Umrechnung von Kilogramm zu Pfund (lb.)

1 kg	=	2,2046 lb
46 kg	=	101,4116 lb
60 kg	=	132,2760 lb
69 kg	=	152,1174 lb
70 kg	=	154,3220 lb
75 kg	=	165,3450 lb
80 kg	=	176,3680 lb

Daten zum LIFFE NYSE Euronext Robusta Contract (London)

Lotgröße: 10.000 kg = 10 t +/– 3%

Daten zum ICE COFFEE „C"-Kontrakt (New York)

Lotgröße: 17.010 kg = 17,01 t +/– 2% oder 37,500 lb

HHLA
HHLA
CAPITAL
OOCL
23 22 21
12 11

8 Verarbeitung

Rohkaffee wird meist erst in dem Land weiterverarbeitet, in dem er auch verkauft und konsumiert werden soll. Dort wird er dann so bearbeitet, wie es die Verbraucher im jeweiligen Land bevorzugen. Diese auch Veredelung genannte Bearbeitung kann folgende Behandlungsmethoden umfassen, die am Rohkaffee vorgenommen werden können:

- gegebenenfalls Entkoffeinieren
- Verminderung von Reizstoffen / Herstellung von Schonkaffee
- Rösten und Mahlen
- Herstellung von löslichem Kaffee

Im Lebensmitteleinzelhandel und in der Gastronomie wird Kaffee in verschiedenen Verarbeitungsstufen und -formen angeboten. Der Klassiker ist sicherlich der Röstkaffee, den es sowohl mit als auch ohne Koffein gibt. Bei löslichem Kaffee wird zwischen sprühgetrockneten und gefriergetrockneten Kaffees sowie agglomerierten Kaffees unterschieden – je nach dem angewendeten Verfahren. Neben dem klassischen Röstkaffee, dem entkoffeinierten und löslichen Kaffee werden auch mild behandelte beziehungsweise reizstoffarme Kaffees (Schonkaffees) angeboten.

Kaffee in unterschiedlichen Verarbeitungsstufen (von links nach rechts): Rohkaffee, Röstkaffee, löslicher Kaffee (gefriergetrocknet), löslicher Kaffee (sprühgetrocknet)

Rösten der Kaffeebohnen

Erst durch das Rösten erhalten die Kaffeebohnen ihr unverwechselbares Aroma. Da viele Kaffees Mischungen aus mehreren Sorten aus unterschiedlichen Gegenden der Welt sind, werden Kaffeebohnen in der Regel immer erst im jeweiligen Konsumland geröstet. Durch die Zusammenstellung einer Kaffeemischung kann, basierend auf den Rohkaffee-Eigenschaften, ein speziell gewünschtes Aromaprofil erzielt werden.
Kaffeemischungen, auch „Blends" genannt, werden aus bis zu 20 verschiedenen Kaffeesorten hergestellt. Diese sogenannten Provenienzen werden in der Regel zu unterschiedlichen Zeiten beim Röstbetrieb angeliefert und zunächst in einem Rohkaffeesilo gelagert.
Vor dem Rösten wird Rohkaffee aus dem entsprechenden Silo herausgenommen. Für Mischungen wird der zu röstende Kaffee entsprechend aus mehreren Rohkaffeesilos entnommen. Hierbei kommt es noch einmal darauf an, ob jede Sorte einzeln geröstet und dann gemischt wird oder ob die Mischung bereits vor dem Rösten zusammengestellt wird. In der Industrie werden häufig verschiedene Provenienzen bereits vor dem Röstvorgang gemischt („Blending before Roasting"). Einige Produzenten rösten die Bohnen erst und mischen die bereits veredelten Bohnen dann („Blending after Roasting"). Dies hat den Vorteil, dass jede Sorte und Provenienz exakt nach ihren – oft leicht unterschiedlichen – Bedürfnissen geröstet werden kann.

> Durch die Zusammenstellung einer Kaffeemischung kann, basierend auf den Rohkaffeeeigenschaften und dem Röstprofil, ein speziell gewünschtes Aromaprofil erzielt werden.

Beim Rösten werden die Kaffeebohnen trocken und fettfrei erhitzt. Die Dauer, die Energiezufuhr und die Endtemperatur variieren und können maßgeblich zum Geschmack des Kaffees beitragen, denn dadurch gewinnt jede Kaffeesorte ihre individuelle Note. Allgemein ergeben dunklere Röstgrade weniger Säure und mehr Bitterstoffe sowie einen volleren Körper („Body"). Aus diesem Grunde eignen sie sich besonders gut für Zubereitungsmethoden mit höherem Wasserdruck, wie bei der Espressozubereitung. Sehr kurze Röstzeiten bewirken mehr Gesamtsäure und hohe Extraktionsraten. Die sehr kurze Röstung erfolgt mit niedriger Röstzulufttemperatur und hoher Luftmenge, um zu verhindern, dass die äußere Hülle der Kaffeebohne verbrennt. Vor dem Röstvorgang werden spezielle Röstprofile erstellt, welche die Röstzeit, die Temperatur und den Verlauf der Röstung genau festlegen. Jede Rösterei hat für die jeweiligen Sorten eigens festgelegte Röstprofile, die

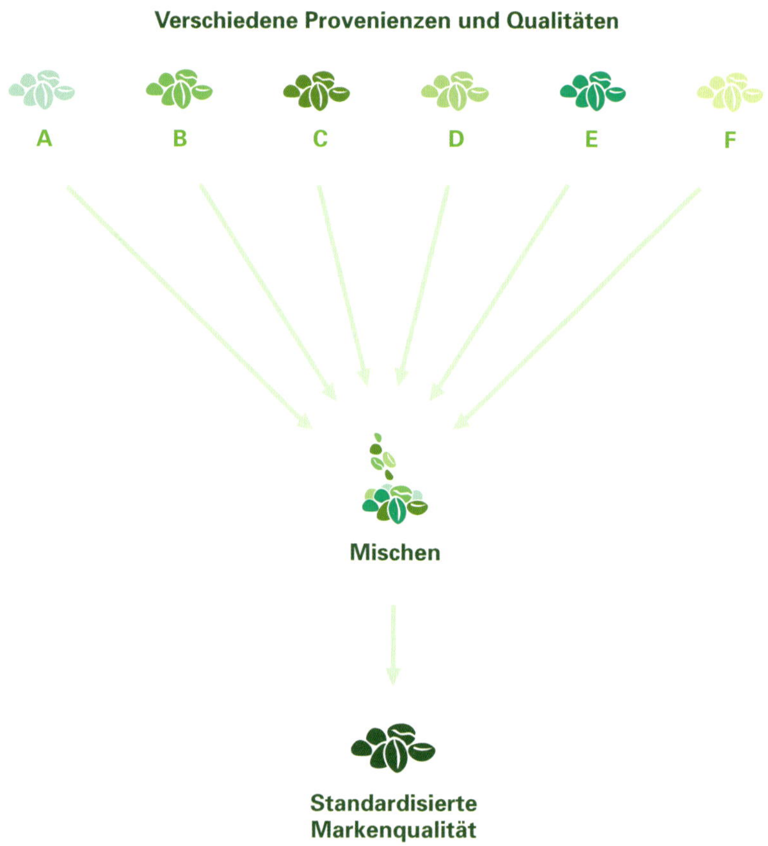

gleichermaßen ein „Rezept“ darstellen, um aus Rohkaffees einen bestimmten Röstkaffee zu erzeugen. Das Röstprofil variiert je nach Sorte, Qualität und Restfeuchte des Rohkaffees sowie im Hinblick auf das gewünschte Röstergebnis. Zunächst wird der Rohkaffee in einen vorgeheizten Röstbehälter gefüllt. Der Rohkaffee wird durch die Hitze im Röstbehälter getrocknet und für den eigentlichen Röstprozess vorgewärmt. Erst danach folgt die Phase der Bräunung und Aromabildung. Aromen werden durch chemische Umwandlungsprozesse gebildet, die ab ungefähr 150 Grad Celsius einsetzen. Die Kaffeetemperatur steigt in dieser Röstphase an. Das Röstergebnis ist abhängig davon, wie steil die Temperaturkurve in dieser Phase verläuft und welche Endtemperatur erreicht wird. Auch die Nachröstzeit muss berücksichtigt werden: Kaffee hat zum Ende des Röstvorgangs eine Temperatur von mindestens 180 Grad Celsius und röstet auch ohne Energie von außen weiter nach. Erst mit Einsetzen der Kühlung wird der Röstvorgang beendet.

Vor dem Röstvorgang werden spezielle Röstprofile erstellt, welche die Röstzeit, die Temperatur und den Verlauf der Röstung genau festlegen.

Wärmeübertragung

Wärmeenergie wird beim Rösten auf drei Arten übertragen:

- durch Wärmeströmung (Konvektion)
- durch Wärmeleitung (Konduktion)
- durch Wärmestrahlung (Radiation)

Bei der Konvektion überträgt ein Luftstrom die Wärmeenergie direkt auf die Kaffeebohnen. Je größer die eingesetzte Menge an Luft ist, desto höher ist der konvektive Anteil beim Rösten.
Die Konduktion beschreibt die indirekte Übertragung der Wärmeenergie auf die Bohnen. Hierbei werden die Kaffeebohnen dadurch erhitzt, dass sie in Kontakt mit der erhitzten Oberfläche des Röstsystems oder der anderen Bohnen kommen.
Die dritte, eher unbedeutendere Wärmequelle ist die Radiation. Alle am Röstprozess beteiligten Stoffe und Elemente (Heißluft, Wände des Rösters, Kaffeebohnen selbst etc.) geben aufgenommene Wärmestrahlung laufend wieder ab und erhitzen einander gegenseitig wieder.

Röstvorgang

Rohe Kaffeebohnen bestehen nach der Aufbereitung zu ungefähr zwölf Prozent aus Wasser. Beim Rösten verdampft das Wasser in den Zellen der Kaffeebohnen. Durch diesen Vorgang erhöht sich der Innendruck in den

Kaffeebohnen werden geröstet. Blick in den Röster.

Bohnen, denn die Zellwände der Bohne erlauben kein schnelles Entweichen des Wasserdampfes und der entstehenden Röstgase. Dieser Druck in der Zelle führt dazu, dass sich das Volumen der Bohne fast verdoppelt. Das äußere Häutchen der Bohne löst sich ab. Durch den Druck kommt es zum Aufplatzen der Bohne, dem sogenannten „First Crack". Dieser ist ein Indiz dafür, wie weit der Röstvorgang fortgeschritten ist. Bei helleren Röstungen wird das Rösten hier abgebrochen.

Wenn die Röstung nach dem „First Crack" beendet wird, entsteht eine helle Röstung. Für dunklere Röstungen wird der „Second Crack" abgewartet.

Für dunklere Röstungen wird der „Second Crack" abgewartet, der zeigt, dass die Bohne noch mehr Wasser verloren hat und es zu einer starken Kohlendioxidbildung kommt. Dies ist bei manchen Röstungen durchaus erwünscht, um einen kräftigen Geschmack zu erzielen.

Kühlen, Reinigen und Verpacken

Nach dem Rösten werden die Kaffeebohnen sofort abgekühlt, damit sie nicht verbrennen. Manchmal wird Wasser zur (Vor-)Kühlung verwendet, das sogenannte Quenchen, um den Röstprozess abrupt zu beenden. Der Kaffee hat zum Zeitpunkt des Abbruchs des Röstvorgangs eine Temperatur von mindestens 180 Grad Celsius und würde, wie bereits beschrieben, durch seine eigene schlechte Wärmeabgabe auch ohne direkte weitere Hitzeeinwirkung weiterrösten. Dies kann zwar beabsichtigt sein; wenn nicht, muss diese Wärme aber schnellstmöglich auf ein kälteres Medium – Luft oder Wasser – abgeleitet werden. Die Bohnen werden auf einem von Frischluft durchströmten Kühlsieb ausgebreitet und umgewälzt. Wird Wasser zum (Vor-)Kühlen verwendet, so wird dies sparsam eingesetzt, damit die Restfeuchte der Kaffeebohne das gesetzlich vorgeschriebene Maximum von fünf Prozent nicht überschreitet.

Während des Kühlvorganges nimmt die Kühlluft feine Teilchen, zum Beispiel Staub, Abrieb und Häutchenreste, aus der zu kühlenden Kaffeemenge auf. Die Luft muss deshalb insbesondere bei großen Röstanlagen vor dem Austritt in die Umgebung in einem Zyklon gereinigt werden.

Da die Bohne beim Rösten an Volumen zu- und an Gewicht abgenommen hat, können Steine und andere Fremdkörper, die den Rohkaffeebohnen in Größe und Gewicht ähnelten, nun leichter entfernt werden.

Um das Aroma zu schützen, wird der Röstkaffee meist sehr schnell nach dem Rösten als ganze Bohne oder gemahlen luftdicht verpackt und gelagert.

Zuvor wird noch der Gewichtsverlust, der sogenannte Einbrand, ermittelt. Dieser macht je nach Röstung und Wassergehalt des verwendeten Rohkaffees elf bis 20 Prozent aus. Demzufolge benötigt man auch genau diesen

Kaffeebohnen werden in einem Röster geröstet.

HIGH
FLAME ADJ.
OFF

Prozentsatz mehr Rohkaffee, um die gewünschte Menge Röstkaffee zu produzieren.
Nach dem Rösten gasen die Bohnen noch über Stunden aus, teilweise sogar noch bis zu zwei Monate lang. Werden die Bohnen sofort verpackt, dann in Packungen mit Aromaventil, aus dem die Gase entweichen können, aber kein Sauerstoff an die Bohnen gelangt. Einige Röstereien lagern die Bohnen noch einige Zeit nach der Röstung in speziellen Röstkaffeesilos und verpacken sie nach dem Ausgasen.
Bei einer Lagerung im Silo muss das durch das Ausgasen der gerösteten Bohnen entstehende Kohlendioxid abgesaugt, ins Freie geleitet oder komprimiert werden. Wird es komprimiert, so kann es als Schutzgas für die Förderung, Lagerung und Verpackung des gemahlenen Kaffees genutzt werden. Erfolgt keine Ausgasung vor dem Verpacken oder wird kein Ventil verwendet, würde sich die Packung aufblähen und schließlich platzen.

Physikalische Reaktionen

Die physikalischen Veränderungen der Kaffeebohne während des Röstvorganges sind gut zu erkennen: Der Kaffee wechselt die Farbe, das Volumen, die Form und das Gewicht. Die Bohne verändert während des Röstvorgangs ihre Farbe von Zartgrün über Gelb und Gelbbraun zu Hellbraun und, bei dunkleren Röstungen, zu Dunkelbraun. Mit der Verdampfung des Wassers in der Bohne geht eine Zunahme des Volumens einher. Je nach Luftfeuchtigkeit hat die Bohne vor dem Rösten einen Wassergehalt von sechs bis 14 Prozent, in Mitteleuropa normalerweise circa zehn bis zwölf Prozent. Nach dem Rösten weist die Bohne einen ungefähren Wassergehalt von 0,4 bis fünf Prozent auf. Dies verdeutlicht den Einfluss des Röstens auf die Gewichtsverände-

Helle Röstung, mittlere Röstung, dunkle Röstung (von links nach rechts)

rung. Gewichtsverlust entsteht auch durch das Entweichen von Zersetzungsprodukten und den verlorenen Häutchenanteil. Gleichzeitig zum Wasserverlust dehnt sich die Bohne durch die Hitzeeinwirkungen und den entstehenden Druck aus und verändert so auch ihre Form. Das Volumen kann bis auf das Doppelte anwachsen.

Chemische Reaktionen

Beim Rösten bilden sich spezielle Kaffeearomen sowie der charakteristische Geschmack und Geruch von Kaffee. Verantwortlich dafür sind zahlreiche primäre und sekundäre chemische Reaktionen, die sehr komplex und teilweise noch nicht in allen Details erforscht und dokumentiert sind.
Im Rohkaffee sind zahlreiche Substanzen enthalten, die durch verschiedene Reaktionen in über 1000 flüchtige Verbindungen umgewandelt werden. Von diesen Aromastoffen sind heute bislang nur etwa 850 bekannt.
Ein zentraler chemischer Prozess ist die Maillard-Reaktion. Bei dieser Reaktion handelt es sich um eine sogenannte nichtenzymatische Bräunungsreaktion. Hierbei werden die im Rohkaffee enthaltenen Aminosäuren und Proteine, Peptide und reduzierende Zucker unter Hitzeeinwirkung zu neuen Verbindungen umgewandelt. Mehrstufige Reaktionen wandeln diese zu Farb- und Aromastoffen um. Für die Ausbildung der Aromen spielen noch weitere chemische Reaktionen, wie Hydrolyse, Karamellisierung, Oxidation, Pyrolyse und Decarboxylierung, eine bedeutende Rolle.
Durch die Art, Dauer und Temperatur der Röstung lassen sich die Entstehung von Aromen und der Säuregehalt steuern, der ebenfalls eine große Rolle für den Geschmack des Kaffees spielt.

> Der zentrale chemische Prozess beim Rösten ist die „Maillard-Reaktion", eine sogenannte nichtenzymatische Bräunungsreaktion.

Röstverfahren

Die zwei gängigen Röstverfahren für Rohkaffee sind die kontinuierliche Röstung und die Chargenröstung, die Röstung in Portionen.

Kontinuierliche Röstung

Bei der kontinuierlichen Röstung erfolgt eine laufende Befüllung und Entleerung der Rösteinheit. Es wird nicht in Portionen geröstet, sondern nach dem Durchlaufprinzip. Permanent wird Kaffee vorn eingefüllt und hinten geröstet wieder ausgegeben. Für dieses Röstverfahren gibt es mehrere technische Umsetzungen. Eine der gebräuchlichsten ist das Kammersystem. Dabei wird Rohkaffee über einen Trichter in die Röstanlage gefüllt und durch eine lange Rösttrommel geleitet. Diese Rösttrommel ist im Inneren durch halbhohe

Kontinuierliche Röstung

Wände in mehrere schachtartige Kammern unterteilt und dreht sich. Die Bohnen durchlaufen nun diese Rösttrommel in „Miniportionen“, das heißt, eine gewisse Anzahl von Bohnen wird mit jeder Umdrehung jeweils eine Kammer weitertransportiert.

Düsen blasen heiße Luft mit hoher Geschwindigkeit von oben auf die Bohnen, die dadurch aufgewirbelt werden. Je weiter die Bohnen innerhalb der Rösttrommel vorangeschritten sind, desto stärker gebräunt sind sie. Die Röstung erfolgt bei diesem Röstverfahren vorrangig durch Konvektion, also Wärmeströmung. Da sich die Bohnen beim Erhitzen ausdehnen und mit steigender Röstdauer immer heißer werden, variieren die Breite der Kammern, die Anzahl der Heißluftdüsen und die Strömungsgeschwindigkeit über die Trommellänge. Haben die Bohnen das Ende der langen Rösttrommel erreicht, werden sie über einen Auslauf auf einen Bandkühler entleert. Dieser befindet sich in der Regel unter dem Röster und ist aus perforierten Platten zusammengesetzt, durch die kalte Luft strömt.

Eine kontinuierliche Röstung ist vor allem für große Mengen Kaffee einer Sorte oder einer bereits vor dem Rösten zusammengestellten Mischung geeignet. Durch den hohen Anteil an Konvektion ermöglicht dieses Verfahren sehr kurze Röstzeiten. Da Röstereien heutzutage vielfach Spezialitäten rösten und Mischungen in kleiner Menge anbieten, wird dieses Verfahren nur für ganz große Kaffeemarken mit großem Volumen verwendet.

Chargenröstung

Unter einer Chargenröstung versteht man eine Röstung, die in Portionen stattfindet. Für dieses Röstverfahren werden verschiedene Röstsysteme genutzt. Gebräuchlich sind in der Industrie vor allem die Trommelröstung, die Zentrifugalröstung, die Wirbelschichtröstung und die Tangentialröstung.
Industrieröster erlauben einen vollautomatischen Betrieb ohne ständige Beaufsichtigung und haben üblicherweise Platz für größere Chargenmengen ab circa 60 Kilogramm Rohkaffee. Röstsysteme, deren Prozesse vorwiegend manuell gesteuert werden und die kleinere Chargengrößen haben, werden als Ladenröster, als Spezialitätenröster oder als Probenröster in der Industrie eingesetzt.

Trommelröstung

Bei der Trommelröstung sind lange, schonende Röstzeiten möglich, was die Entfaltung komplexer Aromen begünstigt. Der Röstbehälter hat die Form eines liegenden Zylinders und wird als Rösttrommel bezeichnet. Diese wird von der Stirnseite aus befüllt und entleert.
Beim Röstvorgang dreht sich die Trommel und wird von heißer Luft um- und durchströmt. Schaufelwerke im Inneren des Röstbehälters bewegen die Kaffeebohnen gegen den Heißluftstrom. Die Erhitzung der Kaffeebohnen erfolgt etwa zu 70 Prozent über Konvektion und zu 30 Prozent über Wärmeleitung.
Nach Ende des Röstprozesses wird der Trommeldeckel geöffnet und der Röstkaffee zum Kühlen auf ein Sieb entleert.
Der Trommelröster ist der „Klassiker“ und wird sowohl als kleinerer Laden- oder Probenröster als auch als Großröster in der Industrie eingesetzt.

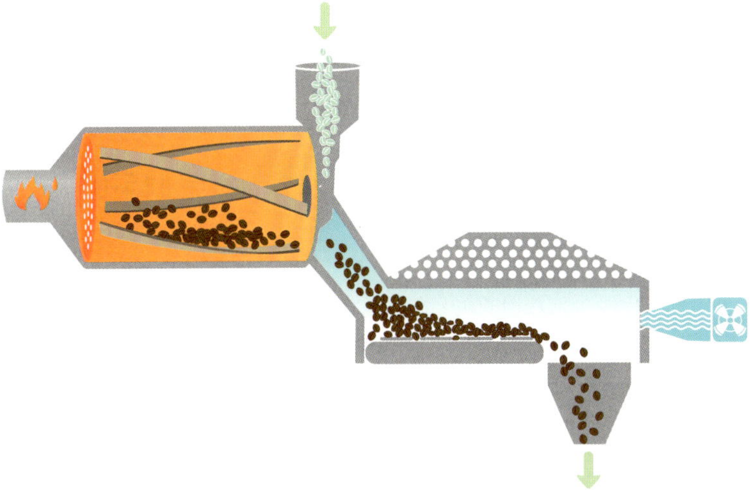

Trommelröstung

Zentrifugalröstung

Zentrifugalröster ermöglichen eine schnelle und dennoch schonende Röstung bei einer hohen Verarbeitungsleistung. Der Röstbehälter hat die Form einer Schale mit schirmförmigem Deckel, die um ihre Mittelachse rotiert. Die dabei entstehenden Fliehkräfte bewegen die Kaffeebohnen in Richtung Schalenrand. Sobald die Bohnen am Schalenrand angekommen sind, drücken Lamellen im Deckel die Bohnen in die Mitte der Schale in den Heißluftstrom zurück.
Die Schale wurde früher zum Entleeren abgesenkt und Röstkaffee durch den entstehenden Spalt zwischen Schale und Deckel entleert. Heute erfolgt die Entleerung durch ein Segmentstück im Deckel.

Zentrifugalröstung

Tangentialröstung

Ein Tangentialröster ermöglicht wie der Zentrifugalröster eine schnelle und vielseitige Chargenröstung und wird in der Industrie vielfach für Mischungen, Rohkaffee mit unterschiedlich großen Bohnen oder Bruch sowie für häufigen Sortenwechsel eingesetzt.
Beim Tangentialröster wird Rohkaffee über einen Einfülltrichter von oben in den feststehenden, wärmeisolierten Röstbehälter gegeben. Im Inneren des Röstbehälters befindet sich ein Schaufelwerk, das sich bewegt und so die Bohnen umwälzt. Ein Heißluftstrom wird tangential auf das Schaufelwerk geleitet und durchströmt so die bewegten Kaffeebohnen. Wie bei der Trommelröstung ist auch hierbei die Wärmeübertragung ausgewogen, der Konvektionsanteil überwiegt nur leicht.
Nach dem Röstvorgang wird die Bodenklappe geöffnet, und die gerösteten Bohnen fallen auf einen Flachbettkühler, auf dem die Bohnen leicht verwirbelt werden. Teilweise werden die Bohnen vorher durch Wasser vorgekühlt.

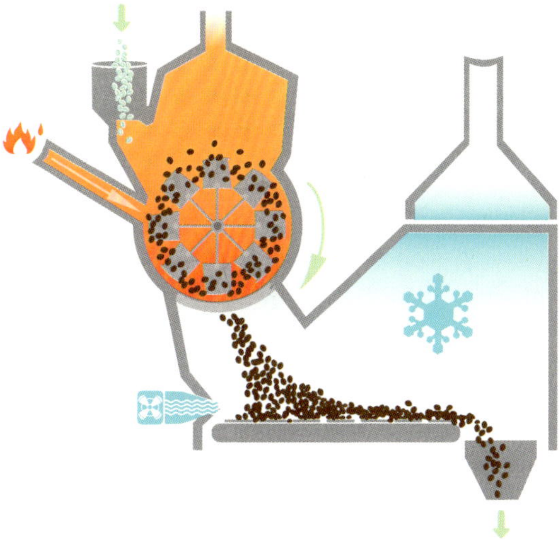

Tangentialröstung

Wirbelschichtröstung

Die Wirbelschichtröster ermöglichen einen außerordentlich hohen Anteil an Konvektionswärmeübertragung. Die Durchmischung der Kaffees hängt von der eingesetzten Luftmenge ab, da es keine zusätzliche mechanische Unterstützung während des Röstvorgangs gibt.

Der Rohkaffee wird von oben in den Röstbehälter eingefüllt, durch dessen Boden mit hoher Geschwindigkeit Heißluft eingeblasen wird. Die Kaffeebohnen werden dabei aufgewirbelt und durch die Form des Behälters in eine auf- und absteigende Bewegung versetzt. Am Ende der Röstung und zur anschließenden Kühlung wird das Produkt in einen weiteren, gleichartigen Behälter überführt, in den Frischluft eingeblasen wird.

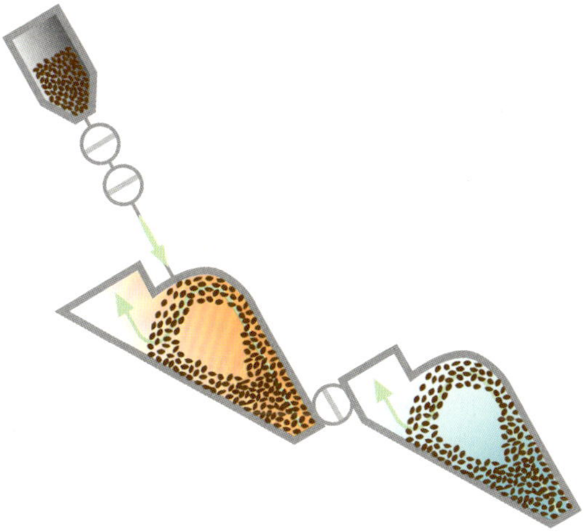

Wirbelschichtröstung

Röster	Verarbeitungsleistung von Rohkaffee in Kilogramm pro Stunde	Chargengröße in Kilogramm	Röstzeit in Minuten	Röstzuluft-temperatur in Grad Celsius
Trommelröster als Ladenröster	4 bis 240	0,8 bis 60	12 bis 20	300 bis 400
Trommelröster als Industrieröster	200 bis 3000	50 bis 660	8 bis 20	350 bis 500
Zentrifugalröster	250 bis 4000	32 bis 640	5 bis 15	350 bis 450
Wirbelschichtröster	500 bis 4000	25 bis 400	1,5 bis 8	260 bis 360
Tangentialröster	500 bis 5000	23 bis 750	1,5 bis 15	290 bis 550

Rohkaffeevorwärmung

Mit der Rohkaffeevorwärmung können der Energieverbrauch der Röstung um bis zu 25 Prozent gesenkt und gleichzeitig bis zu 20 Prozent mehr Verarbeitungsleistung erzielt werden. Bei diesem Verfahren wird die ungenutzte Energie der Abluft des Röstsystems zur Vortrocknung und Vorwärmung des Rohkaffees verwendet, der dafür in einem vorgeschalteten Behälter gleichmäßig bis auf circa 100 Grad Celsius erwärmt wird. Bei dieser Temperatur setzen im Produkt weder chemische Veränderungen noch Aromabildung ein.

Emissionen und Rezirkulation der Röstgase

Während des Röstprozesses nimmt der zum Rösten benutzte Heißluftstrom Abrieb und Reste aus den die Kaffeebohnen umgebenden Häutchen auf. Diese Partikel werden abgeschieden, weitertransportiert und entsorgt. Staubteile und Häutchenreste werden teilweise zu Pellets oder Briketts gepresst und anschließend thermisch verwertet oder in anderen Branchen genutzt.

Für die Reduktion der gasförmigen Anteile in der Heißluft (z. B. aus der Bohne austretende Gase wie CO und CO_2) sind bei Industrieanlagen spezielle Reinigungsanlagen nötig. Die Reinigung kann auf drei Arten geschehen:

- durch thermische Oxidation
- durch katalytische Verbrennung
- durch regenerative thermische Oxidation

In der Regel wird die Röstluft durch thermische und/oder katalytische Verbrennung gereinigt. Bei der thermischen Verbrennung werden die Abgase durch externe Hitze verbrannt. Die katalytische Verbrennung findet mit Hilfe eines geeigneten Katalysators bei 320 bis 600 Grad Celsius statt. Bei der regenerativen thermischen Oxidation erfolgt die Abgasverbrennung flammenlos bei großer Hitze, indem die Abluft durch ein keramisches Bett, welches als Energiespeicher dient, geleitet wird. Auf diese Weise wird im Dauerbetrieb eine effektive Emissionsminderung erzielt.
Durch eine Rezirkulation der Röstluft lässt sich erheblich Energie sparen. Der Abluftstrom wird dabei nach der Reinigung im sogenannten Fliehkraftabscheider dem Röstprozess wieder zugeführt.
Nicht nur die Industrie muss sich Gedanken um gereinigte Emissionen und Energieeinsparungen machen, sondern auch kleinere Betriebe. Strenge Umweltschutzauflagen und limitierte Energieressourcen erfordern auch hier spezielle angepasste Lösungen und Vorrichtungen.

Um das Aroma zu schützen, wird Röstkaffee meist sehr schnell nach dem Rösten als ganze Bohne oder gemahlen verpackt und gelagert.

Herstellung von löslichem Kaffee

Löslicher Kaffee wurde ursprünglich entwickelt, um eine schnelle und leichte Zubereitung ohne zurückbleibenden Kaffeesatz zu ermöglichen. Außerdem strebte man eine länger haltbare Alternative zum Röstkaffee an, die zudem sowohl weniger Gewicht als auch weniger Volumen hatte als dieser. Der Japaner Satori Kato präsentierte den ersten löslichen Kaffee im Jahr 1901 auf einer Weltausstellung und ließ sich 1903 das Herstellungsverfahren in den USA patentieren.

Anfänglich erreichte das Aroma nicht das von zubereitetem Röstkaffee, und der kommerzielle Erfolg des löslichen Kaffees stellte sich erst später durch verbesserte Herstellungsverfahren ein. Im Ersten Weltkrieg wurden die amerikanischen Soldaten mit löslichem Kaffee versorgt, er fand aber noch kaum Anklang in der Zivilbevölkerung. In den 1930er-Jahren wurde der Geschmack durch neue Verfahren deutlich optimiert, sodass löslicher Kaffee immer beliebter wurde. Im Jahr 1938 stellte der Schweizer Dr. Max Morgenthaler bei der Firma Nestlé ein neues Verfahren zur Herstellung von löslichem Kaffee vor, welches im Anschluss von der Firma kommerziell umgesetzt wurde.

Löslicher Kaffee wird ausschließlich aus Röstkaffee unter Verwendung von Trinkwasser hergestellt, enthält also keine chemischen Zusatzstoffe.

Für reinen löslichen Kaffee, der auch als Kaffee-Extrakt oder Instantkaffee bezeichnet wird, gilt ein striktes Reinheitsgebot. Löslicher Kaffee wird ausschließlich aus Röstkaffee unter Verwendung von Trinkwasser hergestellt, enthält also keine chemischen Zusatzstoffe. Außerdem muss er neben den Aromastoffen des Kaffees auch die sonstigen löslichen Bestandteile des Röstkaffees enthalten. Dieses „Reinheitsgebot" ist ein zentraler Bestandteil der Kaffeeverordnung und der EG-Richtlinie über den löslichen Kaffee. Der Begriff „Reinheitsgebot" wird in der Richtlinie und der Kaffeeverordnung zwar nicht verwendet, er veranschaulicht aber, was beide Dokumente über die Qualität des Produkts aussagen. Mischprodukte aus löslichem Kaffee und anderen Inhaltsstoffen, etwa Zucker oder Milchpulver, tragen zum Beispiel Bezeichnungen wie „kaffeehaltiges Getränkepulver", „koffeinhaltige Getränkezubereitung" oder „lösliche Kaffeezubereitung".

Die Herstellung von Kaffee-Extrakten

Kaffee-Extrakte sind technisch gesehen stark konzentrierte Röstkaffee-Aufgüsse mit einem Mindesttrockenstoffgehalt von 15 Prozent. Am bekanntesten sind die Trockenextrakte, die meist in Pulverform oder als Granulat in

den Einzelhandel kommen. Es gibt aber auch flüssige Extrakte, die häufig in der Gastronomie oder in Automaten Verwendung finden. Diese Flüssigextrakte sind ohne weitere Zusätze nur begrenzt haltbar und werden deshalb zur Haltbarmachung häufig eingefroren. Die Herstellung von löslichem Kaffee ist ein technisch außerordentlich anspruchsvoller Prozess.
Bei der Herstellung von löslichem Kaffee gibt es folgende Grundschritte:

1. Rösten des Rohkaffees und anschließendes Mahlen
2. Extraktion der löslichen Substanzen durch mehrfachen Kaffeeaufguss
3. Konzentrierung des Flüssigextrakts
4. Trocknung des Extrakts

Löslichen Kaffee gibt es in sprühgetrockneter, agglomerierter und gefriergetrockneter Form.

Rösten des Rohkaffees und anschließendes Mahlen

Für die Herstellung von löslichem Kaffee werden Mischungen unterschiedlicher Rohkaffees verwendet. Nach dem Reinigen werden diese Mischungen meist chargenweise bei einer Produkttemperatur von 200 bis 250 Grad Celsius geröstet. Röstkaffee, der für die Herstellung von löslichem Kaffee genutzt werden soll, ist in der Regel dunkler geröstet und hat einen höheren Wasseranteil als Röstkaffee, der für Filterkaffee bestimmt ist.
Beim Mahlen kommt es darauf an, dass eine zwar möglichst grobe, aber gleichmäßige Körnung erreicht wird. Der grobe Mahlgrad verhindert, dass es bei der anschließenden Extraktion des Kaffeemehls mit Wasser in den dafür verwendeten Säulen zu Verstopfungen kommt.

Extraktion der löslichen Substanzen

„Extraktion“ ist der technische Fachbegriff für das „Brühen des Kaffees“, das im Prinzip wie in einer Filtermaschine zu Hause abläuft. Die Extraktion erfolgt üblicherweise nach dem Gegenstromprinzip in mindestens sechs in Serie geschalteten Perkolatoren oder Extraktionssäulen, einer sogenannten Perkolatorenbatterie. Die stählernen Extraktionssäulen sind zylinderförmig, laufen am Ende konisch zu und sind in der Regel mehrere Meter hoch. Jeder Perkolator enthält Mahlgut, welches zu einem unterschiedlichen Grad „ausgelaugt“ ist. Ein Perkolator ist mit frischem Mahlgut befüllt, der nächste mit bereits einmal benutztem und so weiter. Am Ende der Batterie befindet sich der Perkolator, der das am meisten ausgelaugte Mahlgut enthält. Dieser Perkolator wird aus dem Kreislauf hinausgenommen und entleert. Bei jedem Extraktionsvorgang ist also eine Säule nicht aktiv. Sie wird anschließend mit frischem Mahlgut befüllt und im nächsten Extraktionsvorgang zur sogenannten „Frischesäule“.

Bei der Extraktion wird das Frischwasser mit einer Temperatur von über 100 bis maximal etwa 190 Grad Celcius und einem Druck von bis zu 20 Atmosphären zuerst in den Perkolator geleitet, der das bereits am stärksten ausgelaugte Kaffeemahlgut enthält. Der hohe Druck ist erforderlich, damit das Wasser bei der Temperatur nicht verdampft. Im Perkolator werden die wasserlöslichen Inhaltsstoffe des Röstkaffees vom Wasser aufgenommen. Die Flüssigkeit gelangt als dünner Extrakt anschließend in die zweite Säule, extrahiert dort das Mahlgut und wird in die nächste Säule geleitet. Die Lösung wird so von Säule zu Säule gegeben, bis die Flüssigkeit als letzte Stufe die Extraktionssäule mit dem frischen Mahlgut – die „Frischesäule" – erreicht.

Der Extrakt verlässt diese „Frischesäule" als sogenannter „Dünnsaft" mit einer Temperatur von 40 bis über 80 Grad Celcius und wird sofort gekühlt, um die Qualität zu sichern und die Entstehung unerwünschter sogenannter Prozessaromen zu vermeiden. Der Dünnsaft wird zudem im Separator

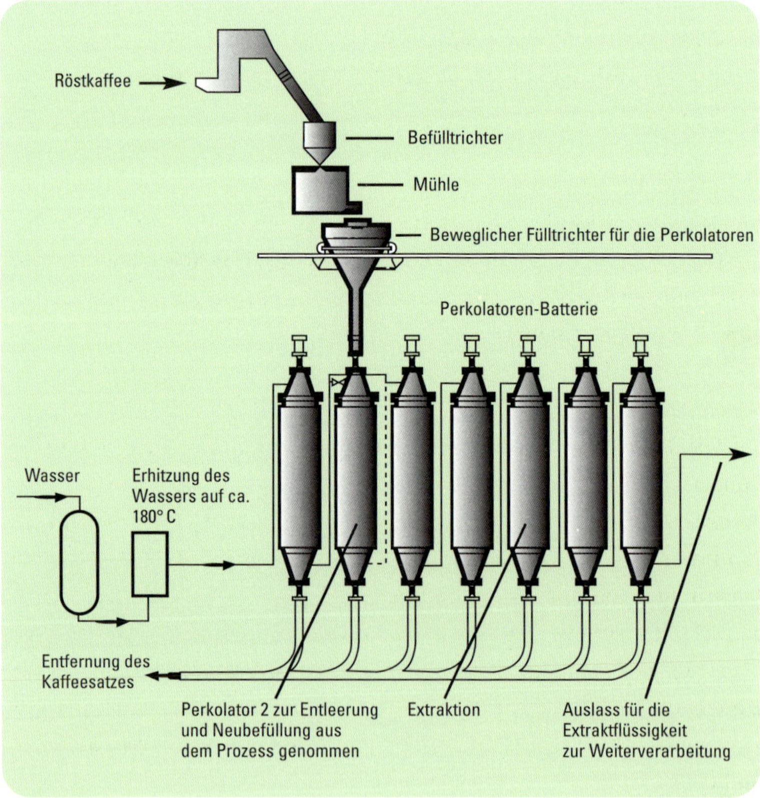

Schema der Herstellung von löslichem Kaffee

mittels Zentrifugen und Filtern gereinigt, um störende Feststoffe – zum Beispiel mitgerissenen Kaffeesatz – abzusondern, und sodann weiter verarbeitet.
Das extrahierte Mahlgut, der Kaffeesatz, wird gepresst, dadurch von Wasser befreit und später meist zur Energiegewinnung verbrannt oder auf eine Deponie transportiert und kompostiert.

Die Konzentrierung des Extrakts

Nach der Extraktion wird der „Dünnsaft" zu „Dicksaft" aufkonzentriert. In dieser Verarbeitungsstufe wird dem Extrakt Wasser entzogen. Dies kann durch das Verdampfen des Wassers im Vakuum erfolgen oder durch die besonders schonende Gefrierkonzentrierung.
Vakuumverdampfung wird meist als Vorkonzentrierung für die Sprühtrocknung verwendet, wenn diese als nächster Prozessschritt folgt. Spezielle Verdampfungsmaschinen sorgen dafür, dass das Wasser unter Vakuum verdampft und von Kondensatoren aufgefangen wird. Es entsteht ein konzentrierter Extrakt.
Bei der Gefrierkonzentrierung wird das Wasser im „Dünnsaft" eingefroren. Das Wasser wird zu Eiskristallen, die durch Zentrifugieren vom Extrakt getrennt werden.

Die Trocknung

Im eigentlichen Trocknungsprozess wird aus dem aufkonzentrierten Kaffee-Extrakt das trockene Endprodukt hergestellt. Dies geschieht entweder durch Sprühtrocknung – mit oder ohne anschließender Agglomeration – oder durch Gefriertrocknung.

Klassische Sprühtrocknung

Die Sprühtrocknung ist das älteste Trocknungsverfahren. Hierbei wird das Konzentrat unter Druck durch Düsen in einem großen, zylindrischen Trockenturm versprüht und fein zerstäubt. Ein solcher Turm ist zwischen 20 und 40 Metern hoch und hat einen Durchmesser von vier bis sieben Metern. Die eingesprühten Tröpfchen werden im Heißluftstrom schonend getrocknet. Dabei verdunstet das Wasser, und es entstehen winzige Hohlkügelchen aus reinem Kaffee, die beim Fallen im unteren Teil des Turms abkühlen und schließlich aufgefangen werden. Auf diese Weise entsteht Kaffeepulver, das fast so fein wie Staub ist. Man lässt das Pulver abkühlen und verpacken.

Sprühtrocknung mit anschließender Agglomeration

Dabei handelt es sich um eine Weiterentwicklung der Sprühtrocknung. Die feinen Kaffeepartikel werden nach dem Trocknen noch einmal mit Wasserdampf befeuchtet. Dadurch werden sie an der Oberfläche klebrig und haften zusammen, wodurch gröbere Kaffeekörnchen entstehen. Dieser Vorgang kann im Trockenturm selbst oder in einer separaten Kammer mit nachgeschalteter Bandanlage ablaufen. Agglomerierter Kaffee hat eine sehr dunkle braune Farbe und ist bei der Zubereitung besonders schnell löslich. Der Geschmack ist aber annähernd derselbe wie der des feineren Pulvers.

Für die Herstellung von löslichem Kaffee wird gemahlener Röstkaffee extrahiert und der daraus entstehende Extrakt konzentriert und getrocknet.

Gefriertrocknung

Die Gefriertrocknung wird ab Mitte der 1960er-Jahre neben der schon lange bekannten Sprühtrocknung als besonders produktschonende Methode kommerziell eingesetzt. Dabei wird der aufkonzentrierte Kaffee-Extrakt aufgeschäumt und anschließend auf einem speziellen Einfrierband bei Temperaturen zwischen minus 40 und minus 50 Grad Celsius tiefgefroren. Das Kaffeekonzentrat hat nun eine Konsistenz wie Softeis und wird auf den Anfang eines über zwei Trommeln gespannten Endlosbandes aufgebracht, das durch eine Kältekammer läuft. An der Stelle, wo sich das Band über die Endtrommel biegt, platzt der darauf liegende Eisstrang in großen Bruchstücken ab. Anschließend wird der gefrorene Kaffee weiter zerkleinert und gemahlen.

Die Kaffee-Eisstücke werden in eine Trockenkammer gebracht, wo sie unter Vakuumbedingungen erwärmt werden. Das Vakuum ist notwendig: Unter Vakuumbedingungen geht das Wasser beim Erwärmen vom eisförmigen, festen Aggregatzustand nämlich sofort in den gasförmigen über. Es verdampft unmittelbar. Das Eis kann also nicht mehr zu flüssigem Wasser werden, welches das Kaffeekonzentrat wieder anfeuchten würde.

Der beschriebene Vorgang wird als Sublimation bezeichnet. Feste, trockene Kaffeepartikel bleiben zurück, die in Form und Größe den ehemaligen Eisstückchen entsprechen. Dabei wird das Aroma zuerst im Eis und dann in der zurückbleibenden Trockensubstanz eingeschlossen und hat wenig Chancen zu entweichen. Chemische Reaktionen der Aromastoffe untereinander, die den Geschmack verändern würden, werden ebenfalls so weit wie möglich unterbunden. Gefriergetrockneter Kaffee hat deshalb meist einen etwas angenehmeren Geschmack, ist aber wegen des technisch sehr aufwendigen Verfahrens auch teurer als sprühgetrockneter löslicher Kaffee.

Röstkaffee gemahlen, als gefriergetrockneter löslicher Kaffee und als ganze Bohne

Verpackung

Löslicher Kaffee ist – wenn der Kontakt mit Feuchtigkeit unterbleibt – wesentlich länger haltbar als Röstkaffee, weil er praktisch kein Fett enthält. Letzteres ist bei der Extraktion mit Wasser im Kaffeesatz zurückgeblieben. Bei Röstkaffee wirkt sich auch der Kontakt mit Sauerstoff sehr schnell negativ auf den Geschmack aus, bei löslichem Kaffee wird dadurch lediglich das Aroma schwächer. Verpackungen sollen vor diesen Einflüssen schützen. Der für den Endkonsumenten bestimmte lösliche Kaffee wird üblicherweise in Gläser mit Schraubverschluss gefüllt. Für den Automatenbetrieb wird das Produkt auch in Beutel abgefüllt.

Flüssige Kaffeeextrakte werden in Dosen gefüllt und können einige Wochen bis Monate, eingefroren sogar noch deutlich länger, gelagert werden.

Kaffee-Instantpulver in einem Glas und auf einem Teelöffel

Produktionsschema zur Herstellung von löslichem Kaffee

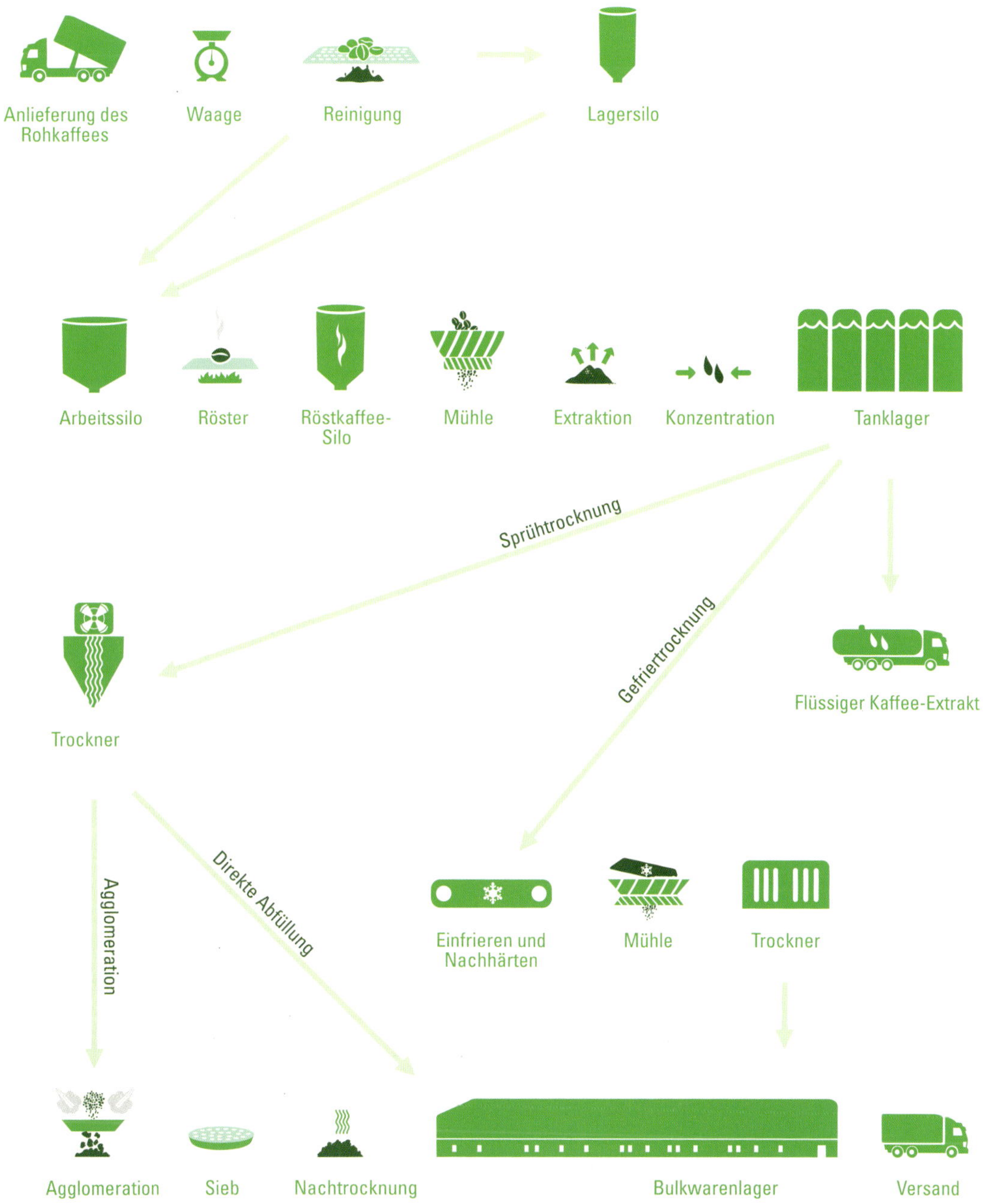

Entkoffeinierung

Warum wird Kaffee entkoffeiniert?

Unter den über 1000 Kaffeeinhaltsstoffen hat das Koffein schon immer eine besondere Rolle gespielt. Koffein, das im Jahr 1820 von dem Chemiker Friedlieb Ferdinand Runge entdeckt wurde, ist von allen Inhaltsstoffen im Kaffee die physiologisch wirksamste Substanz. Es ist verantwortlich für die belebende Wirkung des Kaffees mit seinen vielen positiven Auswirkungen, die unter anderem zu gesteigerter geistiger Vitalität und einer besseren Gedächtnisleistung führen können.
Bei der Koffeinaufnahme gilt allerdings die alte Weisheit, dass nur das, was man in Maßen zu sich nimmt, für das Wohlbefinden förderlich ist.

So wurde Rohkoffein zu Beginn der fabrikmäßigen Entkoffeinierung von Rohkaffee eingelagert und zur Weiterverwendung in Pharmazie und Kosmetik verkauft. Bild von 1929

Koffein

Koffein gehört zu den **Purinalkaloiden.** Alkaloide sind stickstoffhaltige Natursubstanzen, die in bestimmten Pflanzengattungen vorkommen. Unter den Alkaloiden im Kaffee ist Koffein das am stärksten vertretene, mit einem Anteil von 0,8 bis 2,5 Prozent, je nach Sorte und Herkunft. Robusta-Kaffees enthalten deutlich mehr Koffein als Arabicas. Alkaloide sind hitzebeständig: Das Rösten des Kaffees und Aufbrühen des Getränks beeinflussen den Gehalt nur unwesentlich.
Reines Koffein ist ein weißes, geruchloses, kristallines Pulver mit bitterem Geschmack. Es wird häufig als natürlicher Inhaltsstoff in der Getränkeindustrie, zum Beispiel in Soft- und Energy-Drinks, und in kleineren Mengen in der Pharmazie eingesetzt. Schmerzmittel, wie etwa Paracetamol oder Aspirin, enthalten häufig synthetisch hergestelltes Koffein. Kosmetika, Shampoos oder Cremes sind häufig ebenfalls mit Koffein angereichert.

Koffeinanteile in Milligramm
(Durchschnittsangaben)

Wie viel Koffein ein Konsument zu sich nehmen sollte, ist individuell sehr unterschiedlich.

Für Kaffeetrinker, die im Rahmen ihrer bewussten Ernährung die Aufnahme an Koffein begrenzen möchten, gibt es entkoffeinierten Kaffee. Viele Kaffeetrinker genießen auch nachmittags und abends entkoffeinierten Kaffee, weil sie dann besser schlafen können. Bei einigen Erkrankungen oder unter bestimmten körperlichen Umständen kann es sinnvoll sein, die Koffeinzufuhr zu beschränken. Aktuelle Studien belegen, dass es auch für Schwangere

vorteilhaft ist, ihren Koffeinkonsum zu reduzieren oder Kaffee entkoffeiniert zu genießen. Für Menschen mit Herzproblemen und Bluthochdruck ist es ebenfalls empfehlenswert, auf ihre tägliche Koffeinaufnahme zu achten.
Das Koffein gehört zu den Bitterstoffen des Kaffeearomas. Neueren Untersuchungen zufolge trägt das Koffein aber nur zu einem geringen Prozentsatz zum Bittergeschmack des Kaffees bei; der weitaus größere Teil der Bitterstoffe entsteht bei der Röstung. Man hält hierfür derzeit Röstumsetzungsprodukte, wie Chlorogensäure, Lactone, Phenylindane und/oder Diketopiperazine, für ursächlich. Daher bleibt der typische Kaffeegeschmack auch nach der Entkoffeinierung erhalten.

Ludwig Roselius

Historische Entwicklung der Entkoffeinierung

Bereits bald nach der Entdeckung des Koffeins als Kaffeeinhaltsstoff begannen die Bestrebungen, dieses dem Kaffee zu entziehen. Es wurden Verfahren entwickelt, die aber entweder nicht zum gewünschten Ergebnis führten oder den Geschmack des Kaffees beeinträchtigten. Im Jahr 1905 gelang es dem Bremer Kaufmann Ludwig Roselius, das Koffein selektiv aus dem Rohkaffee zu lösen, sodass Geschmacksverluste verhindert werden konnten.
Dies erreichte er, indem er den Rohkaffee mit Wasserdampf beziehungsweise heißem Wasser auf einen Feuchtigkeitsgehalt von über 20 Prozent brachte. Die feuchten Bohnen werden voluminöser, und ihre Oberfläche, über die Stoffe ausgetauscht werden können, wird größer. Außerdem führen die in der Bohne erfolgten Wassereinlagerungen dazu, dass das Koffein von der Chlorogensäure getrennt wird. Dadurch wird das Koffein physikalisch beweglich und kann mithilfe eines Lösemittels herausgelöst werden. Ludwig Roselius hat diese Methode als Patent schützen lassen und das Bremer Handelshaus Kaffee HAG gegründet, welches lange Zeit geradezu als Synonym für entkoffeinierten Kaffee galt. Seitdem wurden verschiedene Entkoffeinierungsverfahren entwickelt und verfeinert mit dem Ziel, für den Kaffeetrinker das gleiche Genusserlebnis zu erreichen, als würde er koffeinhaltigen Kaffee trinken.

Verfahrenstechnik – Prozess

Um das Koffein ohne Aromaverlust aus der Kaffeebohne herauszulösen, sind drei Prozessstufen notwendig:

1. Anfeuchten beziehungsweise Dämpfen,
2. Entkoffeinieren mittels eines Lösemittels,
3. Trocknen.

Entkoffeinierungsanlage von 1929

Anfeuchten beziehungsweise Dämpfen

Zunächst wird der Rohkaffee gedämpft oder mit Wasser vorbehandelt, um die Bohnenoberfläche und die Zellstruktur für das in der Bohne enthaltene Koffein durchlässig zu machen. Dies geschieht, teilweise unter Druck, in einem geschlossenen Behälter mit übersättigtem Wasserdampf und dauert etwa eine bis drei Stunden. Hat der Rohkaffee einen Feuchtigkeitsgehalt von 30 bis 50 Prozent erreicht, beginnt der nächste Prozessschritt, die Extraktion, also das eigentliche Entziehen des Koffeins. Anfeuchten und Entkoffeinieren können im gleichen Behälter stattfinden. Es gibt aber auch Verfahren mit räumlich getrennten Arbeitsschritten. Das hängt von der Vorgehensweise des jeweiligen Veredelungsbetriebs ab.

Entkoffeinieren

Der zweite Schritt des Entkoffeinierungsvorgangs ist die Herauslösung des Koffeins durch ein Extraktionsmittel, das die Eigenschaft haben muss, möglichst nur das Koffein selbst aus der Bohne zu entfernen. Die Extraktion des Koffeins ist ein physikalischer Vorgang und findet je nach Verfahren und Lösemittel unter unterschiedlichen Druck- und Temperaturverhältnissen statt. Das Lösemittel nimmt dabei das Koffein mit aus der Bohne.
Ist das Extraktionsmittel mit Koffein „beladen“, so wird das Extraktionsmittel wieder vom Kaffee getrennt und in einem weiteren Prozess von dem

aufgenommenen Koffein und den anderen gegebenenfalls extrahierten Kaffeeinhaltsstoffen befreit. Danach wird es dem Entkoffeinierungsprozess wieder zugeführt. Die Zu- und Abführung des Lösemittels wird so oft wiederholt, bis annähernd das gesamte Koffein aus der Kaffeebohne entfernt ist. Um am Schluss eventuelle Lösemittelreste aus der Bohne zu entfernen, wird diese vor dem Trocknen noch einmal gedämpft.
Zur Herauslösung des Koffeins aus den Rohkaffeebohnen werden verschiedene Verfahren angewendet, zum Beispiel die Entkoffeinierung mit organischen Lösemitteln, mit entkoffeiniertem wässrigem Extrakt oder mit überkritischen oder flüssigen Gasen. Gebräuchliche und zugelassene Lösemittel sind unter anderem Dichlormethan, Ethylacetat, Kohlenstoffdioxid (CO_2) und wässriger Kaffeeextrakt. Die Mittel sind alle gesundheitlich unbedenklich und wurden intensiven wissenschaftlichen Prüfungen unterzogen. Anwendung, Reinheitsgrad und eventuelle Rückstände sind durch europäische Richtlinien strikt geregelt.

Entkoffeinierung mit organischen Lösemitteln

Bei den organischen Lösemitteln unterscheidet man im Hinblick auf die bei der Entkoffeinierung verwendeten Lösemittel drei Stoffgruppen, von denen heutzutage nur noch die beiden erstgenannten gebräuchlich sind:

- chlorierte Kohlenwasserstoffe (zum Beispiel Dichlormethan),
- organische Ester (zum Beispiel Ethylacetat),
- aromatische Kohlenwasserstoffe (zum Beispiel Benzol).

Entkoffeinierung mit Dichlormethan

Ein häufig verwendetes organisches Lösemittel ist Dichlormethan, im Folgenden als DCM abgekürzt. DCM, auch Methylenchlorid genannt, ist eine organisch-chemische Verbindung aus der Gruppe der Chlorkohlenwasserstoffe mit der Summenformel CH_2Cl_2.
Beim Entkoffeinieren mit DCM wird das Lösemittel in einem Extrakteur kontinuierlich durch das bedämpfte Rohkaffeebett geleitet. Extrakteure sind in der Regel große zylindrische Kessel aus Edelstahl, die druckfest sein müssen. Je nach Größe können die Extrakteure Chargen von drei bis 20 Tonnen Rohkaffee aufnehmen. Im Inneren des Extrakteurs kann eine Art Rührwerk eingebaut sein, das mit etwa fünf Umdrehungen pro Minute das nasse Rohkaffeebett langsam durchmischt. Das Lösemittel strömt intensiv an den Bohnen vorbei, und das Koffein wird abtransportiert.

DCM-Entkoffeinierungsverfahren

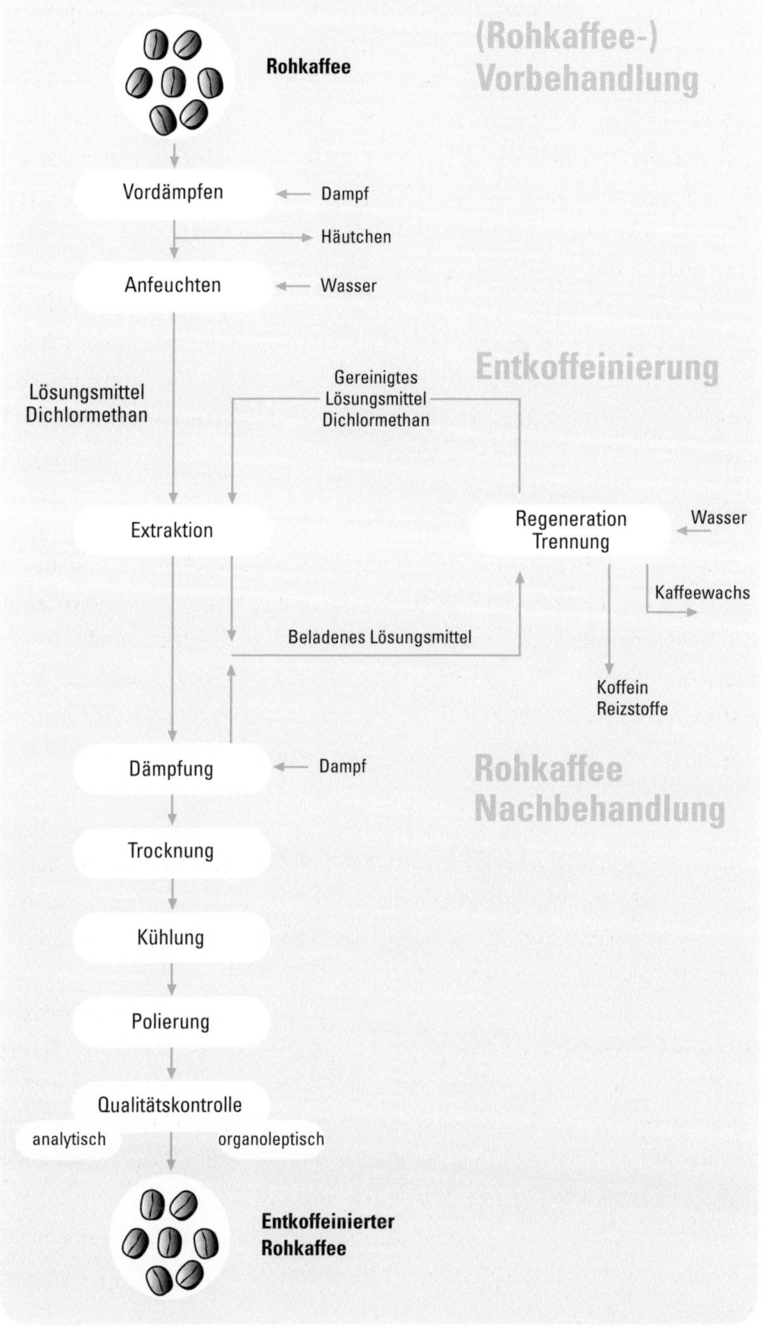

Das Koffein gelangt durch Diffusion an die Oberfläche der Bohnen und wird dort vom Lösemittel aufgenommen. Die in der Bohne befindlichen Lipide (Fette) werden kaum herausgelöst. Nach dem Entkoffeinierungsprozess befinden sie sich jedoch in den äußeren Zellschichten der Bohne.
Das Extraktionsmittel nimmt das Koffein der nassen Bohnen auf und wird vom Rohkaffeebett weggeführt, um mithilfe einer Destillation regeneriert zu werden. Die Extraktion erfolgt unter leichtem Druck bei einer Temperatur um den jeweiligen Siedepunkt des Lösemittels und dauert drei bis zwölf Stunden. Der Siedepunkt von DCM liegt unter Normaldruck bei etwa 40 Grad Celsius.
Das aus den Bohnen und dem Lösemittel entfernte Koffein wird in einem separaten Raffinationsprozess als kristalline Substanz gewonnen. Im Lösemittel reichert sich auch Wachs an, das ebenfalls entfernt und in anderen Bereichen, zum Beispiel der Pflegemittelindustrie, weitere Verwendung findet.
Das vom Koffein befreite Lösemittel wird nach der Destillation wieder einem neuen Extraktionszyklus zugeführt. Nachdem die gewünschte Menge Koffein aus den Bohnen herausgelöst ist, wird der Strom des Lösemittels unterbrochen und Reste des Mittels durch einen Wasserdampfstrom aus den Bohnen entfernt. Die Dauer der Extraktion und die Anzahl der Extraktionszyklen richten sich nach dem Koffeingehalt und der Herkunft des Rohkaffees. Die anschließende Dämpfung findet unter Vakuum statt und dauert circa drei bis vier Stunden. Der maximale Restgehalt an DCM darf laut Gesetz zwei Milligramm pro Kilogramm Röstkaffee nicht überschreiten. Meist liegen die Werte deutlich unter dem Grenzwert, nämlich bei weniger als 0,3 Milligramm pro Kilogramm.
Anschließend wird der entkoffeinierte Rohkaffee wieder auf seine Ausgangsfeuchte von meistens um die zehn bis zwölf Prozent heruntergetrocknet.

Entkoffeinierung mit Ethylacetat

Obwohl der Prozess ähnlich dem DCM-Verfahren verläuft, sind einige wesentliche Differenzen von Bedeutung: Ethylacetat, auch Essigester oder Essigsäureethylester genannt, gehört zur Stoffgruppe der organischen Ester und ist ein sehr selektives Lösemittel für Koffein. Ethylacetat ist in geringem Maße auch Bestandteil vieler natürlicher Produkte, zum Beispiel Zuckerrohr und auch Kaffee, und wird vom menschlichen Organismus vollständig abgebaut. Ethylacetat ist brennbar, besitzt definierte Explosionsgrenzen mit Luft und erfordert daher explosionsgeschützte Produktionsanlagen. Die Anlagen sind

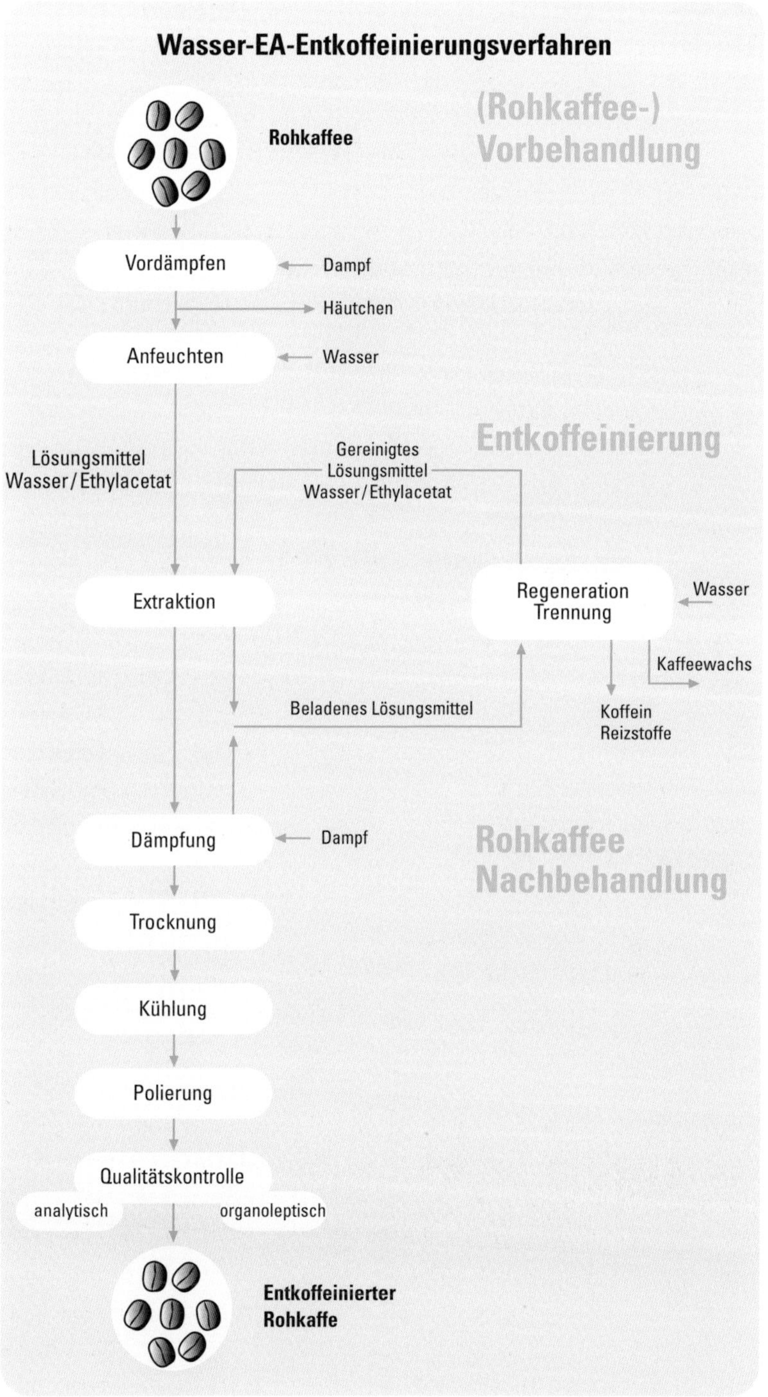
Wasser-EA-Entkoffeinierungsverfahren
(Rohkaffee-)
Vorbehandlung
Rohkaffee
Vordämpfen
Dampf
Häutchen
Anfeuchten
Wasser
Entkoffeinierung
Lösungsmittel
Wasser/Ethylacetat
Gereinigtes
Lösungsmittel
Wasser/Ethylacetat
Extraktion
Regeneration
Trennung
Wasser
Kaffeewachs
Beladenes Lösungsmittel
Koffein
Reizstoffe
Dämpfung
Dampf
Rohkaffee
Nachbehandlung
Trocknung
Kühlung
Polierung
Qualitätskontrolle
analytisch
organoleptisch
Entkoffeinierter
Rohkaffe

daher einer aufwendigen Messüberwachung unterworfen. Die Lösemittelrückgewinnung und der Umgang mit dem Lösemittel sind technisch anspruchsvoller als beim DCM.
Unter Normaldruck liegt der Siedepunkt von Ethylacetat bei etwa 77 Grad Celsius.

Entkoffeinierung durch Extrahieren mit überkritischem und flüssigem Kohlendioxid

Extraktion mit überkritischem CO_2

Eine weitere Methode der Herauslösung des Koffeins aus der Rohkaffeebohne ist die Extraktion durch überkritische Gase, die unter erhöhtem Druck und erhöhter Temperatur die Eigenschaften eines Lösemittels annehmen. Neben den drei Aggregatzuständen fest, flüssig und gasförmig tritt bei Gasen oberhalb spezifischer Temperatur- und Druckverhältnisse ein sogenannter überkritischer Zustand ein. In diesem Zustand gleicht Gas in etwa verdichtetem Dampf und wird auch als Fluid bezeichnet.
Bei der Entkoffeinierung wird Kohlenstoffdioxid (CO_2) eingesetzt. CO_2 bleibt im überkritischen Zustand (über 32,15 Grad Celsius und 76 bar) fast so beweglich wie Gas, hat aber eine Dichte von Flüssigkeiten wie Wasser. Dies sind die besten Voraussetzungen für einen schnellen Stoffaustausch, das heißt, überkritisches CO_2 kann Koffein relativ schnell lösen. Dabei bleiben andere Bestandteile in der Rohkaffeebohne enthalten.
Überkritisches CO_2 ist somit ein sehr selektives Lösemittel. Bei dieser Entkoffeinierungsmethode unterscheidet man zwischen der diskontinuierlichen und der kontinuierlichen Methode.

Diskontinuierliche Methode

Bei dieser Methode erfolgt die Entkoffeinierung in drei Schritten: Zuerst erfolgt die Vorbefeuchtung der Rohkaffeebohnen durch Wasserdampf und heißes Wasser, dann die Extraktion des Koffeins im Hochdruckbehälter mit überkritischem CO_2 und schließlich die Adsorption des Koffeins aus dem Gas mittels Aktivkohle und Rezirkulation des CO_2.
Eine Charge Rohkaffee wird in einen Hochdruckextrakteur geschleust. Dort herrschen Temperaturen von 40 bis 80 Grad Celsius und ein Druck von über 120 Bar. Durch den Extrakteur wird überkritisches CO_2 geleitet, welches aus den Rohkaffeebohnen eine geringe Menge an Koffein herauslöst.
Zur Entkoffeinierungsanlage gehört neben dem Extrakteur auch der Adsorptionsbehälter, der mit Aktivkohle befüllt ist. Aktivkohle ist eine offenporige, feinkörnige Kohle mit einer extrem großen Oberfläche und hat

Auch in den meisten Cafés – hier im Café Demel in Wien – kann man entkoffeinierten Kaffee bekommen.

die Eigenschaft, Koffein zu adsorbieren, das heißt, an ihrer Oberfläche anzulagern. Dieses Verfahren ist zu unterscheiden von der Extraktion mit koffeinfreiem Extrakt, bei dem auch Aktivkohle verwendet wird. Im Adsorptionsbehälter wird das Gas sofort, nachdem es Koffein selektiv aufgenommen hat, mittels Aktivkohle vom Koffein befreit und rezirkuliert. Dieser Prozess wird über mehrere Stunden mehrfach wiederholt, bis der Rohkaffee einen gewünschten Restkoffeingehalt aufweist. Insgesamt dauert die Extraktion acht bis zwölf Stunden. Am Ende wird das CO_2 in Puffertanks abgepumpt und dort bis zum nächsten Gebrauch gelagert, die Extrakteure werden auf Umgebungsdruck entspannt und der feuchte Rohkaffee wird getrocknet. Die letzten Reste des überkritischen Gases im Rohkaffee verflüchtigen sich bei Umgebungsdruck.

Die beladene Aktivkohle wird anschließend regeneriert. Das Koffein wird durch Erhitzen der Aktivkohle von dieser abgetrennt, da es bei circa 180 Grad Celsius sublimiert, das heißt, vom festen Zustand direkt in den gasförmigen übergeht. Nach dieser Umwandlung in Gas wird das Koffein mit Wasser in einem Waschturm abgeschieden und die Aktivkohle so vollständig reaktiviert. Das Koffein wird aus der wässrigen Lösung wieder auskristallisiert und so zurückgewonnen.

Kontinuierliche Methode

Das kontinuierliche Verfahren ist eine Weiterentwicklung und Variante der diskontinuierlichen Methode. Bei dieser Methode erfolgt die Entkoffeinierung in drei ähnlichen Schritten: Zuerst erfolgt die Vorbefeuchtung der Rohkaffeebohnen durch Wasserdampf und heißes Wasser auf einen Wassergehalt von 45 Prozent, danach die Extraktion des Koffeins im Hochdruckbehälter mit überkritischem CO_2 und schließlich das Befreien des CO_2 vom Koffein durch Wasser in Waschtürmen.

Dabei kommt eine Hochdruckextraktionssäule mit einem Ein- und Ausschleusebehälter zum Einsatz. Im Einschleusebehälter oberhalb der Extraktionssäule, in der der Rohkaffee später entkoffeiniert wird, wird dieser auf einen Wassergehalt von etwa 45 Prozent vorbefeuchtet. Kontinuierlich wird Rohkaffee hinzugefügt und mit wassergesättigtem überkritischem CO_2 vom Koffein befreit. Gleichzeitig wird der jeweils am stärksten entkoffeinierte Kaffee aus dem unteren Teil der Extraktionssäule ausgeschleust. Die Extraktion erfolgt bei 250 Bar.

Entkoffeinierter Kaffee ist nach dem Rösten optisch von koffeinhaltigem Kaffee nicht zu unterscheiden.

Das überkritische Gas wird hierbei meist nicht mit Aktivkohle vom Koffein befreit, sondern in Waschtürmen mit Hilfe von Wasser. Dieses wird im

Gegenstrom zum CO_2 geführt und löst das Koffein. Das koffeinhaltige Wasser wird aus dem Kreislauf abgezogen und aufkonzentriert.

Extraktion mit flüssigem CO_2

Eine Alternative zur Extraktion mit überkritischen Gasen ist die Entkoffeinierung mit flüssigem CO_2. Bei dieser Methode wird das Koffein mit Temperaturen und Drücken unterhalb der für CO_2 kritischen Grenzen gelöst. Typische Werte liegen bei 65 bis 70 Bar und 20 bis 25 Grad Celsius. Bei diesen Umgebungsbedingungen ist das CO_2 flüssig, behält jedoch seine spezifischen Lösungseigenschaften gegenüber dem Koffein. Das flüssige CO_2 fließt auch hier durch einen Extrakteur, in dem sich ein Bett aus Rohkaffeebohnen befindet, wobei es nach und nach mit Koffein beladen wird. Nachdem das CO_2 den Extrakteur durchströmt hat, wird das enthaltene Koffein durch Verdampfen und wieder Verflüssigen des Gases abgetrennt und kann weiter aufbereitet werden. Das wiederverflüssigte CO_2 kann dann für den nächsten Extraktionszyklus verwendet werden.
Diese Entkoffeinierung erfolgt also ähnlich der mit überkritischem CO_2, dauert jedoch deutlich länger, da flüssiges CO_2 pro Extraktionszyklus geringere Mengen an Koffein herauslöst als überkritisches Gas.

Die beiden CO_2-Entkoffeinierungsverfahren und das Wasser-Entkoffeinierungsverfahren, welches im Folgenden beschrieben wird, sind die einzigen Methoden, die laut EU-Gesetzgebung zur Entkoffeinierung von Bio-Kaffee angewendet werden dürfen .

Entkoffeinierung mit koffeinfreiem Extrakt/Wasser-Entkoffeinierungsverfahren

Als eine mögliche Alternative der Entkoffeinierung, die ohne Lösemittel auskommt, wurde eine Wasserentkoffeinierung entwickelt. Die Forscher fanden heraus, dass Wasser ein gutes Lösemittel für Koffein darstellt. Zwar liegt die Löslichkeit bei Raumtemperatur bei nur zwei Prozent, bei heißem Wasser ist sie jedoch deutlich höher. Das Problem bei der Verwendung von Wasser als Lösemittel ist, dass es neben dem Koffein bis zu 25 Prozent der anderen Rohkaffeebestandteile mit aus der Bohne herauslöst.
Bei diesem Verfahren wird im ersten Schritt ein entkoffeinierter, wässriger Kaffee-Extrakt hergestellt. Dies geschieht dadurch, dass Rohkaffeebohnen nach dem Vordämpfen mit 80 Grad Celsius heißem Wasser behandelt werden. Das heiße Wasser fließt durch das Rohkaffeebett, bis sich das Koffein

und andere Bestandteile aus den Bohnen gelöst haben. Die koffeinhaltige Lösung wird anschließend durch ein Aktivkohlebett geleitet, welches das Koffein adsorbiert, das heißt, das Koffein lagert sich an der Oberfläche der Aktivkohle an. Um zu verhindern, dass andere lösliche Rohkaffeebestandteile ebenfalls an die Aktivkohle angereichert werden, wird diese mit einer Saccharoselösung (Zuckerlösung) vorbeladen.

Ist die Aktivkohle maximal mit Koffein beladen, wird sie bei 800 Grad Celsius unter Verlust des Koffeins regeneriert und kann rezirkuliert werden. Die in diesem ersten Schritt extrahierten Kaffeebohnen werden verworfen.

Der nun entkoffeinierte wässrige Extrakt wird auf frische Kaffeebohnen gegeben. Da der Extrakt bereits mit gelösten Kaffeebestandteilen angereichert ist, wird diesmal nur das Koffein gelöst und die anderen Inhaltsstoffe der Kaffeebohnen bleiben weitgehend erhalten. Der Prozess wird so

Kontinuierlicher Wasser-Entkoffeinierungsprozess

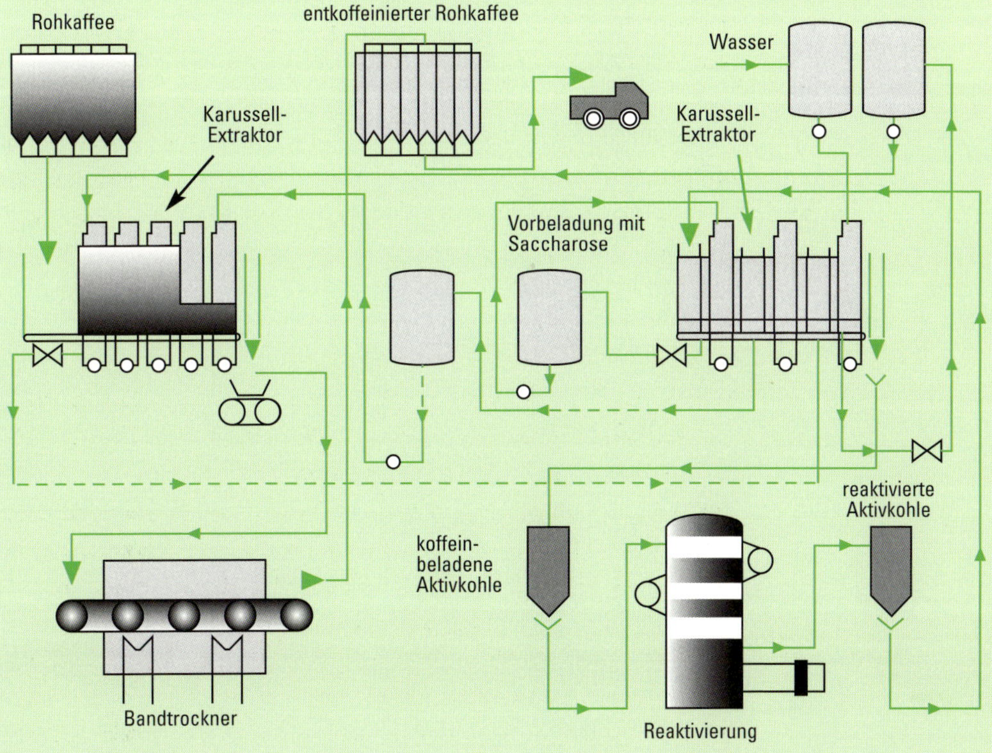

lange wiederholt, bis der gewünschte Grad der Entkoffeinierung erreicht ist. Ein Nachteil des Verfahrens sind die relativ hohen Kosten, und die häufig als nicht vollständig befriedigend empfundene Selektivität der Extraktion. Heute gibt es daher weltweit nur wenige Werke, die mit dem Wasserverfahren arbeiten.

Trocknen

Nach dem Entkoffeinierungsprozess wird der nasse, vom Koffein befreite Kaffee auf den normalen Feuchtigkeitsgehalt des Rohkaffees von zehn bis zwölf Prozent getrocknet, sodass dieser dann wie üblich geröstet werden kann. Dies geschieht entweder kontinuierlich bei normalem Druck in einem Bandtrockner oder diskontinuierlich chargenweise in einem Trommel- oder Wirbelschichttrockner. Durch die thermische Einwirkung auf die Bohnen können diese ihre Farbe ändern und leicht hellbraun werden.

Nach dem Trocknen werden die Kaffeebohnen in der Regel poliert, um die Bohnen zu reinigen und eventuell noch anhaftende Silberhäutchen zu entfernen. Anschließend wird den Bohnen Wachs, zum Beispiel in Form von Carnauba-Wachs, hinzugefügt. Damit werden die Poren der Kaffeebohne wieder geschlossen, was sie unempfindlicher gegen äußere Einflüsse macht und gleichzeitig das Röst- und Fließverhalten verbessert.

Gesetzliche Bestimmungen für den Koffeingehalt

Die Höchstgrenzen für den Restkoffeingehalt werden durch nationale Verordnungen geregelt. In Deutschland und den meisten Staaten der europäischen Union beträgt die Höchstgrenze 0,1 Prozent. Entkoffeinierter Kaffee hat also nicht mehr als ein Gramm Koffein auf ein Kilogramm Trockenmasse Kaffee. Zum Vergleich: Nicht entkoffeinierter Kaffee hat einen durchschnittlichen Koffeingehalt von etwa 1,5 Prozent. Da eine Kleinstmenge an Koffein nach der Entkoffeinierung noch vorhanden ist, wird die Bezeichnung „entkoffeiniert“ benutzt und der Kaffee nicht als „koffeinfrei“ bezeichnet.

Entkoffeinierter Kaffee unterscheidet sich als Getränk geschmacklich nicht von koffeinhaltigem Kaffee und lässt sich in allen Varianten genießen.

Verminderung von Reizstoffen im Kaffee

Warum wird Kaffee von Reizstoffen befreit beziehungsweise „mild behandelt"?

Kaffee enthält über 1000 Inhaltsstoffe, vermutlich sogar noch deutlich mehr. Auf einige dieser Inhaltsstoffe können Konsumenten sensibel reagieren. Für Menschen, die koffeinempfindlich sind oder die ihre Aufnahme von Koffein begrenzen möchten, wird entkoffeinierter Kaffee angeboten. Einige Kaffeekonsumenten reagieren aber nicht auf das Koffein empfindlich, sondern auf andere sogenannte „Reizstoffe".

Bislang konnte noch nicht ausreichend erforscht werden, was genau diese Reizstoffe chemisch charakterisiert und definiert. Forscher konnten dennoch einige Stoffe im gerösteten Kaffee identifizieren, die manchen Konsumenten anscheinend Probleme bereiten können. Zu den möglichen Reizstoffen zählen neben Koffein Bestandteile des Kaffeewachses, Farbstoffe, wie Melanoidine, Diterpen-Glycoside sowie Abbauprodukte der Chlorogensäuren und Kaffeeöle. Um diese Stoffe abzubauen, werden Rohkaffees mit speziellen Verfahren behandelt und als „mild behandelte" oder „reiz(stoff)arme" Kaffees beziehungsweise „Schonkaffees" im Handel angeboten.

Kaffeepulver und -bohnen gibt es mit oder ohne Koffein sowie reizstoffarm.

Wie werden Reizstoffe gemessen?

Um den Gehalt an Reizstoffen abschätzen zu können, gehen Veredelungsbetriebe häufig von einer speziellen Gruppe der potenziellen Kaffeereizstoffe als Indikator aus. Es handelt sich dabei um die sogenannten Carbonsäure-5-Hydroxytryptamide (C-5-HT), die Bestandteil des Kaffeewachses in der äußeren Bohnenschicht sind. Die C-5-HT scheinen dabei jedoch nicht die eigentlich irritierenden Substanzen zu sein, sondern zeigen den generellen Reizstoffgehalt des Kaffees an. Je höher der Gehalt an C-5-HT, desto mehr Reizstoffe enthält der Kaffee. Eine erfolgreiche Mildveredelung reduziert den C-5-HT-Gehalt im Rohkaffee deutlich. Wird der C-5-HT-Gehalt durch den Prozess verringert, so ist dies ein deutliches Anzeichen dafür, dass auch die tatsächlichen Reizstoffe im Kaffee vermindert wurden.

Beim nachfolgenden Rösten geht der Gehalt an C-5-HT noch weiter zurück, sodass man mit einigen Verfahren den Gehalt von ursprünglich 500 bis 2000 Milligramm pro Kilogramm Rohkaffee auf unter 200 Milligramm pro Kilogramm im Röstkaffee senken kann.

> Bei Schonkaffees wird unterschieden zwischen „mild behandelt" und „naturmild". So gibt es einige Provenienzen, die zum Beispiel weniger Koffein enthalten oder von Natur aus milder sind.

Verfahren zur Verminderung von Reizstoffen

Die meisten Verfahren, die zu einem milden und bekömmlicheren Charakter des Röstkaffees führen, bedienen sich einer thermischen Behandlung des Rohkaffees mit Wasserdampf. Der Rohkaffee wird mehrere Stunden mit gesättigtem Wasserdampf bei Temperaturen über 100 Grad Celsius und unter variierendem Druck thermisch behandelt. Teilweise wird dieses Verfahren mit einer mechanischen oder physikalischen Entfernung der äußeren Wachsschicht der Bohne kombiniert. Bei diesen Verfahren wird zudem ein Teil der Bitterstoffe entfernt, was zu einem sanfteren Aroma des Kaffees führt.

Um Reizstoffe im Kaffee zu eliminieren, werden neben der Entkoffeinierung (vergleiche vorangegangenes Kapitel) meist die folgenden Veredelungsverfahren angewandt:

- Behandlung mit reinem Wasserdampf (Lendrich-Verfahren)
- Entfernung des Kaffeewachses durch Lösemittel

Behandlung mit Wasserdampf (Lendrich-Verfahren)

Das Dämpfen des Rohkaffees mit Wasser wird nach seinem Erfinder Karl Lendrich „Lendrich-Verfahren" genannt. Der Chemiker hat dieses Verfahren 1933 entwickelt, um gezielt unangenehme Geschmacksnuancen, wie zum Beispiel den Bittergeschmack von Kaffee, zu reduzieren. Später erst wurde das Verfahren zur Verminderung von Reizstoffen im Kaffee genutzt. Kaffees, die als „mild behandelt" bezeichnet werden, sind meist mit dem Lendrich-Verfahren oder den im Laufe der Zeit daraus entwickelten Verfahren behandelt worden. Der Koffeingehalt des Kaffees wird bei diesem Verfahren nicht beeinträchtigt.

Bei dieser Methode wird Rohkaffee in druckstabilen und beheizbaren Behältern zunächst kurz vorbefeuchtet, um anschließend länger gedämpft zu werden. Die Vorbefeuchtung geschieht ohne Druck mit heißem Wasser oder mit Sattdampf bei niedrigem Druck. Die Vorbefeuchtung ist notwendig, da ohne sie die Poren der Bohnen noch geschlossen wären und sich der Prozess der chemischen und physikalischen Veränderungen auf die Bohnenoberfläche beschränken würde. Für die eigentliche Dämpfung wird anschließend gesättigter Wasserdampf durch das Rohkaffeebett geschickt.

Ablauf der chemischen Reaktion beim Lendrich-Verfahren

- Die **Gerüstsubstanz** der Zellen verändert sich, freie Aminosäure und Zucker werden weitgehend abgebaut beziehungsweise umgewandelt. Einige in der Kaffeebohne enthaltene Ester können in entsprechende Alkohole und Carbonsäuren gespalten werden.

- Durch die **Hydrolyse,** das ist die Spaltung von chemischen Verbindungen durch eine Reaktion mit Wasser, wird die komplexe Bindung des Koffeins mit den Chlorogensäuren gelöst, was bei Temperaturen von über 120 Grad Celsius dazu führt, dass unter anderem Chlorogensäure-Isomere (chemische Verbindungen mit gleicher Summenformel, aber unterschiedlicher Struktur) zu niedermolekularen Substanzen abgebaut werden.

- Art, Mechanismus und Umfang dieses sehr komplexen chemischen Ablaufs sind stark von den **physikalisch-chemischen Rahmenbedingungen** abhängig. So bestimmen insbesondere die Kaffeesorte, der Feuchtigkeitsgehalt der Rohkaffeebohne sowie die Betriebsbedingungen der Verfahrenstechnik das Ausmaß der Reaktionen.

- Der **Gehalt an C-5-HT** nimmt bei der Veredelung – je nach Temperatur und Dauer der Dämpfung – und bei anschließender Röstung um etwa 25 Prozent ab.

Beim Dämpfen werden zahlreiche chemische und physikalische Veränderungen in Gang gesetzt. Durch die thermische Belastung verändern sich auch das Kaffeewachs und die Kaffeeöle sowie die Farbe des Rohkaffees. Behandelter Rohkaffee wird hellbraun bis leicht rötlich und ist somit mit bloßem Auge deutlich von nicht behandeltem Rohkaffee zu unterscheiden. Weil sich die Zellstruktur weitestgehend aufgelöst hat, ist das Röstverhalten von behandeltem Rohkaffee auch anders als das von unbehandeltem Rohkaffee.
Der Wassergehalt der Kaffeebohnen liegt nach dem Dämpfen bei bis zu 40 Prozent. Behandlungstemperaturen und -zeiten während des Prozesses sind von Veredler zu Veredler unterschiedlich. Die Dämpfung kann von wenigen Minuten bis hin zu mehreren Stunden dauern, und die dabei eingesetzten Temperaturen können zwischen 105 und 195 Grad Celsius betragen. Allgemein gilt hierbei, dass bei höheren Temperaturen oft kürzere Zeiten gewählt werden und umgekehrt.
Nach dem Dämpfen wird der Kaffee auf den gewünschten Wassergehalt, meist auf Werte zwischen zehn und zwölf Prozent, heruntergetrocknet, sodass der behandelte Kaffee die gleiche Restfeuchte wie unbehandelter Kaffee besitzt.

Entfernung des Kaffeewachses

Die Kaffeebohne ist natürlicherweise mit einer dünnen Wachsschicht, der Cutikularschicht, überzogen. Es handelt sich dabei um ein komplexes Gemisch aus Lipiden (Fetten), die physiologisch gesehen einen Keimschutz für die Bohne darstellen. Das Wachs verhindert das Austrocknen der Bohne und schützt die Oberfläche gegen das Eindringen von Bakterien oder Pilzen. Diese Wachsschicht beinhaltet aber auch Reiz- und Bitterstoffe sowie C-5-HT.
Da bei der Veredelung mit reinem Wasserdampf die Wachsschicht und somit die in ihr enthaltenen Substanzen nicht vollständig entfernt werden, haben die Kaffeeveredelungsunternehmen im Laufe der Zeit einige unterstützende Verfahren entwickelt, um die Wachsschicht gründlicher von der Bohne abzulösen. Von den aufgeführten Verfahren ist nur das erste heute noch von Bedeutung, die beiden anderen werden kaum noch angewendet:

- Waschen des Rohkaffees mit Lösemittel
- Bach-Verfahren
- Mechanische Verfahren

Bedampfte Rohkaffeebohnen sehen aus wie bereits geröstet.

Waschen des Rohkaffees mit Lösemittel

Die am häufigsten angewandte Methode, um Kaffeewachs zu lösen, ist das kurzzeitige Waschen des Rohkaffees mit einem organischen Lösemittel, in der Regel Ethylacetat oder Dichlormethan. Diese beiden Lösemittel werden auch in der Entkoffeinierung eingesetzt und sind gesundheitlich unbedenklich (vergleiche „Entkoffeinierung“).

Zunächst wird Rohkaffee vorbefeuchtet. Durch kurzes Aufheizen mit Wasserdampf lösen sich das Silberhäutchen, das die Bohne umschließt, sowie das Kaffeewachs darunter. Die Einwirkzeit des Wasserdampfes wird so kurz wie möglich gehalten, so wird verhindert, dass die Kaffeebohnen Wasser aufnehmen und aufquellen. Der etwa auf Siedetemperatur des Lösemittels erwärmte Rohkaffee wird anschließend in einem Behälter von Ethylacetat oder Dichlormethan durchströmt.

Im Unterschied zur Entkoffeinierung wird hierbei der Kaffee mit dem Lösemittel nur gespült, nicht extrahiert. Das Koffein bleibt in der Bohne enthalten, da der Kaffee nicht vorgedämpft, sondern nur kurz befeuchtet wurde und so die Poren geschlossen sind. Es gelangen also keine Inhaltsstoffe aus der Bohne durch das Lösemittel über die Oberfläche nach außen, und es werden nur die lipophilen (fettlöslichen) Wachsbestandteile gelöst.

Das Lösemittel wird nach dem Waschen vom Rohkaffee getrennt und in einem anderen Behälter durch Destillation regeneriert. Die schwerflüchtigen Wachsbestandteile verbleiben im Destillationsrückstand, und das Lösemittel kann wiederverwendet werden. Um Lösemittelreste aus dem behandelten Kaffee zu entfernen, wird dieser anschließend nochmals für mehrere Stunden gedämpft und anschließend auf eine Restfeuchte von zehn bis zwölf Prozent getrocknet.

Bach-Verfahren

Beim Bach-Verfahren wird der geröstete Kaffee unmittelbar nach dem Rösten mit Kohlendioxid (CO_2) schockgefroren. Durch die Wirkung des Kälteschocks werden Oberflächenbestandteile der Bohne abgesprengt. Zu diesem Verfahren gehört keine Dampfbehandlung des Rohkaffees. Dies wird kaum noch angewandt.

Für die Entfernung des Kaffeewachses ist heute nur das Waschen des Rohkaffees mit Lösemitteln noch von Bedeutung.

Mechanische Entfernung des Kaffeewachses

Das Kaffeewachs kann auch mechanisch entfernt werden, und zwar durch Abschleifen der Rohkaffee-Bohnen in einer geeigneten Behandlungsanlage. Auch dieses Verfahren hat heutzutage keine praktische Bedeutung mehr.

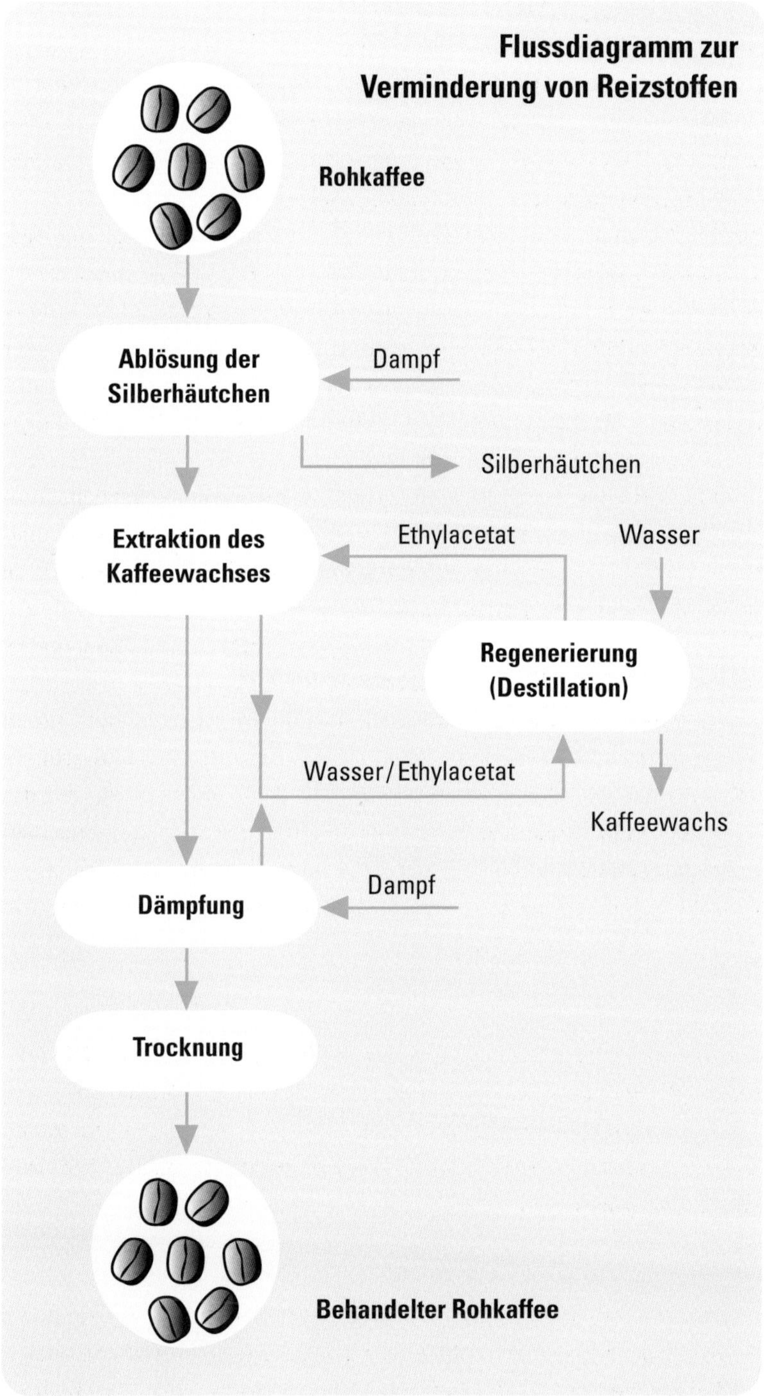

Verminderung von Reizstoffen im Kaffee durch das Waschen mit einem Lösemittel, hier am Beispiel mit Ethylacetat

9 Qualitätssicherung

Qualitätssicherung und Einhaltung rechtlicher Anforderungen

Unter dem Begriff Qualitätssicherung versteht man unterschiedliche Ansätze und Maßnahmen zur Sicherstellung festgelegter Qualitätsanforderungen. Diese Anforderungen an das Produkt werden sowohl von den Unternehmen gestellt als auch von den Verbrauchern, die gegenüber dem Produkt, für das sie einen bestimmten Preis zu zahlen bereit sind, bestimmte Erwartungen haben. Zudem müssen das Produkt und dessen Verarbeitungsprozesse gesetzliche Anforderungen erfüllen. Diese Rechtskonformität bestimmt zusammen mit den von den Unternehmen gesetzten Kriterien den Rahmen der Qualitätssicherung.

Qualitätssicherung

Die Qualitätssicherung umfasst alle Wertschöpfungsstufen. Bei Kaffee werden Qualitätskontrollen vom Rohkaffee bis zum Endprodukt vorgenommen, um die erwünschte Qualität zu gewährleisten. Diese Kontrollen geschehen entweder bereits im Ursprungsland oder später im Zielland beim Lagerhalter, Importeur oder Röster. Dies hängt von den internen Abläufen in den einzelnen Unternehmen ab. Die Qualitätskontrollen können in drei große Kategorien eingeteilt werden: die sensorische Beurteilung des Rohkaffees, die sensorische Prüfung des Röstkaffees und die analytische Prüfung des Roh- und Röstkaffees.

Kaffeeanalysen im Überblick

Analysen am Rohkaffee
Rückstände von Pestiziden
Ochratoxin A (OTA), Restfeuchte

Analysen am Röstkaffee
Restkoffeingehalt, Acrylamid, Furan, Ochratoxin A (OTA), Restfeuchte, Mahlgrad, Röstgrad

Die sensorische Beurteilung des Rohkaffees

Die Maßnahmen zur Qualitätssicherung beginnen bereits auf der Plantage im Ursprungland mit der Wahl der Anbau- und Wachstumsbedingungen des Kaffees durch den Plantagenbesitzer. Die Qualität des Rohkaffees ist das Ergebnis eines Wechselspiels von Umweltfaktoren, wie Klima und Niederschlag, und Anbaubedingungen, wie Lage und Boden der Plantage, sowie

Qualitätssicherung

	Rohkaffeebeurteilung (sensorisch)	**Rohkaffeebeurteilung (analytisch)**		**Röstkaffeebeurteilung (sensorisch)**	**Röstkaffeebeurteilung (analytisch)**
Ursprungsland (Plantagenbesitzer oder Exporteur)	Klassifizierung nach Form, Farbe, Geruch	ggf. schon hier Untersuchung auf Rückstände von Pestiziden im eigenen oder externen Labor	Proberösten →	nach Proberösten: sensorische Prüfung des Röstkaffees und Röstkaffeeaufgusses	ggf. schon hier analytische Prüfung des Röstkaffees auf Restfeuchte im eigenen oder externen Labor
Zielland (Importeur oder Lagerhalter)	ggf. eigene Klassifizierung nach Form, Farbe, Geruch	Untersuchung auf Rückstände von Pestiziden, OTA im eigenen oder externen Labor	Proberösten →	nach Proberösten: sensorische Prüfung des Röstkaffees und Röstkaffeeaufgusses	analytische Prüfung des Röstkaffees auf Restfeuchte, OTA im eigenen oder externen Labor
Zielland (Röster, Hersteller löslichen Kaffees oder Entkoffeinierungsbetrieb)	ggf. eigene Klassifizierung nach Form, Farbe, Geruch	ggf. eigene Untersuchung auf Rückstände von Pestiziden, OTA im eigenen oder externen Labor	(Probe-)Rösten →	nach Proberösten und nach eigentlicher Röstung in der Produktion: sensorische Prüfung des Röstkaffees und Röstkaffeeaufgusses	ggf. eigene analytische Prüfung des Röstkaffees oder Röstkaffeeaufgusses auf OTA, Acrylamid, Furan, Restfeuchte, Restkoffeingehalt im eigenen oder externen Labor

der Feldbewirtschaftung. Von Bedeutung ist auch die richtige Verarbeitung und Lagerung des Rohkaffees sowohl auf den Plantagen in den Ursprungsländern als auch auf dem Transportweg. Der Rohkaffee darf nicht zu feucht gelagert und transportiert werden, denn eine zu hohe Restfeuchte kann das Wachstum von Mikroorganismen begünstigen. Die ideale Restfeuchte sollte zwischen zehn und zwölf Prozent liegen.

Die Rohkaffeemuster werden von erfahrenen Prüfern entweder in Musterschalen, die für Rohkaffee blau sind, oder auf einer schwarzen Pappe unter einer Tageslichtlampe untersucht. Dies geschieht meist sowohl im Ursprungsland durch den Plantagenbesitzer oder Exporteur als auch im Zielland durch den Lagerhalter oder Importeur und erneut durch den Röster. Die Klassifizierung erfolgt nach objektiven Kriterien wie Form, Farbe und Geruch. Eine einheitliche Bohnengröße ist für den Röstprozess relevant, da die Bohnen so gleichmäßiger rösten.

An der Farbe lassen sich die Frische, der Feuchtigkeitsgehalt und die Homogenität der Bohnen ablesen. Das Farbspektrum kann von bläulich-grün-

Qualitätsprüfer beurteilen Rohkaffee.

lichen Arabica-Bohnen bester Qualität bis hin zu gelblich-farblosen Bohnen reichen. Robusta-Bohnen tendieren farblich mehr ins Gelblich-Bräunliche. Ältere Bohnen werden blasser in der Farbe. Unterschiedliche Farben haben nicht unbedingt Einfluss auf den Geschmack, sofern die Farbabweichungen nicht auf fehlerhafte Bohnen hinweisen.

Fehlerhafte Bohnen, die in Form oder Farbe von der Normalbohne abweichen, sind bei der optischen Prüfung erkennbar. Selbst wenn nicht alle Form- oder Farbabweichungen Auswirkungen auf den Geschmack haben, lässt der Anteil fehlerhafter Bohnen ebenso wie der Anteil kaffeeeigener oder kaffeefremder Bestandteile im Rohkaffee Rückschlüsse auf die Sorgfalt bei der Auswahl der Bohnen zu.

Der Geruch des Rohkaffees gibt Hinweise auf sein Alter. Frische Bohnen riechen lebhaft, ältere Bohnen können strohig riechen. Auch Fremdgerüche durch Kontakt mit anderen Materialien oder muffige Gerüche, die auf Feuchtigkeitsschäden hinweisen, können durch die Geruchsprobe festgestellt werden.

Die sensorische Prüfung des Röstkaffees

Da beim Kaffee der Geschmack für den Konsumenten die größte Rolle spielt, ist die sensorische Prüfung ein sehr entscheidender Bestandteil der Qualitätssicherung. Diese kann bereits im Ursprungsland von dem Plantagenbesitzer oder Exporteur oder im Zielland vom Importeur, Lagerhalter oder Röster vorgenommen werden. Die Überprüfung des Röstkaffees nach einer Probenröstung kann dabei verschiedene Zwecke verfolgen:

- Der Abgleich, ob der gelieferte Rohkaffee mit dem Muster übereinstimmt, auf dessen Grundlage der Rohkaffee gekauft wurde.
- Die Ermittlung, für welche Mischung mit anderen Kaffees sich der jeweilige Kaffee anbietet, um das gewünschte Geschmacksprofil der Mischung zu erzielen.
- Die Festlegung des Röstprofils, das insbesondere für die Röstung großer Volumina von Bedeutung ist.

Die sensorische Prüfung dient auch dazu, die abschließende Qualität des Röstkaffees, der in den Verkauf gehen soll, während der laufenden Produktion zu kontrollieren.

Nach dem Rösten werden die Röstkaffeemuster entweder in Musterschalen, die für Röstkaffee rot sind, oder auf einer schwarzen Pappe unter einer Tageslichtlampe besehen und berochen. Dann werden sie gemahlen und nochmals einer Geruchsprobe und einem optischen Test unterzogen.

Anschließend wird der Kaffee abgewogen und aufgegossen. Dann erfolgt die eigentliche sensorische Prüfung durch erfahrene Tester. Die Prüfung setzt sich aus Sehen, Riechen und Schmecken des Getränks zusammen, da alle Sinne für die Bewertung herangezogen werden. Hierbei ist insbesondere das Zusammenspiel aus Kaffeeduft und -geschmack entscheidend.
Da Geschmack der sehr persönlichen Wahrnehmung unterliegt, ist es wichtig, an die sensorische Prüfung objektive und reproduzierbare Kriterien anzulegen.
Der Kaffee wird mit den Hauptattributen Aroma, Körper und Säure beschrieben. Das Aroma ist festzustellen, indem die Nase dicht über das Getränk gehalten wird. Es kann von schwach bis stark variieren. Der Körper ist der Eindruck, den der Kaffee im Mundraum hinterlässt. Es ist die Beschreibung der physischen Eigenschaft des Getränks. Es werden Begriffe wie „flach“, „kräftig“ oder „würzig“ verwendet. Die Säure ist eine gewünschte Eigenschaft im Kaffee. Sie ist am Zungenrand und im hinteren Mundraum spürbar. Sie kann in einer Bandbreite von feiner, feinster bis hin zu keiner Säure variieren, ist aber nicht mit einem sauren Geschmack zu verwechseln, der eine negative Eigenschaft darstellen würde.
Neben diesen Eigenschaften kann der Kaffee noch auf weitere Kriterien, wie Kaffeeart, Aufguss oder Alter, überprüft werden. Die ICO (International Coffee Organization) hat ein Vokabular entwickelt, das die Beschreibung des Kaffeegeschmacks nach Duft – zum Beispiel schokoladig, blumig, nussig –, Geschmack – etwa Säure, Süße, Bitterkeit – und dem Mundgefühl – Körper, Härte – unterscheidet, und das zur Beschreibung der Kaffeeprofile verwendet werden kann. Die Definitionen sind auf der ICO-Webseite erhältlich unter: www.ico.org

Qualitätsprüfung des Kaffeeaufgusses

Entscheidenden Einfluss auf das Geschmacksprofil des Kaffees hat auch der Röstgrad. Er bestimmt auch Aroma, Bitterkeit und Säure des Kaffees. Besonders bei der Röstung großer Volumina ist die Festlegung des Röstprofils somit von entscheidender Bedeutung. Je nach Röstgrad kann nämlich bei der gleichen Kaffeemischung ein unterschiedliches Produkt entstehen: zum Beispiel bei dunkler Röstung Espresso und bei hellerer Röstung Filterkaffee. Während eine zu dunkle Röstung zu einem unangenehmen Fehlgeschmack („brennerig“) führen kann, lässt eine zu helle Röstung die Mischung schnell zu sauer erscheinen. Die Einstufung des Röstgrades erfolgt anhand einer Farbwertmessung mit einem Photometer. Die Farbwerte hängen von dem jeweiligen Messgerät ab.

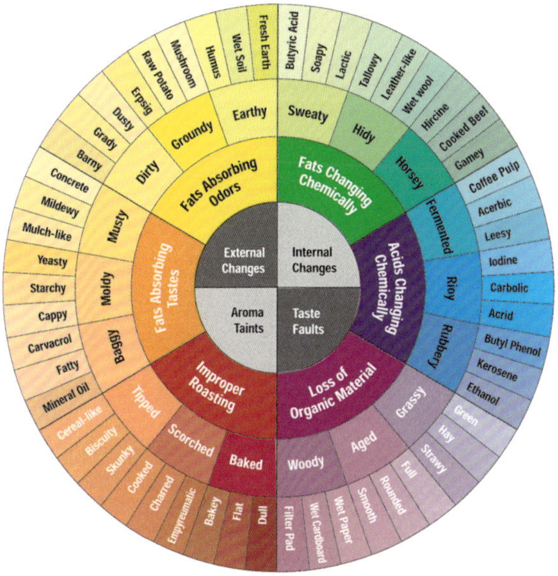

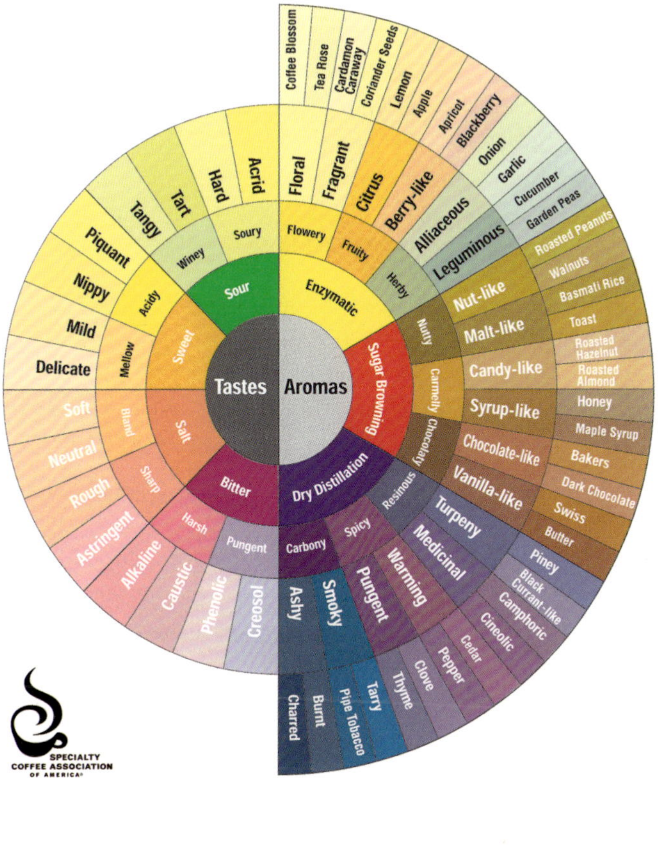

Die SCAA (Speciality Coffee Association of America) hat – wie auch die ICO – ein Vokabular entwickelt, mit dem der Kaffeeaufguss sehr detailliert beschrieben werden kann.

Die analytische Prüfung von Roh- und Röstkaffee

Die analytische und damit verbundene chemische Untersuchung des Kaffees komplettiert die Qualitätssicherung. Sie wird sowohl am Roh- als auch am Röstkaffee vorgenommen und findet meist im Zielland statt. Sie stellt die Schnittstelle der Qualitätsanforderungen dar, die der Röster selbst an sein Produkt stellt, und der, die der Gesetzgeber in Form von Rechtsvorschriften an das Produkt richtet. Lagerhalter, Importeure oder Röster untersuchen deshalb in eigenen oder in externen Laboren den Roh- und Röstkaffee, aber auch das zubereitete Getränk dahingehend, ob die Vorgaben verschiedener Rechtsvorschriften eingehalten werden. Hier stehen besonders die Rechtsnormen im Mittelpunkt, welche die gesundheitliche Unbedenklichkeit der Produkte betreffen. So wird der Rohkaffee im Labor auf Rückstände von Pflanzenschutzmitteln untersucht. Die maximal zulässigen Werte für Rückstände in Lebensmitteln sind EU-weit einheitlich in der Verordnung Nr. 396/2005/EG geregelt. Anhang I der Verordnung legt fest, dass die Rückstandshöchstmengen für grüne Bohnen gelten – also für Rohkaffee.

Röstkaffee und löslicher Kaffee werden auf das Schimmelpilzgift Ochratoxin A (OTA) untersucht. Die zulässigen Höchstgehalte sind in der europäischen Verordnung Nr. 1881/2006/EG festgelegt.

Von Bedeutung ist auch die Messung der Restfeuchte im Röstkaffee. In der deutschen Kaffeeverordnung ist festgelegt, dass der Wassergehalt bei Röstkaffee bei höchstens 50 Gramm pro Kilogramm liegen darf, also bei fünf Prozent. Dieser Wert gilt sowohl für Mahlkaffee als auch für Bohnenware. Auch weil die Beendigung des Röstprozesses in Großröstanlagen mit Wasseraufbringung erfolgt, wird schon beim Röstvorgang die Feuchtigkeit im Rahmen der Werkselbstkontrolle ständig überwacht sowie abschließend nochmals stichprobenartig in der Fertigverpackung geprüft. Die Standardmethode nach DIN (Deutsches Institut für Normung) für die Restfeuchtebestimmung erfolgt im Trockenschrank bei 105 Grad Celsius für 2,5 Stunden, ist jedoch aufgrund des hohen Zeitaufwandes für die Kontrolle innerhalb des Prozessverlaufes nicht zweckmäßig. Aus diesem Grund kommen in der Praxis häufig Schnellfeuchtemessgeräte zum Einsatz, die innerhalb einiger Minuten die Ergebnisse liefern. Chemisch untersucht wird auch auf die unerwünschten Stoffe Acrylamid und Furan, die durch die hohe Temperatur während des Röstens entstehen. Für Acrylamid wurden im Jahr 2011 für Röstkaffee und löslichen Kaffee europäische Richtwerte festgesetzt. Diese Werte haben nicht den Charakter von Grenzwerten, weshalb deren Überschreitung die Verkehrsfähigkeit der Produkte nicht beeinträchtigt.

Kaffeebohnen in verschiedenen Verarbeitungsstufen und Röstgraden

Kaffeeanalytik im Labor

Trotz intensiver Forschungen sind im Moment keine Möglichkeiten der Reduzierung von Acrylamid bekannt, die nicht gleichzeitig den Geschmack des Kaffees beeinflussen. Auch Veränderungen der Rösttemperatur oder -dauer sind nicht zielführend, da durch eine längere Röstdauer zwar der Acrylamidgehalt abnimmt, allerdings die Bildung des ebenfalls unerwünschten Furans begünstigt und das Geschmacksprofil des Kaffees verändert wird. Da Furan eine äußerst flüchtige Substanz ist, enthält das zubereitete Getränk deutlich weniger Furan als die frisch geröstete Kaffeebohne. Da es nur unzureichende wissenschaftliche Erkenntnisse über Furan gibt, existieren keine Grenzwerte.
Auch der Mahlgrad des Kaffees ist für den Geschmack und die Aromenvielfalt des Kaffees während der Extraktion wichtig. Die Überprüfung des Mahlgrades erfolgt beispielsweise mittels einer Luftstrahl-Siebanalyse oder mittels einer Laserbeugung zur Partikelgrößenbestimmung.

Einhaltung rechtlicher Anforderungen

Das Produkt Kaffee muss während seiner ganzen Verarbeitungsphase bis zum Konsum durch den Kaffeetrinker – von der Röstung bis zum Verkauf – rechtskonform sein. Dafür müssen neben den bereits genannten Rechtsvorschriften weitere rechtliche Rahmenbedingungen beachtet werden, deren Einhaltung von verschiedenen Behörden und Ämtern überprüft wird.

Qualitätsmanagement

Auch die Röster selbst überprüfen mithilfe interner Qualitätsmanagementsysteme die Lebensmittelproduktion. Für Unternehmen sind unter anderem die sogenannten IFS (International Featured Standards) relevant. Der erste dieser Standards war der IFS Food, der für Unternehmen relevant ist, die Lebensmittel verarbeiten oder verpacken. Er wurde durch den Lebensmitteleinzelhandel, speziell für die Eigenmarken des Handels, ins Leben gerufen. Der IFS Food ist ein international anerkannter Qualitätsstandard, welcher der einheitlichen Überprüfung und Zertifizierung von Systemen der Lebensmittelsicherheit sowie der Qualität und Legalität bei der Produktion von Lebensmitteln dient. Er stellt keine rechtliche Anforderung dar, beinhaltet aber Grundsätze der sogenannten „Guten Herstellerpraxis", die Reinigung, Desinfektion und Schulung sowie HACCP (Hazard Analysis and Critical Control Points) betrifft. HACCP stellt ein vorbeugendes Kontrollsystem auf Basis einer Risikoanalyse aller Prozessstufen dar, das die Produktsicherheit zum Schutz der Verbraucher durch einheitliche Hygieneregeln und ein Sicherheitskonzept bei der Herstellung, Behandlung und dem Inverkehrbringen von Lebensmitteln gewährleisten soll.

Das Produkt Kaffee muss während seiner gesamten Verarbeitungsphase bis zum Konsum – von der Röstung bis zum Verkauf – rechtskonform sein.

Umweltrecht

Beim Rösten von Kaffee entstehen Gerüche und andere Emissionen. Die Produktionsunternehmen tragen dafür Sorge, dass die Röstanlagen die Anforderungen des Bundesimmissionsschutzgesetzes und – je nach Größe der Anlage – die dazugehörigen Bundesimmissionsschutzverordnungen einhalten. Diese regeln die Voraussetzungen für die Genehmigung und den Betrieb solcher Anlagen. Bei Maßnahmen zur Vermeidung von Emissionen verweist das Gesetz häufig auf den Stand der Technik. Das sind technische Möglichkeiten, deren praktische Eignung zur Emissionsbegrenzung zu einem bestimmten Zeitpunkt gesichert erscheint. Bei der Beurteilung des Stands der Technik wird für Kaffee verarbeitende und bearbeitende Betriebe vielfach die VDI-Richtlinie 3892 herangezogen. Sie ist eine praktische Orientierungshilfe und hat den Charakter einer Empfehlung.

Das Bundesimmissionsschutzgesetz räumt der Verwaltung außerdem die Kompetenz ein, Verwaltungsvorschriften, wie die TA-Luft (Technische Anleitung zur Reinhaltung der Luft), zu erlassen, in der Aussagen zum Schutz und zur Vorsorge vor schädlichen Umweltauswirkungen getroffen werden. In der TA-Luft sind Werte für verschiedene Stoffe, wie zum Beispiel Feinstaub oder Stickoxide, festgelegt, die beim Rösten von Kaffee entstehen.

Besonders umweltrelevante Industrieanlagen werden von der europäischen Richtlinie über Industrieemissionen (Richtlinie Nr. 2010/75/EU) erfasst. Kernstück der Richtlinie ist die verstärkte Anwendung der besten verfügbaren Techniken (BVT), die in den BVT-Merkblättern niedergelegt sind. Dort werden für die einzelnen Branchen die jeweils besten verfügbaren Techniken dargestellt. Die dort genannten Emissionswerte sind keine rechtlich verbindlichen Grenzwerte, sondern Orientierungshilfen.
Die besten verfügbaren Techniken für den Kaffeesektor werden im BVT-Merkblatt „BREF 26 für die Lebensmittel-, Getränke- und Milchindustrie" behandelt.

Lebensmittelrecht und Kennzeichnung

Da Kaffee ein zum Verzehr bestimmtes Lebensmittel ist, müssen auch lebensmittelrechtliche Vorschriften eingehalten werden. Diese beruhen zum Teil auf europäischen, zum Teil auf nationalen Regelungen. Das deutsche Lebens- und Futtermittelgesetzbuch stellt allgemeine Anforderungen an die Verkehrsfähigkeit von Lebensmitteln. Es legt fest, welche Kriterien ein Lebensmittel erfüllen muss, damit es an den Verbraucher abgegeben werden kann. Dort ist auch geregelt, dass die Aufmachung und Kennzeichnung von Lebensmitteln für den Verbraucher nicht irreführend sein darf. Neben diesen Vorschriften, die für alle Lebensmittel gelten, gibt es auch einige kaffeespezifische Regelungen.

> Europäische und nationale lebensmittelrechtliche Vorschriften regeln die Verkehrsfähigkeit von Kaffee.

Die europäische Richtlinie über Kaffee- und Zichorienextrakte (Richtlinie Nr. 1999/4/EG) enthält Vorschriften über die Verkehrsbezeichnungen sowie Definitionen und Merkmale für Kaffee-Erzeugnisse. Die europäischen Vorschriften wurden im nationalen Recht in der Verordnung über Kaffee, Kaffee- und Zichorienextrakte umgesetzt. Diese enthält beispielsweise Regelungen zum Koffeingehalt. Danach darf entkoffeinierter Roh- oder Röstkaffee nur ein Gramm Koffein in einem Kilogramm Kaffeetrockenmasse (0,1 Prozent) enthalten.
Auch die Verkehrsbezeichnungen für die in der Verordnung genannten Erzeugnisse, wie Rohkaffee, Röstkaffee und löslicher Kaffee, werden abschließend vorgeschrieben und die Anforderungen an das jeweilige Produkt festgelegt. Die Verkehrsbezeichnung ist für die Etikettierung der Lebensmittel relevant, da sie dem Verbraucher ermöglicht, die Art des Lebensmittels an der Verpackung zu erkennen. Die Etikettierung der Verpackungen muss den Bestimmungen der europäischen Richtlinie (Richtlinie Nr. 2000/13/EG) über die Etikettierung und Aufmachung von Lebensmitteln

entsprechen. Durch die nationale Lebensmittelkennzeichnungsverordnung wurden die Regelungen in deutsches Recht umgesetzt. Darin ist festgelegt, mit welchen Kennzeichnungselementen, zum Beispiel Zutatenverzeichnis oder Mindesthaltbarkeitsdatum, die Verpackungen versehen werden müssen. Ab 2014 ist dies in der europäischen Lebensmittelinformationsverordnung zusammengefasst.

Auch die Verwendung von Extraktionslösungsmitteln, wie zum Beispiel Dichlormethan, das bei der Entkoffeinierung von Kaffee eingesetzt wird, ist gesetzlich geregelt. Die Technische Hilfsstoff-Verordnung legt fest, dass der Restgehalt des Extraktionslösungsmittels Dichlormethan in geröstetem Kaffee bei höchstens zwei Milligramm pro Kilogramm liegen darf.

Werden in der Werbung oder in der Aufmachung eines Lebensmittels gesundheitsbezogene Angaben gemacht, müssen außerdem die Vorgaben der europäischen Health-Claims-Verordnung (Verordnung Nr. 1924/2006/EG) beachtet werden. Danach dürfen gesundheitsbezogene Angaben nur gemacht werden, wenn sie ein wissenschaftliches Bewertungsverfahren erfolgreich durchlaufen haben und von der EU-Kommission genehmigt sind.

Bezeichnet ein Hersteller sein Produkt als „Bio-Kaffee", muss der Kaffee ökologisch angebaut worden sein und die Anforderungen der EG-Öko-Verordnung (Verordnung Nr. 834/2007/EG) erfüllen. Seit dem Jahr 2010 müssen zudem alle neuverpackten Kaffees, die als „Bio-Kaffee" ausgelobt werden, das EU-Bio-Siegel auf der Verpackung tragen.

Begutachtung von Röstkaffee

Verpackung und Verkauf

Da Kaffee auch während langer Lagerung nicht verdirbt, wenn diese sachgemäß erfolgt, wirkt sich eine lange Lagerung nur auf die qualitätsrelevanten Parameter Aroma und Frische aus. Für das Aroma spielt der Restsauerstoffgehalt während des Abpackens von Kaffee eine bedeutende Rolle – je nach Art der Verpackung, etwa Vakuumpaket, Dose, Schlauchbeutel, Ventilbeutel, Filterbeutel oder Pad.

Je nach Verpackung kann mittels Vakuumziehen oder unter Zugabe der inerten Gase Stickstoff und Kohlendioxid der Sauerstoff aus dem Kaffeemehl oder den Röstbohnen verdrängt werden, um das „Altwerden" des Kaffees durch Oxidationsreaktionen mit Sauerstoff zu minimieren oder zu verhindern. In der Fertigpackungsverordnung wird die Nennfüllmenge festgelegt und vorgeschrieben, welche Mengen in der Verpackung enthalten sein müssen.

Die europäische Verordnung Nr. 1935/2004/EG enthält Bestimmungen für die Materialien, die mit Lebensmitteln in Kontakt kommen. In Deutschland regelt zusätzlich die Bedarfsgegenständeverordnung, welche Stoffe für Verpackungen eingesetzt werden dürfen.

Nicht gesetzlich vorgeschrieben, aber in der Praxis üblich, ist die Dichtheitsprüfung bei Verpackungen. Die heute wohl am weitesten verbreitete Methode ist die sogenannte Werker-Wasserbad-Prüfung. Diese Methode wird zum Beispiel bei Vakuumverpackungen, Ventilbeuteln, Padbeuteln und Schlauchbeuteln angewendet, um gegebenenfalls auch ein winziges Leck zu ermitteln. Dabei wird das zu prüfende Teil abgedichtet, mit (Über-)Druck beaufschlagt und in ein Wasserbecken getaucht. Existiert ein Leck, so kommt es zur Blasenbildung, wodurch das Leck lokalisiert werden kann. Auch Dichtheitsprüfungen mit Testgasen, wie Helium, oder Lecksuchverfahren im Vakuum sind in der Praxis üblich.

Die Entsorgung der Verpackungen ist gesetzlich geregelt. Nach der Verpackungsverordnung muss sich der Hersteller verpflichtend an einem flächendeckenden Abfallsystem beteiligen und die Verpackungen lizenzieren. Die Lizenzierungspflicht kann je nach Bau- und Funktionsweise auch Kaffeepads und -kapseln betreffen.

Auch beim letzten Schritt zum Verbraucher sind Rechtsvorschriften von Bedeutung. Bei Kaffeeprodukten und -getränken fällt die Umsatzsteuer an. Die Höhe variiert, je nachdem, ob das Getränk zum Verzehr in einem Gastronomiebetrieb oder zum Mitnehmen verkauft wird. Für Kaffee fällt außerdem die Kaffeesteuer an, die allerdings nicht der Endverbraucher, sondern der Hersteller oder Händler an den Staat abführt (vergleiche Kapitel 7 „Handel"). Vakuumverpackung

10 Nachhaltiger Kaffeeanbau

Entwicklungen wie Klimawandel, Bevölkerungswachstum und Verknappung von landwirtschaftlichen Flächen stellen substanzielle Probleme für die Zukunft des Kaffeesektors dar. Die deutsche Kaffeewirtschaft stellt sich diesen Herausforderungen und setzt sich für einen nachhaltigen Kaffeeanbau ein. Ziel ist der Schutz der Umwelt, die Verbesserung der Lebensbedingungen in den Anbauländern sowie die langfristige Sicherung der Versorgung mit Kaffee.

Was ist Nachhaltigkeit?

Die **UN-Kommission für Umwelt und Entwicklung** hat Nachhaltigkeit bereits 1987 definiert: **„Sustainable development is development that meets the needs of the present without compromising the ability of future generations to meet their own needs."** (UN: Report of the World Commission on Environment and Development: Our Common Future, Chapter 2, 1987, www.un-documents.net/ocf-02.html)

Nachhaltigkeit fußt auf den drei Säulen Wirtschaft, Umwelt und Soziales. Für eine nachhaltige Entwicklung sind wirtschaftliche, soziale und ökologische Ziele in ein ausgewogenes und stabiles Gleichgewicht zu bringen.
Nach Angaben der Internationalen Kaffeeorganisation (ICO) bietet Kaffee rund 125 Millionen Menschen in über 60 Ländern eine Lebensgrundlage. Eine Stärkung der Nachhaltigkeit ist wichtig, damit der Kaffeeanbau sowohl den heutigen Produzenten und Verarbeitern als auch den nachfolgenden Generationen eine stabile und angemessene Einkommens- und Lebensgrundlage bietet. Vielerorts sind die Effizienz und die Produktivität auf den Kaffeefarmen, der Marktzugang und die Risikovorsorge gegen Preisschwankungen, der Umgang mit Wasser und Gewässern oder die Arbeitsbedingungen nicht optimal.
Durch die Förderung eines nachhaltigen Kaffeeanbaus soll dies stetig verbessert werden. Kaffeeunternehmen, staatliche, nichtstaatliche und entwicklungspolitische Organisationen sowie Einzelpersonen engagieren sich auf unterschiedliche Weise. Dadurch werden beispielsweise die Effizienz und die Produktivität erhöht sowie das Farmmanagement und die Kaffeequalität verbessert. Weitere Effekte erfolgreicher Nachhaltigkeitsaktivitäten sind Einkommenssteigerungen sowie ein verbesserter Zugang zu Bildung.

Kaffeeplantage in Naranjo, Costa Rica

Beim nachhaltigen Kaffeeanbau geht es aber auch darum, sicherzustellen, dass dauerhaft gute Kaffeequalitäten in ausreichender Menge zur Verfügung stehen. Seit einigen Jahren steigt die weltweite Nachfrage nach Rohkaffee kontinuierlich an. Eine nachhaltige Versorgung mit Rohkaffee kann nur gesichert werden, wenn die Anbauflächen effizient und nachhaltig bewirtschaftet werden und der Kaffeeanbau den Bauern eine rentable wirtschaftliche Basis bietet.

Bei der Nutzung der Anbauflächen steht der Kaffeeanbau zunehmend im Wettbewerb zum Rohstoffanbau für die Herstellung von Biokraftstoffen sowie zur Nutzung als Immobiliengrundstück. Einige traditionelle Kaffeeanbauregionen leiden bereits heute unter den Auswirkungen des Klimawandels. Experten gehen davon aus, dass ein Teil der traditionellen Anbauregionen durch klimatische Veränderungen künftig als Standort für den Kaffeeanbau wegfallen wird.

Der Einsatz von Pflanzenschutzmitteln kann auch zur Nachhaltigkeit beitragen.

Nachhaltigkeitsprojekte: Ziele und Erfolge

Kaffeeunternehmen, staatliche, nichtstaatliche und entwicklungspolitische Organisationen engagieren sich in Projekten für einen nachhaltigen Kaffeeanbau. Dabei werden Kaffeebauern durch Fortbildungsmaßnahmen, durch

Nachhaltigkeit in der Praxis: das Beispiel Pflanzenschutz

Am Beispiel Pflanzenschutz lässt sich verdeutlichen, wie eng die drei Säulen der Nachhaltigkeit miteinander verknüpft sind. Aus einer rein ökologischen Perspektive betrachtet, wird der Einsatz von chemischen Pflanzenschutzmitteln abgelehnt, da chemische Stoffe in den natürlichen Kreislauf gelangen. Zieht man jedoch eine wirtschaftliche und soziale Betrachtungsweise hinzu, zeichnet sich ein komplexeres Bild.

Wenn eine Kleinbauernfamilie komplett vom Kaffeeanbau lebt und Schädlinge die komplette Ernte bedrohen, ist der Einsatz eines Pflanzenschutzmittels entscheidend für die Einkommenssicherung. Oftmals verfügen jedoch die Kaffeebauern oder Arbeiter, die Pestizide anwenden, über keinerlei Training in der sicheren Anwendung für Mensch und Umwelt. Viele haben keine angemessene Schutzkleidung. Oftmals gibt es kein System, nach dem diese Stoffe angewendet werden, sodass es zu einer Über- oder Unterdosierung kommt, die nicht die gewünschte Wirkung bringt.

Durch eine sachgerechte und zielgerechte Anwendung können aus wirtschaftlicher Sicht Kosten eingespart und Erträge gesteigert werden. Dies bewirkt auch soziale und ökologische Verbesserungen.

den Aufbau von Kontakten und durch Kredite in die Lage versetzt, nachhaltige Verbesserungen einzuleiten. Schulungen zielen insbesondere auf Qualitäts- und Produktivitätssteigerungen ab. Allein durch Veränderungen bei der Pflege, zum Beispiel beim Beschneiden der Pflanzen und Mulchen der Böden, lassen sich die Ernteerträge meist deutlich erhöhen.

Durch eine optimale Aufbereitung der Kaffeekirschen, etwa durch Trocknung oder nasse Aufbereitung, lassen sich Qualitätsverbesserungen bewirken. Vielfach werden Kleinbauern unterstützt, sich zu Farmerorganisationen zusammenschließen. Wenn sich die Bauern gemeinsam für ihre Ernteerträge einen Abnehmer suchen, haben sie größere Mengen anzubieten. Die Zusammenarbeit in Produzentenorganisationen soll zudem die Qualitätskontrolle und den Zugang zu Dienstleistungen verbessern – beispielsweise zur Aufbereitung der Kaffeekirschen.

Auch die Finanzierung von notwendigen Investitionen, zum Beispiel für Düngemittel oder Trocknungsvorrichtungen, kann in Farmerorganisationen auf mehrere Produzenten verteilt werden. Um die Managementfähigkeiten der Kaffeeproduzenten zu stärken, werden sie darin unterstützt, Daten zu erheben, interne Kontrollsysteme aufzubauen und Kosten- und Ertragsfaktoren zu analysieren. Hierzu zählt beispielsweise die Prüfung, welche Kosten und welchen Nutzen eine Zertifizierung nach internationalen Standards für die Produzenten bringen würde.

Im sozialen Bereich wird durch Projekte meist die Wohn-, Bildungs- und Ernährungssituation deutlich verbessert. Höhere Einkommen tragen dazu bei, dass Eltern das oftmals erforderliche Schulgeld bezahlen und ihre Kinder zur Schule schicken können. Dies steigert die Startchancen der Folgegenerationen. Teilweise werden die beteiligten Kleinbauernfamilien auch über allgemeine Gesundheitsthemen, wie grundlegende Hygiene, aber auch HIV oder Malaria, informiert.

Im Umweltbereich konzentrieren sich Projekte meist auf die Wissensvermittlung zu umweltfreundlichen Anbaumethoden und Verhaltensweisen. Es werden aber auch Antworten auf die Herausforderungen des Klimawandels gesucht. Durch Maßnahmen zum Schutz der Böden vor Erosion und Übernutzung kann Vorsorge getroffen werden, damit Anbauflächen nicht durch Umweltschäden verloren gehen. Wissensvermittlung zum sorgsamen Umgang mit Wasser und Gewässern hat auch soziale Auswirkungen, da verunreinigtes Trinkwasser oftmals die Ursache für Krankheiten ist.

In Projekten werden Kaffeebauern durch Fortbildungsmaßnahmen, durch den Aufbau von Kontakten und durch Kredite in die Lage versetzt, nachhaltige Verbesserungen einzuleiten.

Standards für Nachhaltigkeit

Verschiedene Nichtregierungsorganisationen haben eine Reihe von Wirtschafts-, Sozial- und Umweltstandards definiert, für deren weltweite Einhaltung sie sich einsetzen. Durch die Festlegung von Standards soll beispielsweise verhindert werden, dass es bei der Produktion von Gütern in Entwicklungsländern zu Zwangsarbeit kommt, Urwald gerodet wird oder verbotene Chemikalien eingesetzt werden. Die Standards greifen Normen aus internationalen Konventionen auf, wie zum Beispiel die UN-Menschenrechtskonvention, die ILO-Arbeitsnormen oder die Stockholm-Konvention zum Verbot von Chemikalien. Farmen, welche die definierten Standards einhalten, können sich dies von neutralen Gutachtern bestätigen lassen. Auf diese Weise können Unternehmen in Deutschland gezielt Lieferanten auswählen, die durch Zertifikate den Nachweis leisten können, dass bestimmte Wirtschafts-, Sozial- und Umweltstandards eingehalten werden.

Die 4C Association, der Verbund der Fairtrade Labelling Organizations (FLO), das Sustainable Agriculture Network SAN (Netzwerk für Nachhaltige Landwirtschaft) und UTZ certified zählen zu den wichtigsten Organisationen, die Nachhaltigkeitsstandards für den Kaffeesektor definiert haben.

Die EG-Ökoverordnung definiert staatliche Standards für die ökologische Landwirtschaft. Sie legt beispielsweise fest, dass nur bestimmte Düngemittel, Bodenverbesserer und Nährstoffe eingesetzt werden dürfen. Die Kriterien, die einzuhalten sind, um eine Biozertifizierung nach EG-Öko-Verordnung zu bestehen, beschränken sich jedoch auf den Umweltbereich. Kriterien zur sozialen und wirtschaftlichen Säule von Nachhaltigkeit legt die EG-Ökoverordnung nicht fest.

4C-Kodex – Common Code for the Coffee Community

Ein Standard, der speziell für den Kaffeesektor ausgearbeitet wurde und darauf abzielt, langfristig für den weltweiten Kaffeesektor mindestens ein Basisniveau für Nachhaltigkeit zu erreichen, ist der Common Code for the Coffee Community (4C-Kodex). In Zusammenarbeit mit Kaffeeproduzenten, Rohkaffeehändlern, der Kaffee verarbeitenden Industrie, Nichtregierungsorganisationen und Gewerkschaften wurde ein Basisstandard für nachhaltigen Kaffeeanbau und die nachhaltige Verarbeitung und Vermarktung von Rohkaffee erarbeitet.

Entstanden ist der Kodex in der Zeit der Kaffeekrise als Kooperationsprojekt der deutschen Kaffeewirtschaft, vertreten durch den Deutschen Kaffeeverband, und der deutschen Entwicklungszusammenarbeit, vertreten durch die Gesellschaft für Technische Zusammenarbeit – heute Gesellschaft für Internationale Zusammenarbeit. Seit Ende 2006 setzt sich die 4C Association für die weltweite Verbreitung und Einhaltung des 4C-Kodex ein. Mitglieder der Organisation sind Kaffeeproduzenten, Rohkaffeehändler, die Kaffee verarbeitende Industrie, Nichtregierungsorganisationen und Einzelpersonen.

Die industriellen Mitglieder der Organisation verpflichten sich, zunehmend mehr Kaffee von 4C-Produzenten einzukaufen. 4C-Kaffeeproduzenten verpflichten sich, die Nachhaltigkeit zu stärken und keine inakzeptablen Praktiken anzuwenden. Darunter fallen Kinderarbeit, Zwangsarbeit, Menschenhandel, Untersagung von Gewerkschaftsarbeit, Zwangsräumungen und Vertreibung, unangemessene Unterkünfte für Arbeiter, kein Trinkwasserzugang für Arbeiter, Rodung von Urwald, Einsatz von verbotenen Chemikalien, Korruption und andere unmoralische Geschäftspraktiken.

Ein kolumbianischer Kaffeehändler trägt einen Sack mit Rohkaffeebohnen, um ihn in einem Lager in Pijao, Westkolumbien, auszuleeren.

Fairtrade

Fairtrade hat sich zum Ziel gesetzt, die Lebens- und Arbeitsbedingungen der Kaffeebauern insbesondere durch garantierte Mindestpreise, Fairtrade-Prämien und direkte Handelsbeziehungen zu verbessern. Zentrales Anliegen ist es, die Anfälligkeit für Schwankungen der Rohstoffpreise zu verringern. Mit der Prämie werden Maßnahmen der sozialen und wirtschaftlichen Entwicklung der gesamten Gemeinde finanziert, zum Beispiel für Bildung und für die Gesundheitsversorgung. Fairtrade-zertifizierte Produzentengruppen können von ihren Fairtrade-Käufern eine Vorfinanzierung der Ernte fordern. Das Fairtrade-System richtet sich insbesondere an Kleinbauern, die in einer demokratisch organisierten Kooperative zusammengeschlossen sind.
Die Fairtrade-Standards umfassen unter anderem das Verbot von Kinderarbeit, Forderungen zur Sicherheit am Arbeitsplatz, Kriterien zum Abfallmanagement und zum Erhalt der Biodiversität. Um sicherzustellen, dass entlang der gesamten Handelskette die Fairtrade-Standards eingehalten werden, müssen sich alle Unternehmen der Handelskette zertifizieren lassen. Röster und Hersteller von löslichem Kaffee zahlen für die Nutzung des Fairtrade-Siegels auf ihren Produkten eine Lizenzgebühr. Die deutsche Organisation Transfair vergibt das Fairtrade-Siegel.

Rainforest Alliance

Die Organisation Rainforest Alliance setzt sich insbesondere dafür ein, dass Landwirtschaft umweltfreundlich betrieben wird und Ökosysteme und die Biodiversität erhalten bleiben – zum Beispiel Wälder und Gewässer sowie die Vielfalt an Pflanzen und Tieren. Grundlage für eine Rainforest-Alliance-Zertifizierung ist der Standard des Sustainable Agriculture Network SAN (Netzwerk für Nachhaltige Landwirtschaft). Neben Umweltstandards umfasst der SAN-Standard auch soziale und wirtschaftliche Kriterien. Rainforest Alliance zielt darauf ab, dass die Kaffeeproduzenten Know-how erwerben, wie sie ihre Erträge steigern und die Qualität ihrer Erzeugnisse verbessern und gleichzeitig fruchtbare Böden und Naturressourcen erhalten, ihre Nettoprofite erhöhen und die Ernte auf dem globalen Markt selbstständig und erfolgreich vermarkten.
Das Rainforest-Alliance-System bietet keine vorab festgelegten Prämien, sondern basiert auf dem Marktmechanismus. Ob nach einer Zertifizierung höhere Einkommen erwirtschaftet werden, hängt zum einen von den Rohkaffeequalitäten und der Produktivität der Farm ab, zum anderen von der weltweiten Nachfrage nach Rainforest-Alliance-zertifiziertem Kaffee.

Rainforest Alliance setzt darauf, dass weltweit zunehmend mehr Kaffeeunternehmen und Kaffeekonsumenten eine bewusste Kaufentscheidung treffen und zertifizierten Kaffee nachfragen, der für Nachhaltigkeit steht. Eine Rainforest-Alliance-Zertifizierung steht landwirtschaftlichen Betrieben aller Größen und Organisationsformen offen.

Ein Landarbeiter leert einen Sack Rohkaffeebohnen auf einer Trockenanlage aus.

UTZ certified

UTZ certified hat sich zum Ziel gesetzt, mehr Transparenz in den Markt der nachhaltigen, landwirtschaftlichen Produktion zu bringen. Das Zertifizierungsprogramm zielt darauf ab, nachhaltige Handelsketten für Agrarprodukte zu schaffen. Hierfür hat UTZ certified ein detailliertes Rückverfolgbarkeitssystem entwickelt, um den Weg des Kaffees entlang der Handelskette nachverfolgen zu können.

Der UTZ certified Verhaltenskodex definiert Kriterien für eine sozial- und umweltverantwortliche landwirtschaftliche Produktion und effizientes Farmmanagement. Damit setzt auch UTZ certified Nachhaltigkeitsstandards in den drei Bereichen Umwelt, Soziales und Wirtschaft. Zu den wirtschaftlichen Kriterien zählen beispielsweise Aufzeichnungen über den Einsatz von Dünger und Pflanzenschutzmitteln sowie angemessene Schulungen für Arbeiter und die Einhaltung von Hygienestandards. Im Umweltbereich fordert der Verhaltenskodex beispielsweise die Minimierung des Wassereinsatzes und des Energieverbrauchs, die Aufbereitung von verschmutztem Wasser, das Verbot von Urwaldrodungen sowie die Nutzung von heimischen Bäumen als Schattenbäume. Im sozialen Bereich bezieht sich der Verhaltenskodex auf die ILO-Arbeitsnormen und das Verbot von Kinderarbeit. Außerdem fordert der Kodex den Zugang zu Bildung für Kinder, zu angemessenem Wohnraum und zu Trinkwasser.

Frauen sortieren Rohkaffeebohnen in Addis Abeba, Äthiopien.

Beispiele für Initiativen der Kaffeewirtschaft

- Die von Lavazza Italien, Löfbergs Lila Schweden, der Neumann Kaffee Gruppe Deutschland, Paulig Finnland sowie Tchibo Deutschland gegründete Initiative „International Coffee Partners“ dient der Realisierung von Nachhaltigkeitsprojekten in Kaffeeanbauländern.
- Die Rohkaffee-Handelsunternehmen EFICO und die Neumann Kaffee Gruppe haben Stiftungen geschaffen: die EFICO Foundation und die Hanns R. Neumann Stiftung.
- Illycaffe, Kraft Foods, Nestlé, Sara Lee und Tchibo arbeiten in einer Arbeitsgruppe beim Netzwerk für nachhaltige Landwirtschaft (SAI Platform – Sustainable Agriculture Initiative) zusammen, um Nachhaltigkeit im Kaffeesektor zu stärken.
- Andere Unternehmen haben eigene Richtlinien entwickelt, um beim Rohkaffeeeinkauf verstärkt Nachhaltigkeitskriterien zu berücksichtigen und dazu beizutragen, dass qualitativ hochwertiger Kaffee gekauft wird, gerechte Handelsbeziehungen gefördert werden und die Umwelt in den Anbaugebieten geschützt wird, zum Beispiel das AAA Sustainable Quality Programm von Nespresso oder die C.A.F.E. Practises – Coffee and Farmer Equity von Starbucks.
- Einige Kaffeeunternehmen setzen sich durch Selbstverpflichtungen aktiv dafür ein, den Anteil von Kaffee aus nachhaltigem Anbau zu erhöhen, darunter Kraft Foods, Nestlé, Sara Lee und Tchibo.

Erkennungsmerkmale für Kaffee aus nachhaltigem Anbau

Konsumenten haben die Möglichkeit beim Kaffeekauf eine bewusste Entscheidung zu treffen. Zertifizierter Kaffee aus nachhaltigem Anbau ist beispielsweise an den Siegeln von Transfair, Rainforest Alliance oder UTZ certified zu erkennen. Die Siegel zeigen, dass der Kaffee von zertifizierten Farmen stammt, auf denen die Einhaltung bestimmter Sozial-, Umwelt- und Wirtschaftsstandards überprüft wurde.

Die Nachfrage nach zertifiziertem Kaffee ist in Deutschland in den letzten Jahren deutlich gewachsen. Dennoch ist zertifizierter Kaffee immer noch ein Nischensegment. Im Jahr 2010 lag der Anteil am deutschen Gesamtkaffeemarkt bei drei Prozent. In den USA, den Niederlanden, Dänemark, Schweden und Norwegen liegt der Anteil von zertifiziertem Kaffee am jeweiligen Gesamtkaffeemarkt bei über zehn Prozent.

Wenngleich Siegel Aufschluss darüber geben, ob Nachhaltigkeitsaspekte in der Kaffeeproduktion berücksichtigt wurden, ist der Umkehrschluss nicht zulässig. Man kann keinesfalls pauschal sagen, dass nur zertifizierter und mit einem Siegel ausgelobter Kaffee nachhaltig ist. So ist Kaffee nicht als „Kaffee aus nachhaltigem Anbau“ für den Konsumenten zu erkennen, wenn er von Farmen stammt, auf denen Nachhaltigkeitsprojekte erfolgreich

> Zertifizierter Kaffee aus nachhaltigem Anbau ist an Siegeln zu erkennen. Das bedeutet jedoch keineswegs, dass nur zertifizierter und mit einem Siegel ausgelobter Kaffee nachhaltig ist.

Rohkaffee aus biologischem Anbau aus Guatemala

realisiert wurden und die wirtschaftlich, ökologisch und sozial nachhaltig arbeiten, aber nicht zertifiziert sind. Auch Kaffee von 4C-Farmen ist für Kaffeekonsumenten nicht als solcher zu erkennen, da er nicht durch ein Siegel gekennzeichnet wird. Röster und Hersteller von löslichem Kaffee, die Mitglied der 4C-Association sind, können auf ihren Produkten einen 4C-Mitgliedschaftshinweis aufdrucken. Für den Konsumenten ist daran zu erkennen, dass sich das Kaffeeunternehmen als Mitglied von 4C für einen nachhaltigen Kaffeeanbau einsetzt.

Nachhaltigkeitsengagement von der Bohne bis in die Tasse

Nachhaltigkeit geht über den Kaffeeanbau hinaus und umfasst beispielsweise Maßnahmen zur Energieeinsparung in Deutschland sowie zur Optimierung von Transportwegen entlang der Handelskette. Einige Unternehmen realisieren gemeinsam mit Forschungseinrichtungen zukunftsweisende Projekte, um Umweltbelastungen zu senken. Hierzu zählen beispielsweise Projekte zum „Product Carbon Footprint", deren Ziel es ist, klimaschädliche Emissionen beim Anbau und Transport, der Verarbeitung und Zubereitung von Lebensmitteln zu senken. Beispiele aus dem sozialen Bereich sind die Finanzierung von Projekten zu bestimmten gesellschaftlichen Herausforderungen, zum Beispiel zu ernährungsbedingten Krankheiten.

Bei manchen Firmen ist das Nachhaltigkeitsengagement fester Bestandteil der Unternehmensphilosophie, ohne dass dies aktiv nach außen kommuniziert wird. Andere Kaffeeunternehmen engagieren sich für mehr Nachhaltigkeit und informieren darüber in ihren CSR-Berichten (CSR = Corporate Social Responsibility, soziale Unternehmensverantwortung) oder auf ihrer Internetseite.

Die deutsche Kaffeewirtschaft engagiert sich für Nachhaltigkeit in allen Verarbeitungsstufen, von der Bohne bis in die Tasse.

Biologischer Kaffeeanbau in Panama

11 Die Bedeutung von Kaffee für die Gesellschaft

Kaffeetrinker lieben den aromatischen Geschmack und die anregende Wirkung „ihres“ Getränks. Doch Kaffee belebt nicht nur den Geist des Konsumenten, sondern hat eine ganz maßgebliche Bedeutung für die Gesellschaft. Kaffee beeinflusst Politik und Wirtschaft seit langer Zeit in verschiedenster Weise und spielt auch heutzutage noch eine bedeutende Rolle in der ganzen Welt.

Die soziale Bedeutung des Kaffees

Kaffee ist überall präsent: zu Hause, auf der Straße als „Coffee to go“, in der Berufswelt in der Produktion oder auf Büroetagen. Kaffee ist ganz eng mit der Gesellschaft und mit dem modernen Lebensstil verknüpft.

Kaffee verbindet.

Kommunikation und Kaffee

„Kaffee ist Kommunikation", wird häufig gesagt. Darunter versteht man die Erkenntnis, dass rund um den Kaffeekonsum vielfach intensiv privat oder beruflich kommuniziert wird. So verabredet man sich unter Bekannten „auf eine Tasse Kaffee". Dabei ist es fast ohne Belang, ob bei der Verabredung dann tatsächlich Kaffee oder ein anderes Getränk konsumiert wird. Maßgeblich ist die Frage, ob man sich zu einer Tasse Kaffee trifft. Diese Formulierung zeigt, dass in unserer Gesellschaft das Trinken von Kaffee ein Synonym für das anregende Gespräch unter Vertrauten ist. Zugleich ist Kaffee der Anlass, eine Verabredung zu treffen.
Auch in der Berufswelt ist Kaffee gesellschaftlich von Bedeutung. So wird zu Beginn von beruflichen Besprechungen die Einladung ausgesprochen: „Darf ich Ihnen eine Tasse Kaffee anbieten?" Mit dieser Formulierung wird meist der Übergang vom allgemeinen Small Talk zum Beginn des offiziellen Teils der Zusammenkunft eingeleitet, die Besprechung kann und soll nun beginnen. Das Angebot einer Tasse Kaffee bei beruflichen Besprechungen ist daher ein gesellschaftliches Ritual. Zugleich fördert der Kaffeekonsum laut einer Studie die argumentative Offenheit der Sitzungsteilnehmer. Der Kaffeetrinker ist eher bereit, auf die Argumente der anderen Seite einzugehen.

Warum Kaffee zum Erfolg von Besprechungen führen kann

Laut einer Studie der Universität Queensland in Australien kann der Konsum von Koffein die Bereitschaft steigern, einer fremden Argumentation zu folgen. In der Studie aus dem Jahr 2006 mit 72 Teilnehmern wurde den Probanden zunächst entweder Koffein oder ein Placebo verabreicht, anschließend bekamen alle Teilnehmer bestimmte Ansichten zu einem Thema zu lesen.

Sowohl vor als auch nach der Lektüre wurden die Personen über ihre Ansichten zu diesem Thema befragt. Die Teilnehmer, die Koffein bekommen hatten, stimmten in der zweiten Befragung eher mit den gelesenen Argumenten überein und konnten sich auch besser an Einzelheiten erinnern. Koffein könnte auch in anderen Situationen – in geschäftlichen Besprechungen, in der Werbung oder der Politik – dabei helfen, Personen durch Argumente zu überzeugen.

(MARTIN, P. Y. und MARTIN, R.
Journal of Applied Social Psychology, 36, 1961 – 1979, 2006)

Die Einladung zum Kaffee ist in unserer Gesellschaft Ritual und zugleich ein Synonym für Gastlichkeit. Darüber hinaus fördert der Kaffeekonsum die Offenheit für Argumente.

Die Kaffeepause

Die „Kaffeepause“ ist ein bekannter gesellschaftlicher Ritus, dessen Fokus auf physischer und psychischer Erholung liegt. So muntert man sich unter Arbeitskollegen auf mit der Floskel „Wir machen erst einmal eine Kaffeepause.“ Die aufmunternde Wirkung des Koffeins im Kaffee tut ihr Übriges. Bei Tagungen und Seminaren sind die „Kaffeepausen“ sogar im Programm angekündigt. Bei diesen Pausen wiederum steht nicht unbedingt die Erholung vom bisherigen Programmablauf im Vordergrund, sondern vielmehr ist damit der kommunikative Austausch unter den Teilnehmern der Veranstaltung gemeint – die Kaffeepause als Option zum Networking.

Kaffee in der Damenwelt

Kaffeetrinkerinnen hatten schon in früherer Zeit, in der Gleichberechtigung noch undenkbar war, ein besonderes Verhältnis zu Kaffee. So wurde im Orient dem Ehemann Strafe angedroht für den Fall, dass er seiner Frau den Kaffee verweigere, obwohl zu der Zeit die Kaffeeschenken nur den Männern vorbehalten waren. Bereits seit dem 19. Jahrhundert ist in unseren Gefilden der Kaffeeklatsch als eine Freizeitbeschäftigung der Frauen bekannt. Auch das oftmals eher despektierlich betrachtete Kaffeekränzchen ist eine Zusammenkunft von Frauen, die Zeit und Gemütlichkeit mitbringen, um beim gemeinsamen Kaffeekonsum Neuigkeiten auszutauschen. Quer durch alle Schichten der Gesellschaft wurden einzelne Kaffeetassen über ein Leben

Carle Loo, „Haremsdame, Kaffee trinkend“, um 1752

lang zusammengetragen, gekauft oder verschenkt. Die berühmten „Sammeltassen“ – mit oder ohne Goldrand oder Blümchenmuster – waren früher ein beliebtes Präsent.

Als schick galt es, beim Kaffeetrinken den kleinen Finger abzuspreizen. Auch heute noch ist diese Haltung gelegentlich bei einigen Kaffeetrinkerinnen zu beobachten. Allerdings würde man diese Pose in der heutigen Zeit wohl eher den fast ausgestorbenen sogenannten „Kaffeetanten“ zuschreiben. So werden typischerweise ältere Damen bezeichnet, die sich mit Vorliebe bei einer Tasse Kaffee über Gott und die Welt unterhalten, insbesondere aber über alle anderen, die gerade nicht anwesend sind. Kurzum: Kaffeetanten lieben Klatsch und Tratsch bei einer Tasse Kaffee. So assoziiert man bis heute mit dem Begriff „Kaffeeklatsch“ weibliche Beteiligung. Man mag heute über Kaffeekränzchen schmunzeln, darf dabei aber eines nicht vergessen: Kaffee hat einstmals Frauen zu einem eigenständigen Gesellschaftsleben verholfen. Traditionell haben Männer und Frauen schon immer ihre eigenen geschlechterspezifischen Rituale gehabt, um Männer- oder eben Frauenthemen zu besprechen. Während sich Männer – je nach Gesellschaftsschicht – zu Cognac und Zigarre oder Bier und Zigaretten zurückzogen, besprachen die Frauen häufig ihre Probleme und Themen bei einer Tasse Kaffee.

Kaffee ist recht eindeutig weiblich assoziiert, was auch heute noch in der Werbung sichtbar ist: Die Zielgruppe für Kaffeewerbung ist vorrangig

Heiß wie das Feuer,
schwarz wie die Sünde
und süß wie die Liebe –
so soll der Kaffee sein!
Arabisches Sprichwort

Zwei junge Frauen sitzen in einem Straßencafé in München.

weiblich. Heute ist in den Großstädten von den „Latte-Macchiato-Mamas“ die Rede. So werden Mütter bezeichnet, die sich mit anderen Müttern und deren Kindern im Kleinkindalter in angesagten Cafés und Coffeeshops treffen, um dort kollektiv das Modegetränk Latte Macchiato zu trinken.
Für die Kinder wird bei diesem modernen Kaffeeklatsch häufig ein „Babyccino“ bestellt, also Milchschaum. Der Begriff „Latte-Macchiato-Mama“ hat es inzwischen sogar bis in den Szenesprachen-Duden geschafft.

Anbahnung zwischenmenschlicher Nähe

Hatte man früher seine Angebetete noch dezent gefragt, ob sie denn Interesse habe, die Briefmarkensammlung gezeigt zu bekommen, so beweist man heute Bewusstsein für Lifestyle, indem man die Frage stellt: „Kommst du noch mit auf einen Kaffee?“ Dabei ist Kaffee als Botschafter für die Liebe keine Erfindung der Neuzeit. So gibt es die Legende, dass der Prophet Mohammed dank Kaffeegenuss „ohne Weiteres im Lager der Venus mit 40 Frauen schlafen konnte“. Ob Kaffee tatsächlich einen die Libido steigernden Effekt hat, ist zwar bis heute wissenschaftlich nicht geklärt, es kann jedoch durchaus gesagt werden, dass durch die heute meist in der Nacht ausgesprochene Einladung zum Kaffee mancher und manche sein oder ihr privates Glück gefunden hat.

Internetcafés

Eine sehr moderne Art der Kommunikation ermöglicht heute das Internet. Fast jeder Haushalt in den westlichen Ländern hat einen Internetanschluss, und per Hotspot, 3G oder UMTS ist der Zugang zum Internet fast überall und jederzeit möglich. Für die Bevölkerung in Schwellenländern sowie für Touristen in den hoch entwickelten Ländern gibt es heute vielfach Internetcafés. Diese Räumlichkeiten haben nicht immer etwas mit einem klassischen Café gemein, sondern sind häufig Räume voll mit Computern, die gegen Entgelt genutzt werden können. Der jeweilige Computernutzer unterhält sich nicht etwa mit anderen Café-Besuchern, sondern ist vielmehr allein vor seinem Computer sitzend mit der gesamten Welt des Internets verbunden – und kommuniziert auf digitaler Ebene.

Kult-Treffpunkt: von der Kaffeeschenke zum Coffeeshop

Kaffee wurde schon immer an besonderen Orten getrunken: früher in der Kaffeeschänke oder im Kaffeehaus, dann im Café, heute im Coffeeshop oder in der Kaffeebar.

Ein cremiger Milchcafé in einer modernen Coffeebar

Nicht immer waren diese Kaffeelokalitäten bei allen beliebt. So gab es im Jahr 1675 in England bereits über 3000 Kaffeehäuser. Der englische König Karl II. erließ zu dieser Zeit eine Anordnung, diese Kaffeehäuser zu schließen, weil sie „seminaries of sedition", Brutstätten des Aufstandes, seien. Auch in Deutschland waren die ersten Kaffeehäuser vielfach nicht gern gesehen. Dort wurden gesellschaftliche Konventionen aufgeweicht, weil Adel und Bürgertum, Angehörige verschiedener Konfessionen und andere sonst getrennt voneinander lebende Gruppierungen der Gesellschaft zusammentrafen und dabei auch freiheitliches Gedankengut diskutierten. So erschien im Jahr 1703 eine derbe Kritik am neuen Trend der Kaffeehäuser, in der von der „Caffee-Hauß-Säuche" gesprochen wird:

Kaffeehaus in Wien, 1961

Kein ärger Säuche ist auf Erden nun zu finden,
kein schlimmer Ding kann man auf dieser weiten Welt,
das eher gantze Städt verderben kann, ergründen
als ein böß Caffee-Hauß das nicht allein das Geld,
Gesundheit, Haab und Gut den Leuten pflegt zu stehlen,
es raubt zugleich die Zeit, macht böß die frömmsten Seelen.

Vermutlich von Heinrich Anselm von Ziegler und Kliphausen (1663 – 1697)
(aus „Zur Sozialgeschichte eines Getränks", S. 15)

Auch in der heutigen Zeit wird von einigen Zeitgenossen der Aufstieg der modernen Kaffeehäuser, der Coffeeshops, kritisch betrachtet, weil diese angeblich dem deutschen Kaffeetrinker eine US-amerikanische oder auch italienische Kultur „überstülpen" würden oder weil die Coffeeshops der Grund seien, dass es immer weniger Cafés gibt.

Tatsächlich aber erfüllen Coffeeshops heute ein gesellschaftliches Bedürfnis, das für die Kaffeehäuser nie als Existenzgrund galt. Coffeeshops sind heute häufig nicht nur der Platz, an dem man sich mit Bekannten und Freunden privat trifft, sondern man frischt dort nach dem Shopping auch die Kräfte auf. Die gesellschaftliche Lokalität, um Freunde zu treffen, hat sich im letz-

Café Drechsler in Wien, 2011

ten halben Jahrhundert immer wieder geändert: Während man sich in den 1950er- und 1960er-Jahren abends in der Kneipe getroffen hat, die es in jedem Viertel und in jedem Dorf gegeben hat, waren in den 1970er- und 1980er-Jahren die private Wohnung oder das Eigenheim der Platz, um mit Freunden und Bekannten zusammenzukommen. Die 1990er-Jahre waren diesbezüglich eher indifferent, und in diese Lücke sind der Coffeeshop und die Kaffeebar gestoßen. Diesen Trend hat auch eine amerikanische Coffeeshop-Kette sehr frühzeitig erkannt und bezeichnet ihre „Coffee-Houses" daher als „third place", als dritten Platz im Leben zwischen dem Zuhause und dem Arbeitsplatz. Der Coffeeshop und die Kaffeebar nehmen heute, vor allem in den Städten, eine zentrale Rolle als Bühne des sozialen Lebens ein.

Kaffee als Lifestyle- und Statusprodukt

Kaffee war von seiner Entdeckung bis in die 1960er-Jahre ein Genussmittel mit Statussymbolik. Echter Bohnenkaffee war in der Nachkriegszeit in Deutschland Synonym für den Wiederaufbau und den wieder steigenden Lebensstandard. Durch den Konsum von echtem Bohnenkaffee zeigte man seinem sozialen Umfeld, dass man sich wieder etwas leisten konnte. Danach verlor Kaffee zumindest in Westdeutschland seine Rolle als

Kultgetränk Latte Macchiato

Statussymbol, während echter Bohnenkaffee in der DDR aufgrund der Mangelwirtschaft bis zum Mauerfall als etwas Besonderes galt und in keinem Westpaket fehlen durfte. In den 1980er-Jahren war Kaffee in Westdeutschland häufig ein eher gedankenlos konsumiertes Standardprodukt, dem dann in den 1990er-Jahren sogar ein beinahe altmodischer und spießiger Ruf erwachsen war. Latte Macchiato und Cappuccino waren kaum bekannt, junge Konsumenten tranken eher Softdrinks, wie Limonaden und Cola. In der Gastronomie gab es keinen „Coffee to go". Wer außerhalb seines Heims Kaffee trinken wollte und nicht bei Freunden war, musste im gastronomischen Betrieb Platz nehmen. Auf den Terrassen der Cafés und Restaurants bekam man dann auch nicht etwa eine einzelne Tasse Kaffee, sondern den berühmt-berüchtigten Satz zu hören „Draußen nur Kännchen!"

Heute prägen Coffeeshops und Kaffeebars das Bild der Großstädte. Auch in fast jedem Einkaufszentrum gibt es inzwischen mindestens drei verschiedene Coffeeshop-Konzepte: ein Coffeeshop im US-amerikanischen Stil, eine italienische Kaffeebar und ein Coffeeshop als Systemgastronomie meist in Kombination mit einem Fastfood-Restaurant. Nahezu überall, in jeder Bäckerei, an jedem Imbiss und selbst an Tankstellen sind heute mehrere Kaffeegetränke in hoher Qualität im Angebot.

Junge Menschen mit dem Kaffeebecher in der Hand gehören heute zum Straßenbild. Der Kaffeebecher unterwegs ist zum Lifestyleprodukt geworden wie das Handy, die Handtasche oder die stylische Sonnenbrille. Kaffee gehört für viele zum modernen Lebensstil dazu; und dass man modern ist, will man gerne den Mitmenschen gegenüber demonstrieren. Vielleicht ist dies auch der Grund dafür, dass viele Coffeeshops große Fenster haben, an die sich die Gäste gerne direkt setzen. Dadurch wird der Kaffeekonsument zur lebendigen Werbefigur im Schaufenster des Coffeeshops und zeigt zugleich, dass er als Kaffeetrinker gesehen und wahrgenommen werden will. Ganze Berufszweige betreten heutzutage morgens das Büro bereits mit dem Kaffeebecher in der Hand.

Der Coffee-to-go-Becher demonstriert heute den Trendfaktor desjenigen, der ihn in der Hand hält, und stützt daher die Position des Kaffeetrinkers in seinem sozialen Umfeld.

Auch der Kaffee, der zu Hause konsumiert wird, transportiert heute eine gesellschaftliche Aussage. Die heimische Küche hat in den letzten Jahrzehnten viele technische Neuerungen erlebt: vom Hightech-Toaster über den Entsafter, Eierkocher, Stabmixer bis hin zum Sandwich-Maker. Fast alle diese

Geräte sind bald wieder aus der Küche verschwunden, stehen im Keller, auf dem Dachboden oder suchen über Internetauktionen einen neuen Besitzer. Nur wenige dieser Geräte haben überlebt und werden regelmäßig genutzt – die Kaffeemaschine gehört ganz gewiss dazu. Sie nimmt sogar eine zunehmend markante, bisweilen regelrecht dominante Rolle in der Küche ein. Mit der Entwicklung der Einzelportionengeräte für Kapseln und Pads und der Einführung von Vollautomaten hat in der heimischen Küche eine kleine Hightech-Revolution stattgefunden. Kein anderes Küchengerät wird heute derart stolz dem Familien- und Freundeskreis vorgeführt wie eine neue Kaffeemaschine. Vollautomaten, Espressomaschinen und Einzelportionengeräte sind heute ein dekoratives Statussymbol geworden, das dem sozialen Umfeld gerne präsentiert wird.

Die wirtschaftliche Bedeutung

Kaffee ist heute für Deutschland unter zwei Gesichtspunkten ein bedeutender Wirtschaftsfaktor; zum einen leisten die Kaffeeunternehmen in Deutschland schlicht ihren nicht unerheblichen Beitrag zum Bruttosozialprodukt. Es kann daher von einer direkten wirtschaftlichen Bedeutung von Kaffee gesprochen werden. Zum anderen profitiert die deutsche Wirtschaft indirekt durch den Konsum von Kaffee aufgrund seiner anregenden Wirkung.

Kaffee gehört zu Business-Meetings dazu.

Kaffee als direkter Wirtschaftsfaktor

Im 18. Jahrhundert beherrschten die Vorstellungen des Merkantilismus die Volkswirtschaftler, wonach sich der Wohlstand eines Landes nach dem im Land befindlichen Vermögen bemisst. Ziel der Handelspolitik sollte sein, mit Exporten mehr Geld zu verdienen als für Importe ausgegeben wird. Dementsprechend wurde der steigende Kaffeekonsum als ein wirtschaftliches Desaster betrachtet, da immer größere Mengen Geld aufgewendet werden mussten, um den Kaffee aus dem Ausland zu kaufen.

Man errechnete, dass bei 24 Millionen Einwohnern des Deutschen Reiches durch den Kaffeekonsum jährlich ein Verlust von 72 Millionen Reichstalern entstünde. Heute dagegen profitiert der deutsche Staat vom Kaffeekonsum durch die von ihm erhobene Kaffeesteuer, die es in dieser Form in kaum einem anderen Land in Europa gibt. So fließen durch die in Deutschland bestehende Kaffeesteuer auf Röstkaffee und löslichen Kaffee rund eine Milliarde Euro jährlich in den allgemeinen Haushalt des Bundes. Die deutsche Kaffeebranche erwirtschaftet heute einen jährlichen Umsatz von rund 4,5 Milliarden Euro, dabei ist der Umsatz der Kaffeegastronomie noch nicht mit eingerechnet. Die Kaffeewirtschaft in Deutschland profitiert dabei sowohl vom hohen Kaffeekonsum der Bevölkerung als auch vom Standort Deutschland als Handels-, Umschlags- und Verarbeitungsplatz.

Kaffee trägt bei geschäftlichen Treffen zu einer entspannten Atmosphäre bei.

Nur rund die Hälfte des nach Deutschland importierten Rohkaffees wird nach der Verarbeitung hier konsumiert. Die andere Hälfte wird meist nach der Weiterverarbeitung wieder exportiert. Besonders starke Segmente im Kaffeeexport sind löslicher Kaffee und entkoffeinierter Rohkaffee. So gilt Deutschland hinsichtlich der Entkoffeinierung als Weltmeister und in Bezug auf die Produktion von löslichem Kaffee immer noch als Europameister. Von diesen wirtschaftlich beachtlichen Aktivitäten der deutschen Kaffeewirtschaft bekommt der Konsument nur selten etwas mit. Kaum ein amerikanischer Kaffeetrinker ahnt, wenn er in einem der vielen Coffeeshops einen entkoffeinierten Kaffee trinkt, dass er ein in Deutschland veredeltes Produkt genießt.

In Bremen und Hamburg sitzen bedeutende, weltweit agierende Kaffeehändler und -agenten, die internationale Rohkaffeegeschäfte tätigen und abwickeln. Großröstereien aus aller Welt kaufen ihre Kaffees bei Händlern in den beiden großen Hansestädten. Das weltweite Kaffeegeschäft ist ohne die Beteiligung deutscher Firmen kaum vorstellbar.

> Die Kaffeewirtschaft in Deutschland profitiert sowohl vom hohen Kaffeekonsum der Bevölkerung als auch vom Standort Deutschland als Handels-, Umschlags- und Verarbeitungsplatz.

Kaffee als indirekter Wirtschaftsfaktor: Was wäre die Gesellschaft ohne Kaffeetrinker?

Während die Kaffeewirtschaft einen direkten Teil des Wirtschaftssystems der Bundesrepublik darstellt, wirkt Kaffee auch mittelbar in hohem Maße auf die gesamte Wirtschaft. Die anregende Wirkung des im Kaffee enthaltenen Koffeins ist allgemein bekannt und für jeden Kaffeetrinker spürbar. Daher hilft der Kaffeekonsum ganzen Berufszweigen durch den Frühdienst oder die Spät- und Nachtschichten. Ob im Sozialwesen, im Staatsdienst oder in der Produktion, mit seiner anregenden Wirkung ist kein Getränk so sehr mit der Arbeitswelt verbunden wie Kaffee. Es ist offensichtlich, dass die Gesellschaft ohne den Kaffeekonsum nicht in dieser Weise funktionieren würde.

Die politische Bedeutung

Europa entdeckte den Kaffee im 17. und 18. Jahrhundert, etwa zeitgleich mit dem Aufkommen freiheitlich-demokratischen Gedankenguts. In dieser Zeit trank die Bevölkerung aufgrund häufig gefährlich schlechter Wasserqualität das Wasser mit sehr minderwertigem Bier und Wein versetzt. Alkoholkonsum war unabhängig von Alter und Geschlecht alltäglich und völlig normal.

Man kann sich vorstellen, dass das vom Kaffee hervorgerufene Aufwachen aus dem permanenten Dämmerzustand von manchem Machthaber

Adam Smith

zumindest misstrauisch beäugt wurde. Darüber hinaus litten die Staatseinnahmen durch den zunehmenden Kaffeekonsum, weil die bisherigen Standardgetränke, deren Produktion Staat und Kirche oblagen, weniger getrunken wurden. Kaffee wurde im 17. und 18. Jahrhundert zunächst von Gelehrten, Wissenschaftlern und modernen Kaufleuten konsumiert – traditionell die Schichten, die auch politische Querdenker hervorbringen.
In einer Zeit, in der Arbeit noch meistens körperliche Arbeit bedeutete, wurde das neue Getränk von der neuen Spezies der „Kopfarbeiter" konsumiert. Das Kaffeehaus wurde zum Platz für den Gedankenaustausch, für Bildung und für Diskussion in jeder Hinsicht. Wer morgens Kaffee anstatt Bier oder Wein trank, erlebte den Tag wach und angeregt. Aus diesen Zeiten stammt aber auch die noch heute weit verbreitete Annahme, Kaffee würde nüchtern machen – ein Irrtum, es ist erwiesen, dass Kaffee den Rausch nicht verkürzt.
Die frühen Kaffeehäuser waren die Heimat von Intellektuellen und Aufklärern: Der bekannte, liberale Wirtschaftstheoretiker Adam Smith schrieb im 18. Jahrhundert im British Coffee House in London seine Veröffentlichungen. Angeblich soll er das Coffee House sogar als seine Postadresse angegeben haben. Auch in Paris waren Kaffeehäuser Treffpunkte von Intellektuellen.

Denis Diderot

Der Philosoph, Schriftsteller und Aufklärer Denis Diderot schrieb seine „Encylopédie" im 18. Jahrhundert an einem Tisch im „Café de la Régence" in Paris. Voltaire hatte im „Café Procope" in Paris seinen „Stammstuhl", auf dem er täglich 50 Tassen Kaffee getrunken haben soll. Dabei waren die englischen Kaffeehäuser politisch deutlich freier als beispielsweise diejenigen in Frankreich. Debattierclubs und kleine politische Gruppierungen hatten ihr „Headquarter" in den Kaffeehäusern in England.
Jonathan Swift meinte, er sei sich „keineswegs sicher, dass die Möglichkeit, mit Politikern zu sprechen, mehr Wahrheit vermittelt oder aufschlussreicher ist als die politischen Kaffeehausdebatten". Kaffeehäuser wurden in der Tat zu „Brutstätten des Aufstandes". So gibt es zwei Überlieferungen, die belegen, wie politisch gereizt die Stimmung in den Kaffeehäusern zur Zeit der französischen Revolution war: Wenige Tage vor dem Sturm auf die Bastille, die den Beginn der französischen Revolution von 1789 markiert, forderte der Anwalt Camille Desmoulins auf einem Tisch stehend und eine Pistole schwenkend im „Café de Foy" in Paris: „Zu den Waffen, Bürger! Zu den Waffen!"
Der Historiker Jules Michelet schrieb: „Die in der Höhle des Procope täglich versammelten Propheten sahen mit durchdringendem Blick auf dem

Grunde des schwarzen Getränks das Leuchten des Revolutionsjahres.“ Kaffee hat maßgeblich zur Aufklärung beigetragen und den Bürger aus politischer Unmündigkeit aufgeweckt.

Kaffee ist heute ein Genussmittel und als Lieblingsgetränk der Deutschen auch ein Massenprodukt. Trotzdem kann Kaffee zugleich Ausdruck von Lebensgefühl und sozialem Status des einzelnen Kaffeetrinkers in der Gesellschaft sein. In der Stadt ist der Coffee-to-go-Becher in der Hand ein Statement, der Coffeeshop vielfach eine feste Lokalität im Leben und die moderne Kaffeemaschine zu Hause ein Prestigeobjekt. Das Kaffeetrinken und die Einladung hierzu sind in sehr unterschiedlicher Weise Synonyme für bestimmte Handlungen oder Verabredungen.
Kaffee ist in vielen Redewendungen enthalten und hat in vielerlei Hinsicht auch zu einem freiheitlichen Denken in Zeiten angeregt, als die Gesellschaft sozial unterdrückt war und alkoholische Getränke den Alltag dominierten. Der Anteil von Kaffee an der Freiheitsbewegung des 17. und 18. Jahrhunderts ist nicht zu unterschätzen. Die wirtschaftliche Bedeutung von Kaffee besteht nicht nur im Beitrag zum Bruttosozialprodukt, sondern auch in der Steigerung der Produktivität der Beschäftigten in der gesamten Wirtschaft aufgrund der anregenden Wirkung von Kaffee – in Industrienationen wird Kaffee getrunken.

Kaffee und Kommunikation

12 Kaffeezubereitung

Die geschichtliche Entwicklung der Kaffeezubereitung

Mit der Entdeckung des Kaffees haben sich über die Jahrhunderte Methoden entwickelt, um aus der Kaffeebohne ein Heißgetränk zuzubereiten. Ursprünglich wurde Kaffee allerdings nicht als Getränk zu sich genommen, sondern die Kaffeebohnen dienten als feste Nahrung.

Schon vor dem 9. Jahrhundert gehörte bei den Nomadenvölkern im Ursprungsland Äthiopien Kaffee zur alltäglichen Nahrung und wurde sogar als Medizin verabreicht. Hierzu wurden rohe und getrocknete Kaffeebohnen zerstoßen und anschließend mit Fett vermischt. Diese Mischung wurde zu kleinen Ballen geformt und diente den Nomaden auf ihren langen Märschen als Wegzehrung und Energieträger. Geschmacklich hatte diese Masse aber nicht annähernd etwas mit dem heutigen Kaffee zu tun, und auch der Gedanke, dass sich daraus ein wohlschmeckendes Heißgetränk zubereiten ließe, war noch weit entfernt.

An der Wende vom 10. zum 11. Jahrhundert kam der Aufguss von Kaffeebohnen auf. Auch hier waren die Kaffeebohnen noch im rohen Zustand und wurden zusammen mit der Fruchtschale der Kaffeekirsche und den getrockneten Kaffeeblättern wie eine Art Tee zubereitet. Die schwarzbraune Farbe des heutigen Kaffeegetränkes und die damit verbundenen Aromen und den Geschmack wies dieser Aufguss allerdings noch nicht auf. Die belebende Wirkung des – damals noch unbekannten – Koffeins war allerdings vorhanden und machte das Getränk zu einem beliebten Wachmacher.

Wie letztendlich der Kontakt der Kaffeebohne mit dem Feuer zustande kam, ist bis heute ungeklärt. Vermutlich war es ein Zufall, der dazu führte, dass Menschen darauf aufmerksam wurden, dass die Bohnen im Feuer eine geschmackliche Wandlung durchmachten und Aroma ausbildeten. Das erste bewusste Rösten von Kaffeebohnen wird frühestens auf das 11. Jahrhundert datiert. Dies stellt den Anfang der Entwicklung der heute bekannten Kaffeegetränke dar.

Kaffee in verschiedenen Varianten und Zubereitungsarten

2 cl

Die Vielfalt der Zubereitungsarten

Bis heute wird Kaffee auf ganz unterschiedliche Arten zubereitet. Die Technisierung hat in den letzten 100 Jahren dabei maßgeblich mitgewirkt.

Direkter Aufguss

Direkter Aufguss

Der direkte Aufguss von Hand war jahrhundertelang die einzige Methode, um Kaffee zuzubereiten, und findet auch heute noch Anwendung. Aufgekochtes Wasser wird in einer Kanne, einem Topf oder direkt in einer Tasse mit vermahlenem Kaffee in Berührung gebracht und verrührt. Während der Kaffee zieht, setzt sich mit der Zeit der Kaffeesatz am Boden ab. Der fertige Kaffee kann danach direkt getrunken werden, wobei immer ein kleiner Rest an Kaffeesatz im Getränk zurückbleibt. Bei der perfekten Zubereitung kommen gerade beim direkten Aufguss die feinen Säuren und Fruchtaromen des Kaffees zur Geltung. Diese Zubereitung wird deswegen insbesondere von Kaffeeexperten beim sogenannten Cupping, der Kaffeeverkostung, bevorzugt.

Orientalische Methode

Bei der Zubereitung von Kaffee nach der orientalischen Methode wird der Kaffee aufgekocht, mit Gewürzen verfeinert und mit viel Zucker gesüßt. Bei anderen Zubereitungsmethoden ist das Aufkochen in keinem Fall erwünscht, da sonst unangenehme Bitterstoffe freigesetzt werden und der Kaffee verbrannt schmeckt. Bei der orientalischen Methode wird der Kaffee staubfein vermahlen und zu gleichen Teilen mit Zucker in einem kleinen metallischen Kännchen, dem Ibrik oder Bagdadkessel, bis zu dreimal aufgekocht. Die Beigabe von Gewürzen, wie Kardamom oder Zimt, verleiht dem Kaffee eine ganz besondere Geschmacksnote. Die Zubereitung variiert stark und ist von Land zu Land unterschiedlich. In der Türkei und im Nahen Osten sind die Zubereitung und der Konsum ein fester Bestandteil des sozialen Lebens. Das Getränk wird auch oft als „Türkischer Kaffee" bezeichnet.

Filtermethode

Orientalische Methode des Kaffeekochens mit einem „Ibrik"

Da bei der Methode des direkten Aufgusses von Kaffee stets ein Kaffeesatz in der Tasse übrig bleibt und sich bereits im 18. Jahrhundert Kaffeegenießer in ganz Europa daran störten, wurde viel experimentiert, um Kaffee von diesem Satz zu befreien und optimal filtern zu können. Erste Versuche mit

Leinensäcken als Filter führten allerdings dazu, dass die Extraktion aufgrund der Feinheit des Leinenstoffes behindert wurde. Auch die Verwendung von Metallfiltern brachte keine guten Ergebnisse. Die Löcher konnten nicht fein genug hergestellt werden, und der Kontakt des Kaffees mit dem Metall führte zu einem säuerlichen Geschmack.

Ab Mitte des 19. Jahrhunderts fand man in Porzellan, Glas und später auch in Kunststoff die Materialien, die bis heute zum Einsatz kommen. Die Erfindung der Filtertüte durch die Dresdener Hausfrau Melitta Bentz im Jahre 1908 brachte letztendlich den großen Durchbruch. Verwendung finden Filtertüten heute beim Aufguss von Hand mit dem Porzellan- oder Kunststoff-Kaffeefilter oder bei Filterkaffeemaschinen.

Beim Aufguss von Hand wird mittelfein gemahlener Kaffee in den mit einer Filtertüte ausgelegten Porzellan- oder Kunststofffilter gegeben und mit einem kleinen Schwall heißem Wasser angefeuchtet, damit der Kaffee kurz aufquellen kann. Anschließend wird das restliche Wasser dazugegossen. Als Ergebnis erhält man milde Kaffees mit feinen Säuren. Allerdings werden durch die Filtertüte auch geschmackstragende Kaffeeöle herausgefiltert. Bei einer Filterkaffeemaschine geschieht der Brühvorgang automatisch.

Als Weiterentwicklung gibt es den sogenannten Dauerfilter, der mit einem hauchfeinen Sieb ausgestattet ist, keine Filtertüte benötigt und somit keine Kaffeeöle zurückhält. Eine intensive Reinigung des Dauerfilters nach jeder Anwendung ist sehr wichtig, weil sonst die Poren verstopfen.

Die Zubereitung mit einem Kaffeefilter – von Hand oder mit der Kaffeemaschine – ist bis heute die am meisten verbreitete und klassische Methode im Haushalt.

Pressstempelkanne, auch French Press genannt

Pressstempelkanne (French Press)

Die Pressstempelkanne besteht im Wesentlichen aus einem zylindrischen Glasbehälter und einem durch einen geschlossenen Deckel bedienbaren Sieb aus Metall. Sie stellt eine sehr einfache Art der Kaffeezubereitung dar und verbindet den direkten Aufguss mit der Möglichkeit, den Kaffeesatz mittels Sieb zu trennen. Hierbei wird grobes Mahlgut in einen erwärmten Glasbehälter gefüllt und mit einem kleinen Schwall nicht mehr kochend heißem Wasser übergossen und kurz aufquellen gelassen. Anschließend wird der Rest komplett aufgegossen und kurz umgerührt. Nach circa vier bis sechs Minuten Ziehzeit wird der Siebstempel von Hand auf den Boden gedrückt und somit der Extraktionsvorgang unterbrochen.

Karlsbader Kanne

Eine weitere Entwicklung bei der Zubereitung von Kaffee mittels eines Filters stellt die sogenannte Karlsbader Kanne dar. Hierbei handelt es sich um eine meist dreiteilige Porzellankanne, die ein hauchfeines Porzellanfiltersieb enthält. Die Herstellung eines solchen Porzellansiebes ist sehr aufwendig, und eine intensive Reinigung nach jeder Benutzung ist unerlässlich. Der Kaffee wird bei dieser Methode sehr grob vermahlen und direkt in den Siebkorpus der Kanne gefüllt. Danach wird heißes Wasser langsam in kleinen Portionen in den Seiher der Kanne gegossen, wodurch es in Kontakt mit dem Mahlgut kommt. Nach ungefähr ein bis fünf Minuten Durchlaufzeit erzielt man als Ergebnis einen fein-milden Filterkaffee. Da Porzellan nicht mit heißem Wasser reagiert, findet keine geschmackliche Beeinflussung des Kaffees statt.

Wendekanne

Eine einfache Zubereitungsart mittels Filter stellt auch die Wendekanne dar, die auch Napolitana genannt wird. Sie besteht aus drei metallgefertigten Teilen: einem Wasserbehälter, einem doppelseitigen Siebbehälter und einer Kanne. In den Siebbehälter wird grob gemahlener Kaffee gegeben, und der Wasserbehälter wird gefüllt. Anschließend werden alle drei Komponenten fest miteinander verschraubt und die Wendekanne mit dem Wasserbehälter auf eine heiße Herdplatte gestellt. Nach dem Aufkochen des Wassers ertönt ein Pfeifton, und die Wendekanne wird von der Herdplatte genommen. Man lässt sie nun eine Minute zum Abkühlen des Wassers stehen. Danach wird die Wendekanne gewendet, und das heiße Wasser läuft durch das Sieb in die Kanne, woraus der Kaffee direkt entnommen werden kann.

Perkolator-Methode

Die Perkolator-Methode, auch Steigrohr-Methode genannt, bezeichnet das Prinzip der Kaffeezubereitung, bei der durch die Erzeugung von Wasserdampf heißes Wasser durch ein Steigrohr gedrückt wird. Die notwendige Kontaktzeit des Wassers mit dem Kaffee entspricht der Zeit, in der die gesamte Menge Wasser durch das Steigrohr gedrückt wird. Die Methode stellt somit eine erste automatisierte Form der Zubereitung dar.

Von oben nach unten: Karlsbader Kanne, Wendekanne, Perkolator

Herdkanne (Espressokanne, Schraubkanne)

Die meist aus Edelstahl bestehende Herdkanne wird oft als Espressokanne bezeichnet, produziert jedoch keinen Espresso, sondern vielmehr einen

Herdkanne, auch Espressokanne, Schraubkanne, Cafetière oder Cafeterra genannt

starken Kaffee. Sie besteht aus drei Teilen: einem Wasserbehälter, einem Sieb, welches in den Wasserbehälter eingelegt wird, und einer Kanne. Die Herdkanne funktioniert nach der bereits beschriebenen Perkolator-Methode. Dabei wird durch das Erhitzen des Wassers auf einer Herdplatte im untersten Teil der Herdkanne Wasserdampf erzeugt. Durch den entstehenden Druck wird das heiße Wasser durch ein in der Mitte befindliches Steigrohr gedrückt. In der Mitte der Herdkanne kommt das heiße Wasser mit dem Mahlgut im eingelegten Sieb in Kontakt und wird am Ende des Steigrohres im Kannenbehälter aufgefangen. Das Mahlgut sollte dabei relativ fein gemahlen sein und darf nicht im Sieb angedrückt werden. Die Methode stellt die erste automatisierte Zubereitung von Kaffee mittels Dampfdruck dar, die sich seit Beginn des 19. Jahrhunderts verbreitete.

Die Herdkanne ist sehr einfach zu bedienen und immer noch beliebt für den mobilen Einsatz, da lediglich eine heiße Herdplatte oder eine Feuerstelle für das Erhitzen der Herdkanne benötigt wird.

Cona-Kanne

Die Kaffeezubereitung mit der Cona-Kanne ist eine sehr elegante Art der Perkolator-Methode. Hierbei werden zwei Glaskolben übereinandergesetzt und mit einer Gummidichtung nach außen luftdicht verschlossen. In den unteren Kolben kommt das Wasser, in den oberen das Mahlgut, welches eine grobe Körnung aufweisen sollte. Aus dem oberen Kolben ragt ein gläsernes Steigrohr nach unten. In der Mitte zwischen den beiden Kolben befindet sich ein Glasstöpsel, der mit einer Metallfeder verschlossen wird. Das Wasser wird von unten durch eine Wärmequelle erhitzt. Durch das kochende Wasser entsteht ein Druck, der das heiße Wasser durch das Steigrohr nach oben drückt.
Im oberen Kolben vermischt sich das Wasser mit dem Mahlgut. Ist das Wasser verkocht, wird die Hitzequelle ausgeschaltet. Der untere Kolben kühlt ab und es entsteht dadurch ein Unterdruck (Vakuum), durch den der flüssige Kaffee durch einen Filter wieder in den unteren Kolben gezogen wird. Der Kaffee kann, nachdem der oberste Kolben abgesetzt wurde, trinkfertig aus dem unteren Kolben entnommen werden.

Cona-Kanne

Siebträgermaschine (Espressomaschine, Halbautomat)

Als Siebträgermaschine, auch Espressomaschine genannt, wird eine Kaffeemaschine bezeichnet, mit der Espresso und sämtliche Kaffeespezialitäten auf Espressobasis zubereitet werden können. Gegen Ende des 19. Jahrhunderts in Italien erfunden, entwickelten sich die Maschinen teilweise zu komplexen Hightech-Geräten für den häuslichen und gastronomischen Bereich. Das Prinzip ist dabei gleich geblieben: Das Grundgerüst stellt je nach Bauart einen oder mehrere mit Wasser gefüllte Kessel dar, in den durch die Erhitzung und den entsprechenden möglichen Pumpendruck das heiße Wasser durch zuvor angepresstes Kaffeemehl gedrückt wird.
In den Siebträger der Maschine wird fein gemahlener Kaffee exakt portioniert und mit einem Tamper genannten Stößel mit dem richtigen Druck verdichtet. Danach wird der Siebträger in die sogenannte Brühgruppe der Maschine eingespannt. Beim Auslösen der Bezugstaste presst sich das heiße Wasser mittels Druck durch das Mahlgut im Siebträger. Dieser Vorgang der Extraktion ist die hohe Kunst der Espressozubereitung in einer Siebträgermaschine. Dabei wird die beim Espresso unverkennbare Crema gebildet, die ein Qualitätsmerkmal für einen Espresso darstellt. Mit der Dampflanze kann aus dem Kessel heißer Wasserdampf bezogen werden, der zum Aufschäumen von Milch verwendet wird, um verschiedenste Kaffeespezialitäten, wie zum Beispiel Cappuccino und Latte Macchiato, zubereiten zu können.

Die Bedienungsdetails von Siebträgermaschinen können von Hersteller zu Hersteller unterschiedlich ausfallen und erfordern noch immer ein gewisses Maß an Handfertigkeit, um ein optimales Ergebnis erzielen zu können (vgl. hierzu den Exkurs „The Perfect Shot").

Siebträgermaschine (links)

Pads- und Kapselsysteme

Pads- und Kapselsysteme bereiten schnelle Einzel- oder Doppelportionen von Kaffee, Kaffeespezialitäten und Espresso zu. Die Systeme sind in der Bedienung sehr einfach zu handhaben und bieten stets ein gleichmäßiges Brühergebnis. Die wesentlichsten Unterscheidungsmerkmale sind das Design der Maschinen, die Form und der Aufbau der Pads oder Kapseln, sowie die Qualität des Kaffees. Die Hersteller von Pads- und Kapselsystemen bieten mittlerweile ein sehr breites Angebot verschiedenster Kaffeesorten und auch von Kaffeespezialitäten an. Pads- und Kapselsysteme bieten vor allem Gelegenheitstrinkern einen unkomplizierten Genuss ohne großen Zubereitungsaufwand. Die Pads oder Kapseln werden je nach System in das Gerät eingelegt und die Wassertanks befüllt. Per Knopfdruck wird der automatische Brühvorgang gestartet.

Kaffeekapseln

Löslicher Kaffee

Löslicher Kaffee oder lösliche Kaffeegetränke stellen die schnellste und einfachste Art der Kaffeezubereitung dar. Hierbei wird heißes Wasser mit dem löslichen Kaffeegranulat vermischt. Der Kaffee ist unmittelbar trinkfertig. Auch beim löslichen Kaffee und den löslichen Kaffeegetränken gibt es eine Vielzahl an Variationen und Geschmacksrichtungen, die immer in der gleichen zuverlässigen Art zubereitet werden können.

Vollautomaten und Vending

Vollautomaten und Vending-Automaten stellen ein vollautomatisches System für die Zubereitung von Kaffee und Kaffeespezialitäten für den Konsumenten dar. Sie bieten in allen Bereichen des Lebens ein breites Spektrum an verschiedensten Kaffeespezialitäten per Knopfdruck an, die automatisch zubereitet werden. Die Technik von Voll- und Vending-Automaten ist komplex und kostenintensiv, aber sehr einfach zu bedienen. Ein Vollautomat vereint ein Mahlwerk, Pumpe, Durchlauferhitzer oder Boiler sowie eine Brühgruppe und Milchaufschäumer. Vending-Automaten arbeiten oftmals mit Kaffeeextrakten und löslichen Kaffeespezialitäten, einschließlich Milchpulver, da diese Zutaten länger haltbar sind.

Mit einem Vollautomaten kann der Konsument auf Knopfdruck verschiedene Kaffeespezialitäten zaubern.

Die Faktoren bei der Kaffeezubereitung

Bei der Kaffeezubereitung spielen verschiedene Faktoren eine entscheidende Rolle für das spätere Ergebnis in der Tasse und somit auch für den Kaffeegenuss.

Der Kaffee

Der erste Schritt bei der Zubereitung von Kaffee beginnt beim Einkauf und der anschließenden Aufbewahrung des Röstkaffees. Das Angebot in Supermärkten und bei kleinen Spezialitätenröstern ist sehr umfangreich und bietet für den Konsumenten sämtliche Variationen von Kaffeeprodukten.

Qualität

Ob das typische vakuumverpackte und bereits filterfertig gemahlene Pfund Kaffee oder hochexquisiter Gourmetkaffee in ganzen Bohnen: In erster Linie spielt beim Einkauf die persönliche geschmackliche Erfahrung des Konsumenten die größte Rolle. Die Vorlieben für den einen oder anderen Kaffee können dabei unterschiedlich ausgeprägt sein. Die großen Markenkaffees in den Supermärkten weisen vor allem ein konstantes Geschmacksprofil auf. Im Gegensatz dazu verändert sich bei sortenreinen Spezialitätenkaffees das Geschmacksprofil von Jahr zu Jahr. Vergleichbar ist dies mit einem Jahrgangsprofil beim Wein.

Aber auch der Kauf der edelsten und teuersten Kaffeebohnen gibt noch keine Garantie auf eine gute Qualität in der Tasse, da zusätzlich zur Kaffeequalität die korrekte Zubereitung wesentlich darüber entscheidet, ob beim Brühvorgang das Beste aus der Kaffeebohne extrahiert wird.

Nicht nur die Qualität der Kaffeebohnen, sondern auch Röstung und Mahlverfahren sind entscheidend für den Geschmack.

Lagerung

Röstkaffee ist ein sehr empfindliches Produkt. Wenn er in Kontakt mit Sauerstoff und Wärme kommt, beginnt er, Aromastoffe zu verlieren. Um diesen Verlust so lange wie möglich hinauszuzögern, kommt es darauf an, den Kaffee richtig zu lagern und beim Verbrauch einige Grundsätze zu beachten.

Eine kühle, dunkle und trockene Lagerungsstelle bietet in der Regel einen guten Schutz vor schädigenden Faktoren, wie zum Beispiel Wärme und Feuchtigkeit. Ganze Kaffeebohnen lassen sich bis zu zwei Wochen ohne Verringerung des Aromas aufbewahren, wohingegen bei bereits gemahlenem Kaffee das Aroma bereits nach drei bis vier Tagen stark abnimmt. Um die höchste und ergiebigste Qualität für die spätere Zubereitung zu erreichen, ist die Verwendung von frischem Kaffee mit einer geringen Lagerzeit zu empfehlen. Der Kaffee an sich sollte in seiner Originalverpackung gelagert und nicht in andere Behältnisse umgefüllt werden, da es dabei zu unnötigem Mehrkontakt mit Sauerstoff kommt. Zudem lagern sich austretende Öle und Wachse aus dem Kaffee in den Behältnissen ab, wo sie schnell ranzig werden können. Dies kann sich geschmacklich auch später auf den im Behälter aufbewahrten Kaffee auswirken. Aufbewahrungsbehältnisse für Kaffee sollten aus geruchsneutralen Materialien, wie Porzellan, Edelstahl oder hochwertigen Kunstoffen, bestehen. Vakuumdosen schirmen den Kaffee zusätzlich vom Sauerstoff ab, wodurch ebenfalls eine Verlängerung der sinnvollen Aufbewahrungszeit erzielt werden kann. Insbesondere wenn Kaffee im Kühlschrank gelagert wird, sollte auf einen festen Verschluss der Verpackung oder des Behältnisses geachtet werden, da Kaffee sehr schnell Gerüche und Feuchtigkeit aus der Umgebung aufnimmt.

> Kaffee sollte in seiner Originalverpackung gelagert und nicht in andere Behältnisse umgefüllt, aber dennoch luftdicht verschlossen werden.

Das Wasser

Wasser ist bei der Kaffeezubereitung ein oft vernachlässigter Faktor. Dabei bildet Wasser circa 98 Prozent des Inhalts einer Tasse Kaffee und ist somit größter Bestandteil des Getränks. Die Qualität des Wassers ist von maßgeblicher Bedeutung für den Geschmack des Kaffees und hat auch einen großen Einfluss auf die Funktionstüchtigkeit des jeweiligen Geräts zur Kaffeezubereitung.

Trinkwasser

Trinkwasser stellt im Alltag das wichtigste Lebensmittel dar. Es wird zumeist aus dem in tiefen Bodenschichten gespeicherten Grundwasser durch

Brunnen gewonnen. Aber auch Oberflächenwasser aus Seen oder Flüssen wird mit entsprechender Aufbereitung zur Trinkwassergewinnung genutzt sowie das natürlich zutage tretende Quellwasser. Darin kommen die unterschiedlichsten Substanzen vor, unter anderem natürliche Stoffe aus der Umwelt, wie zum Beispiel Mineralien, die sich in den verschiedenen Bodenschichten der Erde befinden.

Wasserhärte

Wasser wird qualitativ nach seinen verschiedenen Härtegraden beurteilt. Damit werden die verschiedensten Konzentrationen von Inhaltsstoffen im Wasser beschrieben. Unter der Gesamtwasserhärte (GH) versteht man die Konzentration aller im Wasser gelösten Inhaltsstoffe in Form von Kalzium- und Magnesiumverbindungen. In Deutschland unterteilt man den Gesamthärtegrad grob in drei Bereiche (weich, mittel und hart) und bezeichnet ihn oftmals noch mit der alten Einheit „°dH“ (Grad deutscher Härte). Nach dem Internationalen Einheitensystem mit der französischen Abkürzung SI, Système international d’unités, werden die Konzentrationen jedoch in Millimol pro Liter angegeben (mmol/l).

Härtebereich	Summe von Kalzium (Ca) und Magnesium (Mg)	Auswirkungen auf den Kaffee
1 (weich)	< 1,5 mmol/l GH < 8,4°dH	Weiches Wasser führt zu einem eher sauren Geschmacksprofil.
2 (mittel)	1,5 < 2,5 mmol/l, GH > 8,4 bis 14°dH	Mittelhartes Wasser führt zu optimaler geschmacklicher Aus prägung.
3 (hart)	> 2,5 mmol/l GH < 14°dH	Hartes Wasser reduziert den Geschmack, da Kalk die Aroma- und die erwünschte Säure-bildung behindert.

Die Gesamthärte besteht aus der Karbonathärte (KH) und der Permanenthärte oder Nichtkarbonathärte (NKH). Für die Zubereitung von Kaffee ist die Karbonathärte (KH) von entscheidender Bedeutung. Sie beschreibt die Konzentration des Kalzium- und Magnesium-Hydrogenkarbonats im Wasser, welches beim Erwärmen als Kalk ausfällt und somit den bekannten Kesselstein bildet, der sich in Wasserkochern, Boilern und wasserführenden Leitungen von Kaffeemaschinen absetzt. Im Gegenzug kommt die sogenannte Nichtkarbonathärte (NKH) ins Spiel. Sie beschreibt den Anteil der

Kalzium- und Magnesiumverbindungen ohne Karbonatbindung. Die Nichtkarbonathärte hat gegenüber der Karbonathärte ein normales Lösungsverhalten der härtebildenden Substanzen, das heißt, bei Temperaturerhöhung steigt die Löslichkeit an, und es kommt zu keinem Ausfall. Die Verteilung der Karbonat- und der Nichtkarbonathärte in der Gesamthärte ist jeweils unterschiedlich. Unterschiedliche Bodenbeschaffenheiten führen dazu, dass auch das jeweilige Grundwasser hinsichtlich der Zusammensetzung deutlich unterschiedlich sein kann. Dadurch entstehen regional immer verschiedene Anteile der Karbonat- und Nichtkarbonathärte am Gesamthärtegrad. Je höher die Karbonathärte des Wassers ist, desto anfälliger ist es für die Ablagerung von Kalk in Kaffeemaschinen und Wasserkochern. Die lokalen Wasserwerke können eine genaue Auskunft über die Zusammensetzung des Wassers und seiner Gesamthärte in der Region geben.

Als Empfehlung für eine gute Wasserqualität bei der Kaffeezubereitung gilt:

- frisch im Geschmack
- sauerstoffhaltig
- Gesamthärte von 4 bis 10
- Karbonathärte von 3 bis 6
- pH-Wert von 6,5 bis 7,5

pH-Wert

Der pH-Wert misst im Wasser den sogenannten Säuregrad. Dieser wird auf einer pH-Skala von 0 bis 14 dargestellt. Wasser mit einem pH-Wert von 7 wird als neutral bezeichnet. Verringert sich der pH-Wert um eine Einheit, so bedeutet dies, dass der pH-Wert um das Zehnfache zunimmt und das Wasser saurer wird. Beim gewöhnlichen Trinkwasser bewegt sich der pH-Wert in einem Bereich von 7,0 bis 8,5 und ist somit neutral bis leicht basisch. Nach der Trinkwasserverordnung darf sich der pH-Wert nur im Bereich zwischen 6,5 und 9,5 bewegen.

Beeinflussung der Kaffeequalität und Maschinentechnik

Hartes, kalkhaltiges, beziehungsweise sehr weiches Wasser beeinträchtigt maßgeblich die Getränkequalität beim Kaffee. Die Reaktion der Fruchtsäuren im Kaffee mit den Inhaltsstoffen im Wasser wird im Wesentlichen von der Karbonathärte beeinflusst. Die Kaffeesäuren kommen bei einem Wasser mit einer geringen Karbonathärte stärker zum Vorschein.

Ab einem Härtegrad von 8 °dH werden die Fruchtsäuren im Kaffee durch die höhere Karbonathärte neutralisiert, und dem Kaffee fehlt es somit geschmacklich an Volumen und Differenzierung. Zudem bilden härtebildende Materialien, zum Beispiel Kalk und auch hohe Rückstände von Chlor, im Wasser einen „muffigen" Geschmack im Kaffee.

Die Benutzung von schlechtem Wasser führt aber nicht nur zu einer geschmacklichen Veränderung des Kaffees, sondern auch alle wasserführenden Rohre und Behälter einer Kaffeemaschine oder eines Wasserkochers

werden durch die Ablagerung von Kalk in Mitleidenschaft gezogen. Ohne eine regelmäßige Entkalkung kann dies zu Schäden in Leitungen führen und somit hohe Wartungskosten verursachen.
Die Ziele bei der Wasseraufbereitung für die Kaffeezubereitung sind somit folgende:

- Verhinderung von Mineral- und Kalkablagerungen
- Einstellung eines optimalen Mineraliengehaltes im Wasser
- Entfernung von unerwünschten Geruchs- und Geschmacksstoffen
- Abtrennung von störungsverursachenden Partikeln
- Reduktion von Trübungen und Färbungen im Kaffee
- Verhinderung von unerwünschten Reaktionen zwischen dem Wasser und den Kaffeeinhaltsstoffen

Es ist zu empfehlen, sich über die Qualität des Wassers in der Region zu informieren und gegebenenfalls eine Wasseraufbereitung vorzunehmen, um stets eine optimale geschmackliche Qualität des Kaffees zu erhalten und den vorzeitigen Verschleiß der Kaffeemaschine zu reduzieren.

Filtermethoden

Bei der Filtration von Wasser unterscheidet man drei grundlegende Methoden, die im häuslichen Gebrauch mit kleinen Wasserfilterbehältern oder auch industriell im großen Maße Anwendung finden. Sie kommen oftmals auch in Kombination zum Einsatz:

1. Ionenaustauscher

Ein Ionenaustauscher besitzt die Eigenschaft, nur bestimmte im Wasser gelöste Inhaltsstoffe zu binden (Karbonathärte) und aus dem Wasser zu entfernen. Ionenaustauscher kommen somit für die Entkarbonisierung von Wasser zum Einsatz.

2. Aktivkohle

Aktivkohle ist in der Lage, ein breites Spektrum von Substanzen zu absorbieren. Sie besteht überwiegend aus Kohlenstoff und kann aus pflanzlichen, tierischen, mineralischen oder petrochemischen Stoffen hergestellt werden. Aufgrund der porösen und sehr großen inneren Oberfläche besitzt die Aktivkohle eine sehr große Wirkungsfläche für die Filtration des Wassers. Aktivkohle wird eingesetzt, um geruchs- und geschmacksstörende Stoffe im Wasser, zum Beispiel Chlor, zu bereinigen.

3. Partikelfilter
Partikelfilter funktionieren bei der Wasserfiltration auf mechanische Weise, um unterschiedliche Partikel und Schwebstoffe aus dem Wasser zu entfernen. Dies erfolgt entweder durch ein Sieb oder durch die Anwendung eines Filtervlieses.

Das Mahlen

Historische Handmühle

Das Mahlen nimmt für die Zubereitung und spätere Qualität des Kaffees eine ganz zentrale Rolle ein. Erst durch die Zerkleinerung der Kaffeebohnen wird Kaffee extrahierbar und setzt die Aromen und Inhaltsstoffe des Kaffees durch die Vergrößerung der Oberfläche frei. Je nach Zubereitungsart muss der Mahlgrad des Kaffees angepasst werden, um eine optimale Extraktion zu gewährleisten. Der Mahlgrad entscheidet auch über den Geschmack des Kaffees. Bei den Röstkaffeeherstellern wird Kaffee oftmals, nach dem Rösten und Abkühlen, filterfertig vermahlen und für den Erhalt des Aromas vakuumverpackt. Aber auch im privaten Haushalt können mit einer eigenen Kaffeemühle oder mit einer integrierten Mühle in einer Kaffeemaschine ganze Kaffeebohnen frisch vermahlen werden.
Kaffeemühlen kommen für die verschiedensten Anwendungsbereiche zum Einsatz, wonach sie sich in folgende Kategorien unterteilen lassen: Haushaltsmühlen, Ladenmühlen, Gastronomiemühlen / Espressomühlen, Industriemühlen.
Beim technischen Aufbau von Kaffeemühlen unterscheidet man jeweils vier verschiedene Mahlwerksysteme:

- Schlagmessermahlwerke
- Scheibenmahlwerke
- Kegelmahlwerke
- Walzwerke (Industriemühlen)

Elektrische Kaffeemühle

Bei Mühlen mit Schlagmessermahlwerken, in denen rotierende Messer die Bohnen „zerschlagen“, kommt es zu einer erhöhten Hitzeentwicklung und zur ungleichen Bildung von Partikelgrößen beim Kaffee. Das führt dazu, dass Kaffeeöle austreten können, die sich geschmacklich zu einer bitteren bis ranzigen Note verändern und der ungleich gemahlene Kaffee mehr Bitterstoffe beim Brühen freisetzt. In der Regel eignen sich Scheibenmahlwerke mit einem möglichst großen Durchmesser für die Vermahlung von Kaffeebohnen am besten, weil diese eine gleichmäßige Körnung des Mahlguts produzieren. Jedoch entsteht bei Dauerbelastung auch hier eine höhere

Temperaturentwicklung, die zu den bereits oben genannten Beeinträchtigungen führen kann. Kegelmahlwerke weisen hingegen aufgrund ihres kegelförmigen Mahlwerks eine niedrigere Temperaturbildung auf und besitzen eine längere Lebensdauer, produzieren jedoch ein ungleichmäßigeres Mahlgut.

Walzwerke, auch Industriemühlen genannt, kommen für die Vermahlung von sehr großen Mengen von Kaffee zum Einsatz. Hierbei werden die Kaffeebohnen durch mehrere gegeneinanderlaufende Walzwerke kontinuierlich bis auf die gewünschten Partikelgrößen zermahlen. Aufgrund der hohen Temperaturentwicklung werden die Walzen in der Regel mit Wasser gekühlt.

Sehr wichtig für alle Vermahlungsarten von Kaffee ist die sogenannte Kaltmahlung. Kaffeemühlen sollten deshalb in ihrer Drehzahl so justiert sein, dass eine aromaschonende kalte Vermahlung gewährleistet ist. Neuere Kaffeemühlen für den Haushalt oder den gastronomischen Bereich weisen unter anderem eine sogenannte Grind-on-demand-Funktion auf, die exakte Portionsvermahlungen ermöglicht und für den jeweiligen Einsatz variabel programmierbar ist.

Kaffee ist hygroskopisch. Das heißt, dass er aus der Umgebungsluft Feuchtigkeit aufnehmen, aber auch wieder abgeben kann. Die Luftfeuchtigkeit der Umgebung spielt somit eine große Rolle und wirkt sich direkt auf das Mahlgut in Form einer Volumenveränderung des gemahlenen Kaffees aus. Die Aufnahme von Feuchtigkeit führt zu einer Verlangsamung der Extraktion, wohingegen eine trockene Umgebungsluft zu einer schnelleren Extraktion führt. Eine Nachjustierung des Mahlgrades ist insbesondere bei starken Luftfeuchtigkeitsveränderungen ratsam, um stets das gleiche Mahlergebnis für die gewünschte Extraktion zu erlangen.

Unmittelbar nach dem Mahlvorgang kommt der Kaffee mit Sauerstoff in Kontakt. Dies führt dazu, dass das Mahlgut anfängt zu oxidieren, was mit einem Verlust von Kaffeearomen einhergeht. Zudem wird das Mahlgut auch anfälliger für die Aufnahme von Feuchtigkeit aus der Umgebungsluft. Eine verbrauchsorientierte Vermahlung ist deswegen vorteilhaft, um die Qualität in der Tasse zu gewährleisten.

Darüber hinaus darf die Pflege der Kaffeemühle nicht vernachlässigt werden. Beim Mahlprozess lagern sich am Mahlwerk sowie im Aufbewahrungsbehälter Wachse, Öle und Fette ab, die schnell oxidieren und ranzig werden. Dies beeinflusst mit der Zeit den Geschmack des Kaffees in der Tasse. Deshalb sollte das Mahlwerk regelmäßig mit speziellem lebensmittelechtem Reinigungsmahlgut von diesen Ablagerungen befreit werden. Der

Der Mahlgrad des Kaffees sollte an die Zubereitungsmethode angepasst sein.

Bohnenaufbewahrungsbehälter der Mühle sollte alle drei bis vier Tage mit heißem Wasser davon befreit und sorgfältig abgetrocknet werden. Auch der Verschleiß des Mahlwerks muss berücksichtigt werden, sodass ein Austausch nach einem spürbaren Nachlassen der Mahlleistung in bestimmten Intervallen erforderlich ist.

Mahlgrad

Eine optimale Mühleneinstellung ist eine Voraussetzung für perfekten Kaffee. Die Körnung der Mahlung bestimmt, wie viel Oberfläche der Kaffeepartikel für den Extraktionsprozess zur Verfügung steht und beeinflusst damit, je nach Zubereitungsart, unter anderem die Kontaktzeit von Kaffee und Wasser. Die Mahlgradeinstellung richtet sich nach der Zubereitungsart des Kaffees. Als Grundregel dienen hierzu folgende Empfehlungen:

Direktaufguss	mittelgrobe bis grobe Mahlung
Filteraufguss	feine bis mittelfeine Mahlung
Siebträgermaschine, Espressomaschine	feine Mahlung
Orientalischer Kaffee	staubfeine Mahlung

Menge

Die richtige Menge des Mahlguts für die Zubereitung von Kaffee ist je nach Zubereitungsart und persönlichem Geschmack unterschiedlich. Folgende Richtwerte gelten für eine standardisierte Zubereitung:

Mengenbrühung	40 bis 60 Gramm pro Liter
Filterkaffee	6 bis 8 Gramm pro Tasse (125 bis 150 ml)
Espresso	7 bis 9 Gramm (einfacher Espresso)

Temperatur und Zeit

Oftmals wird der Begriff des „Kaffeekochens“ für die Zubereitung von Kaffee verwendet. Dabei sollte Kaffee bei den üblichen Zubereitungsmethoden alles andere als „gekocht“ werden. Wenn kochendes Wasser in Kontakt mit dem Mahlgut kommt, verbrüht man förmlich alle Aromen und erzeugt einen verbrannten, bitteren Geschmack im Kaffee.

Filterkaffee	88 bis 94°C	Bei der mittelfeinen bis feinen Mahlung beim Filterkaffee sollte eine geringere Temperatur gewählt werden, um nicht zu viele Gerbstoffe aus dem Kaffee herauszulösen, die einen unangenehm bitteren Geschmack verursachen.
French Press Pressstempelkanne	92 bis 96°C	Aufgrund der groben Mahlung sollte die Temperatur ein wenig höher als beim Filterkaffee angesetzt werden, um eine optimale Extraktion zu erreichen.
Espressokanne, Mokka/Ibrik	>100°C	Siedendes Wasser ist für die Zubereitung des Kaffees erwünscht oder durch die Zubereitungsmethode erforderlich.
Karlsbader Kanne	max. 94°C	Durch den groben Mahlgrad sollte eine höhere Temperatur gewählt werden.
Siebträgermaschine (Espresso)	90 bis 95°C	Temperaturunterschiede sind deutlich bemerkbar. Eine optimale und konstante Einstellung der Kesseltemperatur ist von großer Bedeutung.

Als Grundregel gilt es hierbei zu beachten, dass das Wasser nach dem Aufkochen zunächst eine halbe bis ganze Minute abkühlt. Bei einer zu geringen Temperatur des Wassers können hingegen der Geschmack und das Aroma aus dem Kaffee nicht richtig extrahiert werden. Die Richtwerte für die Temperatur bei den verschiedenen Zubereitungsmethoden sind nicht exakt, sondern müssen als Temperaturspannen verstanden werden. Die optimale Temperatur für einen Kaffee kann durchaus unterschiedlich ausfallen. Auch die Feinheit des Mahlgrads bestimmt, in Verbindung mit der Temperatur, welche Aromen aus der Bohne extrahiert werden können. Das verwendete Wasser sollte nicht zu kalt (unter 85 Grad Celsius) und nicht zu heiß (siedend) mit dem Mahlgut in Berührung kommen. Alles andere sind Erfahrungswerte und persönliche geschmackliche Präferenzen.

Die Kontaktzeit des Kaffees mit dem Wasser ist ein Parameter für die Qualität des Kaffeegetränks. Ist sie zu kurz, empfindet man den Kaffee oftmals als zu schwach und wässrig, ist sie hingegen zu lang, wird er als zu stark und bitter empfunden. Besonders bei der Zubereitung eines Espresso mit einer Siebträgermaschine spielt die Kontaktzeit mit dem Wasser, während der die Extraktion stattfindet, eine sehr wichtige Rolle.

Die maximale Extraktionsrate der Aromastoffe von Kaffee beträgt circa 30 Prozent. Das bedeutet, dass ab dieser Rate keine weiteren löslichen

Das Filtern von Kaffee ist noch immer die klassische Zubereitungsmethode in Deutschland.

Bestandteile aus dem Kaffee in das Kaffeegetränk herausgelöst werden können. Von einer geschmacklich optimalen Rate, die somit von der Zeit bei der jeweiligen Zubereitungsart abhängig ist, spricht man bei circa 18 bis 22 Prozent. Ein Anteil von unter 18 oder über 22 Prozent stellt jeweils eine Unter- oder Überextraktion dar. Die folgenden Richtwerte zeigen in etwa die Zeitspannen an, die für eine optimale Extraktion für die jeweilige Zubereitungsart benötigt werden:

Filterkaffee	4 bis 6 Minuten
Press-Stempelkanne **Espressokanne**	4 bis 6 Minuten
Mokka / Ibrik	1 bis 2 Minuten reine Kochzeit
Karlsbader Kanne	1 bis 5 Minuten je nach Kannengröße
Siebträgermaschinen (Espresso)	20 bis 30 Sekunden

Kaffeezutaten und Materialien

Milch

Die Milch ist heutzutage bei der Zubereitung von vielen Kaffeespezialitäten eine relevante Zutat und teilweise sogar größter Bestandteil des Getränks, wie zum Beispiel beim Latte Macchiato oder Cappuccino. Je nach Kaffeespezialität und nach Vorlieben des Konsumenten gibt es verschiedene Arten von Milch und Milchprodukten, die das Geschmacksprofil eines Kaffees positiv abrunden, aber auch negativen Einfluss ausüben können.

Frisch geschäumte Milch gehört zu vielen Kaffeegetränken dazu.

Die Zugabe von Milch zum Kaffee verleiht ihm generell einen leicht süßlichen Geschmack und kann eine harmonische und aromatische Verbindung ergeben. Bei einem Kaffee mit nicht ganz optimalem Geschmacksprofil können somit unangenehme Säuren oder Bitterstoffe kaschiert werden. Im Gegensatz dazu kann der feine Geschmack von hochwertigem Kaffee bei der Zugabe von zu viel Milch gar nicht mehr zur Geltung kommen.

In der Regel macht die Zugabe von Milch oder Kaffeesahne den Kaffee bekömmlicher. Da Kaffee gewisse Säuren enthält, kann die Milch hier als Puffer wirken, diese abmildern und für manche Konsumenten dadurch verträglicher machen. Durch die Fettbestandteile der Milch wird auch das Koffein langsamer aufgenommen, was seine Wirkung abschwächt und den belebenden Effekt langsamer – aber auch länger wirkend – eintreten lässt.

Die Beigabe von Milch geht somit nicht generell zulasten des Kaffees, sondern kann ihn harmonisch ergänzen und ist als Zugabe beliebt. Bei vielen Kaffeespezialitäten, die einen hohen Kaloriengehalt aufweisen, ist Milch noch vor der Verwendung von Sirupen oder Zucker der größte Kaloriengeber. Kaffee pur getrunken weist dagegen nahezu keine Kalorien auf.

Wenn Milchtypen unterschieden werden, dann geschieht dies im Wesentlichen über den Fettgehalt. Da Fett ein entscheidender Geschmacksträger ist, sind fettarme Milchsorten weniger gut für die Zugabe in den Kaffee geeignet. Bei der Verwendung von haltbarer Milch (H-Milch) ist zu beachten, dass der Geschmack zugunsten der Haltbarkeit zum Teil verloren geht. Typisch ist hierbei der abgekochte Geschmack von H-Milch gegenüber frischer Vollmilch. In der Gastronomie ist der Umgang mit H-Milch jedoch oft die einfachere Variante.

Milch ist ein sehr empfindliches Produkt. Es ist deshalb sehr wichtig, diese immer kühl zu lagern. Die Standzeit der Milch außerhalb des Kühlschrankes ist deshalb so kurz wie möglich zu halten. Insbesondere im gastronomischen Bereich sind die hygienischen Aspekte beim Umgang mit Milch strikt zu beachten, um Bakterien keinen Nährboden zu liefern. Hierzu sollten alle Kontaktteile, wie zum Beispiel die Dampflanze zum Milchaufschäumen an der Espressomaschine, nach jeder Verwendung gründlich gereinigt werden.

Sahne

Als Sahne bezeichnet man den am stärksten fetthaltigen Bestandteil der Milch. Aufgrund des hohen Fettgehalts zwischen 30 und 45 Prozent ist Sahne ein idealer Geschmacksträger. Als Beigabe zum Kaffee ist allerdings zu beachten, dass Sahne auch einen hohen Kaloriengehalt aufweist (circa 300 bis 350 kcal auf 100 Gramm Sahne, je nach Fettgehalt). Auch geschlagene und teilweise gesüßte Sahne wird gerne als Zugabe zum Kaffee verwendet.

Kaffeesahne

Kaffeesahne weist im Unterschied zur normalen Sahne meist einen verminderten Fettanteil von circa zehn Prozent auf. Zudem wird Kaffeesahne pasteurisiert und ultrahocherhitzt, um eine lange Haltbarkeit zu gewährleisten. Häufig findet man sie in der Massenverpflegung, wo sie in kleinen abgepackten Portionen zum Kaffee gereicht wird.

Kondensmilch

Kondensmilch ist eine durch Wasserentzug haltbar gemachte Milch. Sie ist vor allem als Dosen- oder Büchsenmilch bekannt und sehr lange für den Gebrauch haltbar.

Kaffeeweißer

Neben flüssigen Milchprodukten kann Kaffee auch mit einer milchpulverähnlichen Substanz, dem sogenannten Kaffeeweißer, „geweißt“ werden. Der Vorteil des Kaffeeweißers gegenüber Milch ist, dass das Getränk davon nicht verdünnt wird, da das Pulver keine Flüssigkeit enthält. Zudem ist Kaffeeweißer sehr lange haltbar, weshalb er insbesondere bei Kaffeegroßautomaten Verwendung findet und auch im Instantbereich zum Einsatz kommt.

> Je mehr Säure ein Kaffee aufweist, desto mehr Zucker kann man verwenden. Verwendet man zu viel Zucker, kann bei einigen Kaffees jedoch ein unangenehm scharfer Säureton hervorgerufen werden.

Milchersatzprodukte

Menschen mit einer Laktoseintoleranz, auch Milchzuckerunverträglichkeit genannt, vertragen tierische Milchprodukte nur schwer oder gar nicht. Auch eine Milchallergie kann dazu führen, dass man Milchprodukte nicht zu sich nehmen darf. Um trotzdem eine Art Milch als bekömmliche Beigabe zum Kaffee verwenden zu können, gibt es Alternativprodukte. Hierzu zählt unter anderem speziell aufbereitete laktosefreie Milch, die allerdings ein süßeres Geschmacksprofil aufweist als normale Kuhmilch. Ebenso können Soja- und Getreidemilch sowie Reismilch verwendet werden, die jeweils aber zu einer völlig anderen Geschmacksprofilentwicklung führen als herkömmliche Milch. Auch hier gilt die Devise, dass der persönliche Geschmack darüber entscheiden sollte, welches Milchersatzprodukt dem Kaffee hinzugegeben wird.

Sirupe

Dem Kaffee können Süße und Geschmacksprofilvariationen in Form von Sirupen hinzugefügt werden. Sirupe sind gerade im Coffeeshop-Bereich beliebt und sind natürlich oder künstlich aromatisiert.

Hygiene, Wartung, Reinigung und Pflege

Die Reinigung und Pflege einer Kaffeemaschine ist ebenfalls Teil der Zubereitung von Kaffee. Vernachlässigt man diesen Faktor, so wirkt sich das innerhalb kürzester Zeit auf die Kaffeequalität aus und kann im schlimmsten Fall zum Totalschaden der Kaffeemaschine führen. Auch die Entstehung von Bakterien und sogar Schimmel wird begünstigt.

Jede Kaffeemaschine muss je nach Typ regelmäßig von Kaffeeölen, Bakterien und Schwebstoffen befreit werden, um einen einwandfreien Betrieb zu gewährleisten und auch den geschmacklichen Standard zu erhalten.

Röstkaffee enthält Lipide (Fette), die spätestens beim Mahl- oder Brühvorgang freigesetzt werden und in Kontakt mit dem Mahlwerk der Mühle sowie allen Kontaktteilen der jeweiligen Kaffeemaschine kommen. In Verbindung mit Sauerstoff oxidieren diese Kaffeefette und werden innerhalb von 24 Stunden ranzig und bitter.

Durch eine schlechte oder gar nicht vorgenommene Reinigung werden sämtliche Kontaktteile der Maschinen in Mitleidenschaft gezogen und verursachen zum Beispiel ein saures Geschmacksprofil des Wassers und/oder einen ranzigen und bitteren Geschmack des Kaffees in der Tasse.

Zucker

Zucker ist wie Kaffee ebenfalls ein Naturprodukt, welches aus Zuckerrüben oder Zuckerrohr gewonnen wird. Er ist neben der Milch eine beliebte Zugabe im Kaffee und kann den Geschmack des Kaffeegetränks abrunden, aber auch ganz entscheidende Geschmacksprofile zerstören. Zucker enthält

viel Energie und versetzt den eigentlich kalorienarmen Kaffee mit Kalorien. Für Kaffee finden folgende Arten von Zucker am häufigsten Verwendung: weißer Zucker, brauner Zucker, Würfelzucker, Kandiszucker.

Verschiedene Sorten von Zucker: weißer Zucker, brauner Zucker, Würfelzucker, Kandiszucker

Brauner Zucker unterscheidet sich vom weißen Zucker nur geringfügig durch einen höheren Anteil an Mineralstoffen. Geschmacklich weist brauner Zucker allerdings einen leicht karamellartigen Geschmack auf. Weißer Zucker hingegen löst sich im Kaffee besser auf als brauner Zucker.

Je mehr Säure ein Kaffee aufweist, desto mehr Zucker kann man verwenden. Verwendet man zu viel Zucker, kann bei einigen Kaffees jedoch ein unangenehm scharfer Säureton hervorgerufen werden. Ob man Kaffee nun zuckert oder nicht, hängt letztendlich von den persönlichen Vorlieben ab.

Geschirr

Auch auf die Wahl des Geschirrs sollte beim Kaffeegenuss das Augenmerk gerichtet werden, da dieses ebenfalls einen Einfluss auf die Qualität des Kaffees hat. Die oberste Devise hierbei lautet: Die Wärme soll lange und gleichmäßig im Kaffee gehalten werden. Porzellan und Glas sind die geläufigsten und am besten geeigneten Materialien. Dickwandiges Porzellan nimmt am schnellsten Wärme auf und speichert diese am besten. In der Gastronomie spielt auch die Bruchsicherheit von Porzellan eine große Rolle.

Latte Macchiato im hohen Glas

Bei der Zubereitung von Kaffeespezialitäten, wie zum Beispiel Latte Macchiato, kommen dickwandige Gläser zum Einsatz, um das ästhetische Farbenspiel von Kaffee und Milch zur Geltung bringen zu können. Auch Espresso wird zunehmend in Gläsern serviert, um optisch die Crema hervorheben zu können.

Bei Espressotassen spielen die Form und die Dicke des Porzellans eine entscheidende Rolle für die Qualität. Eine vorgeheizte Espressotasse, die eine gute Wärmespeicherung aufweist, ist eine wichtige Voraussetzung für die Entfaltung des Aromas im Espresso. Lässt man den Espresso in eine kalte Tasse einlaufen, kommt es bei der geringen Menge an Flüssigkeit zu einer zu schnellen Abkühlung, die zudem unerwünschte geschmackliche Veränderungen hervorrufen kann.

Espressotasse

Eine eher kleine Öffnung der Espressotasse sorgt für eine geringere Oberflächenspannung für die Crema, die somit länger erhalten bleibt. Auch eine leicht konische Form der Tasse und ein gerundeter Boden sind ideal für einen Espresso.

Exkurs: „The Perfect Shot" – die Kunst der Espressozubereitung

Die Nachfrage nach Espresso und Kaffeespezialitäten auf Espressobasis ist in Deutschland weiterhin ungebrochen. Doch gerade die Zubereitung von Espresso und von Kaffeespezialitäten, wie Latte Macchiato oder Cappuccino, ist nicht ohne handwerklichen Anspruch. Alle Faktoren der Kaffeezubereitung müssen genau aufeinander abgestimmt sein, um ein perfektes Ergebnis zu erzielen, welches optisch und geschmacklich einen Genuss für den Konsumenten darstellt. Mittlerweile hat sich auch in Deutschland ein großes Interesse an Espressospezialitäten gebildet, sodass Begriffe wie Barista und Latte Art im Alltag nicht mehr ganz unbekannt sind.

Ein Barista ist der Meister an der Espressomaschine und kennt sich nicht nur mit der Zubereitung eines perfekten Espresso aus – in der Barista-Szene spricht man auch von einem „Perfect Shot" –, sondern auch mit der Zubereitung sämtlicher Kaffeespezialitäten sowie der Kunst, einen perfekten Milchschaum herzustellen, um damit unter anderem Muster auf den Kaffee zu zaubern („Latte Art").

In Kursen und Seminaren kann man sich die Grundfertigkeiten innerhalb von ein bis zwei Tagen aneignen. Um die Kunst der Espressozubereitung zu

Siebträgermaschine für die perfekte Espressozubereitung

beherrschen, bedarf es aber einiger Übung und Erfahrung. Auch das Wissen um die Technik der Espressomaschine, die Vorgänge bei der Zubereitung und die Eigenschaften verschiedener Kaffeesorten sind sehr umfangreich und eine kleine Wissenschaft für sich.

Das Grundprinzip der Espressozubereitung ist aber schnell erklärt: Wasser wird unter einem Druck von etwa neun Bar mit einer Temperatur von circa 90 bis 95 Grad Celsius durch einen im Siebträger enthaltenen „Kaffeepuck“ (verdichtetes Kaffeemehl) gedrückt, sodass in ungefähr 20 bis 30 Sekunden Extraktionszeit circa 25 bis 30 Milliliter Espresso entstehen.

Im Folgenden werden die wesentlichsten Punkte angesprochen, die für die Zubereitung eines Espresso und des Milchschaums für sämtliche Kaffeespezialitäten erforderlich sind.

Den Espresso als Kaffee an sich gibt es im Prinzip nicht. Es gibt keine Rohkaffeesorte, die speziell auf einen Espresso ausgerichtet ist oder gar so heißt. Letztendlich beschreibt ein Espresso nur die Zubereitungsart und nicht unbedingt die Wahl des Kaffees. So scheiden sich die Expertenmeinungen, ob ein Kaffee für Espresso eine dunkle bis sehr dunkle Röstung aufweisen muss, ob er aus reinen Arabica-Bohnen bestehen oder lieber einen Anteil Robusta-Bohnen enthalten sollte.

Es steht aber fest, dass bei der Zubereitung eines Espresso eine fast unerschöpfliche Anzahl an Variationen möglich ist, die den Espresso zu einem außergewöhnlichen Genuss machen. Ein guter Espresso ist mit einem klassischen starken Kaffee nicht vergleichbar, da er durch die Art der Zubereitung eine um ein Vielfaches höhere Konzentration besitzt. Dementsprechend gleicht ein Espresso von der Konzentration her einer Art Emulsion, wohingegen ein normaler Filterkaffee einer wässrigen Lösung entspricht. Im Espresso können sich unter anderem Aromen von Schokolade, Früchten und Blumen vereinen, die erst bei der richtigen Zubereitung zur vollen Geltung gelangen.

Mahlgrad und Menge des Mahlgutes

Die Mahlmenge muss für jede Espressomaschine angepasst werden. So bewegen sich die Mengen für den Bezug eines Espresso (Single-shot) bei etwa sieben bis neun Gramm und bei einem doppelten Espresso (Double-shot) zwischen 14 und 18 Gramm. Die Einstellung der Feinheit des Mahlgutes richtet sich nach dem Extraktionsverhalten bei einem Probebezug.

Exkurs: „The Perfect Shot“ – die Kunst der Espressozubereitung

Tampern (Tampen)

Unter Tampern (aus dem Englischen: to tamp, stampfen) versteht man das Andrücken des Mahlgutes im Siebträger mit dem gleichnamigen Tamper (Stampfer / Stößel). Hierbei kommt es darauf an, dass das Mahlgut nicht zu fest, aber auch nicht zu locker im Siebträger verdichtet wird. Als Richtwert gilt es, ungefähr eine Kraft von 15 bis 20 Kilogramm auf das Mahlgut auszuüben. Ebenfalls sollte darauf geachtet werden, dass das Mahlgut gleichmäßig verteilt und gleichmäßig stark im Siebträger angedrückt wird. Bei ungleichmäßigem Tampern entstehen bei der anschließenden Extraktion Kanäle, in denen das Mahlgut aufgeschwemmt wird und die somit zu unterschiedlichen Extraktionszeiten führen. Eine unausgewogene Extraktion des Kaffeemehls führt zu einem unterextrahierten Espresso, bei dem nicht alle Aromen aus dem Kaffeemehl gelöst werden konnten.

Mit einem Tamper wird das Kaffeemehl im Siebträger angedrückt.

Exkurs: „The Perfect Shot“ – die Kunst der Espressozubereitung

Verschiedene Tamper

Druck

Der Druck ist die entscheidende Komponente beim Espresso. Ohne Druck entsteht beim Espresso nicht die unverkennbare Crema und die hohe Konzentration an Inhaltsstoffen. Die Crema ist der goldbraune Schaum, der sich auf dem Espresso bildet und viele kostbare Aromen des Getränks beinhaltet. Sie stellt je nach Aussehen und Dicke ein wichtiges Qualitätsmerkmal beim Espresso dar. Der ideale Brühdruck bei einer Espressomaschine sollte mindestens neun Bar betragen. Eine sorgfältige Zubereitung ist hierbei vonnöten, da die Siebträgermaschine nicht automatisch den entsprechenden Druck auf das Kaffeemehl bringt.

Extraktion

Eine perfekte Extraktion des Kaffeemehls im Siebträger ist maßgeblich für die Qualität des Espresso. Schon durch die Einstellung eines nicht passenden Mahlgrades an der Kaffeemühle oder falsches Tampern des Mahlgutes kann eine gleichmäßige Extraktion gestört werden. Die Extraktionszeit eines Espresso kann unterschiedlich ausfallen und bewegt sich im Rahmen von 20 bis 30 Sekunden.

Von einer Unterextraktion spricht man, wenn das Kaffeemehl im Siebträger eine zu kurze Kontaktzeit mit dem Wasser hat. Gründe hierfür können sein, dass unsauber und zu lose getampert wurde oder der Mahlgrad zu grob

Exkurs: „The Perfect Shot" – die Kunst der Espressozubereitung

Latte Art in drei Schritten ...

eingestellt ist. Ebenfalls kann zu wenig Kaffeemehl verwendet worden sein. Der Espresso besitzt dann wenig Aroma, da wegen des zu geringen Druckaufbaus im Siebträger nicht alle Aromastoffe im Kaffee gelöst werden konnten. Außerdem zeichnet er sich durch eine unangenehme, dominierende Säure aus. Optisch ist ein unterextrahierter Espresso an einer sehr hellen Crema zu erkennen, die sich aufgrund ihrer Instabilität schnell auflöst.

Bei einer Überextraktion ist das Kaffeemehl zu lange oder mit zu heißem Wasser in Kontakt gekommen. Dies kann durch zu festes Verdichten des Kaffeemehls geschehen, oder weil mit zu viel Kaffeemehl gearbeitet wird sowie der Mahlgrad der Mühle zu fein eingestellt ist. Hierbei werden aus dem Kaffee unerwünschte Bitterstoffe gelöst. Ein perfekt extrahierter Espresso weist eine gleichmäßige, streifige haselnussbraune Crema auf, die eine langanhaltende stabile Konsistenz aufweist.

Das Extraktionsverhalten beim Beziehen eines Espresso ist, wenn man Wert auf gleichbleibend hohe Qualität legt, daher regelmäßig zu überprüfen. Kaffee kann sich nämlich durch zu lange Lagerung oder durch Wärme- und Feuchtigkeitseinflüsse jederzeit in seinem Extraktionsverhalten verändern.

Das Aufschäumen der Milch

Nicht nur die Qualität der Milch spielt für die Zubereitung einer Espressospezialität eine Rolle. Vielmehr kommt es darauf an, dass diese auch richtig aufgeschäumt wird. Die Milch sollte mit einer Temperatur von unter 70 Grad Celsius aufgeschäumt werden, da sonst die Milcheiweiße anfangen zu gerinnen und die Milch einen leichten verbrannten Geschmack annimmt. Das Ziel ist es, einen seidig schimmernden und cremigen Milchschaum herzustellen, der eine feinporige Struktur aufweist und stabil ist. Hierzu verwendet man eine Kanne aus Metall, die es in verschiedenen Größen und Ausführungen gibt. Die Kanne wird maximal bis zur Hälfte mit Milch gefüllt, da das Volumen beim Aufschäumen circa um die Hälfte zunimmt.

Aufgeschäumt wird die Milch mit der Dampflanze an der Espressomaschine, die durch ihre an der Dampfdüse befindlichen Löcher Wasserdampf in der Milch verteilt. Man unterteilt diesen Prozess in zwei Phasen. Die erste Phase wird Ziehphase genannt. Hierbei wird der Milch Luft untergehoben, und sie vergrößert ihr Volumen, indem der Dampflanzenkopf nur wenige Millimeter (etwa drei bis fünf) unter die Milchoberfläche gehalten wird. In der zweiten Phase, der Rollphase, wird die Milch mit der Dampflanze ins Rollen gebracht, indem der Dampflanzenkopf etwa zwei Zentimeter tief in die

Milch eintaucht, wobei sich die Bläschen in der Milch miteinander zu einer feinporigen Struktur vermischen. Das Aufschäumen sollte bei einer Temperatur von maximal 70 Grad Celsius beendet sein. Dies entspricht in etwa der Temperatur, bei der die Kanne nicht mehr mit der Hand berührt werden kann. Nach dem Aufschäumen werden noch eventuell vorhandene grobe Poren im Schaum durch ein festes Aufklopfen der Kanne entfernt. Um einen gleichmäßigen Milchschaum zu erzielen, wird ein Teil der Milch in eine weitere Kanne umgefüllt, damit sich die einzelnen Phasen der Milch von flüssig bis aufgeschäumt besser verteilen.

Latte Art

Unter Latte Art versteht man die Kunst, mit heiß aufgeschäumter Milch Muster oder Bilder auf einem Espressogetränk herzustellen. Dabei bedient man sich verschiedenster Techniken, welche die Strömungskraft der Milch beim Eingießen ausnutzen, um damit Muster zu erzeugen. Die richtige Konsistenz der aufgeschäumten Milch und das Vorhandensein einer festen und stabilen Crema sind dabei die Voraussetzung zum Gelingen. Auch mit Hilfsmitteln, wie Schablonen, speziell für Latte Art hergestellten Stiften sowie süßen Saucen aus Schokolade können weitere Effekte erzeugt werden. Diesen Vorgang nennt man fachmännisch auch „Etching Latte". Der Fantasie sind dabei keine Grenzen gesetzt, und so entstehen unter den kundigen Händen von Latte-Art-Profis regelrechte kleine Kunstwerke.

… lässt auf dem Cappuccino ein kleines Kunstwerk entstehen.

13 Kaffee und Gesundheit

Kaffee ist eines der am häufigsten getrunkenen Getränke weltweit. Schon seit vielen Jahrhunderten genießen Menschen dieses Getränk mit seinem intensiven Duft und Aroma. Kaffee wird zudem auch wegen seiner angenehmen und belebenden Wirkung geschätzt. In der Frühzeit wurde Kaffee, zum Beispiel in seinem Ursprungsland Äthiopien, sogar als Arzneimittel eingesetzt. Spätere Aufzeichnungen von britischen Ärzten aus dem 16. Jahrhundert beschreiben ausführlich einige Wirkungen des Kaffees auf den menschlichen Körper, zum Beispiel „Kaffee lindert Husten", „hilft der Verdauung, beschleunigt das Denkvermögen, macht das Herz leicht" und „lindert Kopfschmerzen und Wassersucht". Bei übermäßigem Kaffeekonsum beobachteten die Ärzte jedoch auch Schwindel, Abmagerung, Schlafstörungen und Melancholie. Seither sind zahlreiche wissenschaftliche Studien erschienen, welche die gesundheitlichen Effekte von Kaffee intensiv untersucht haben. Jährlich kommen einige hundert neue Studien dazu, und damit zählt Kaffee zu den am besten untersuchten Lebens- und Genussmitteln weltweit.

Deutlich erkennbar wird aus diesen wissenschaftlichen Untersuchungen, dass Kaffee in Maßen genossen, worunter man maximal vier bis fünf Tassen pro Tag versteht, nicht nur gesundheitlich unbedenklich ist, sondern sogar gesundheitsfördernde Eigenschaften besitzen kann. Vorurteile, wie zum Beispiel, Kaffee könne für Herz- und Magenbeschwerden verantwortlich gemacht werden oder Kaffee entziehe dem Körper Wasser, konnten wissenschaftlich widerlegt werden. Dieses Kapitel geht im Detail auf die wichtigsten wissenschaftlichen Erkenntnisse der letzten Jahre ein.

> Die gesundheitlichen Wirkungen von Kaffee werden intensiv untersucht. Jedes Jahr erscheinen einige hundert neue Studien. Dabei konnten zahlreiche Vorurteile widerlegt und positive Wirkungen nachgewiesen werden.

Wirkungen auf die geistige und körperliche Leistungsfähigkeit

Kaffee, genauer gesagt das darin enthaltene Koffein, steigert nachweislich die Wachheit und regt den Kreislauf an. Auch aus diesem Grunde gehört für viele Kaffee zu einem ausgewogenen Frühstück mit dazu. Studien haben ebenfalls beweisen können, dass der Konsum von Kaffee die geistige und körperliche Leistungsfähigkeit erhöhen kann. Durch Koffein wird die Konzentration gesteigert, Informationen werden vom Gehirn schneller aufgenommen und verarbeitet. Bei in wissenschaftlichen Untersuchungen gestellten Aufgaben verkürzte sich die Reaktionszeit, und die Fehlerquote sank. Auch die visuelle Wachsamkeit verbesserte sich aufgrund des Koffein-

Kaffee – in Maßen genossen – kann zu einer gesunden Ernährung dazugehören.

konsums. Einige Studien konnten sogar nachweisen, dass langfristiger Kaffeekonsum den altersbedingten Abbau der geistigen Leistungsfähigkeit verringern kann. Auch Sportler können vom Kaffee profitieren und körperlich leistungsstärker werden. Vor allem bei Ausdauersportlern bewirkt das Koffein unter anderem dadurch einen leistungssteigernden Effekt, dass Kalzium aus den Zellen mobilisiert wird und freie Fettsäuren verbrannt werden. Hinzu kommt, dass Koffein bekanntermaßen die Konzentrationsfähigkeit und Wachheit steigert und deshalb auch auf diesem Weg das physische Leistungsvermögen positiv beeinflusst. Zudem wirkt Koffein auf Rezeptoren im Gehirn in der Weise, dass die Schmerzempfindlichkeit und die subjektive Wahrnehmung der Anstrengung herabgesetzt und so der Eintritt der Erschöpfung verzögert wird.

Wirkungen auf Leber, Galle und Nieren

Auf die Leber kann Kaffee laut zahlreicher Studien einen schützenden Einfluss haben. Untersuchungen belegen, dass vier oder mehr Tassen Kaffee pro Tag das Risiko einer Leberzirrhose um bis zu 80 Prozent senken können. Chronische Erkrankungen der Leber können durch regelmäßigen Kaffeekonsum sogar gelindert und der krankhafte Umbau des wichtigen Entgiftungsorgans deutlich verlangsamt werden. Die Wirkung wird hauptsächlich dem enthaltenen Koffein zugeschrieben. Zudem stimuliert Kaffee die Gallenblase, was vor Gallensteinen schützen kann.

Kaffee regt die Urinproduktion und den Harnfluss an, vor allem bei größeren Mengen Kaffee. Dies bedeutet jedoch nicht, dass Kaffee dem Körper Wasser entzieht. Es ist wissenschaftlich bewiesen, dass die Menge des getrunkenen Kaffees zur täglichen Flüssigkeitsmenge hinzugezählt werden kann. Da die Nieren durch Kaffeekonsum stimuliert werden, kann das Risiko für Nierensteine dadurch sinken. Dieser Effekt wurde auch bei entkoffeiniertem Kaffee beobachtet.

Koffein kann leistungsfördernd wirken und stand bis zum Jahr 2004 sogar auf der Doping-Liste. Vor allem Ausdauersportler profitieren von dem Effekt, den Koffein auf die körperliche Leistungsfähigkeit hat.

Wirkungen auf das Herz-Kreislauf-System und den Blutdruck

Die wissenschaftlichen Untersuchungen zu gesundheitlichen Wirkungen von Kaffee auf das Herz-Kreislauf-System ergeben noch kein vollkommen klares Bild, weshalb gerade in diesem Bereich viel geforscht wird. Fest steht

jedoch, dass Kaffee den Kreislauf und den Herzmuskel anregt und die Blutgefäße erweitern kann. Bei Menschen mit niedrigem Blutdruck bringt Kaffee am Morgen den Kreislauf in Schwung, da der Blutdruck leicht ansteigt. Dauerhaft wird der Blutdruck durch Kaffeekonsum jedoch nicht erhöht, denn dieser normalisiert sich rasch wieder.

Es gibt Studien, die darauf hinweisen, dass mäßiger Kaffeekonsum sogar vor Herz-Kreislauf-Erkrankungen und Schlaganfall schützen kann. Kaffee enthält die Substanzen Cafestol und Kahweol, sogenannte Diterpenester, die vermutlich die Cholesterinwerte im Blut erhöhen. Bislang gehen Experten davon aus, dass der Effekt schnell wieder nachlässt. Filterkaffee und löslicher Kaffee beinhalten nur geringe Mengen dieser beiden Diterpenester und haben somit kaum Einfluss auf den Cholesterinspiegel.

Kaffee trinken bedeutet durchaus Flüssigkeitszufuhr. Das Vorurteil, Kaffee entziehe dem Körper Wasser, ist längst widerlegt.

Wirkungen auf den Magen-Darm-Trakt

Studien zeigen, dass Kaffee die Peristaltik, die Beweglichkeit des Darms, unterstützt und den Gallenfluss anregt. Vor allem den im Kaffee enthaltenen Säuren, Gerb- und Bitterstoffen kann diese verdauungsfördernde Wirkung zugeschrieben werden. Es gibt allerdings Menschen, die auf einige Säuren im Kaffee empfindlich reagieren. Naturmilde oder Schonkaffees enthalten durch die verwendeten Sorten beziehungsweise spezielle Aufbereitung weniger dieser Säuren und Reizstoffe und werden daher meist besser vertragen. Das besondere Aufbrühverfahren von Espresso bewirkt, dass dieser von vielen Menschen als bekömmlicher und milder empfunden wird. Ein Zusammenhang zwischen Magengeschwüren und Kaffeekonsum konnte nicht nachgewiesen werden. Untersuchungen deuten darauf hin, dass Kaffeetrinker seltener an Darmkrebs erkranken. Dies resultiert vermutlich aus dem hohen Gehalt an Chlorogensäuren, die einen antioxidativen Effekt haben. Schützend wirkt sich vermutlich auch die durch den Kaffee beschleunigte Verdauung aus. Durch die kürzere Verweildauer im Darm haben potenziell krebserregende Stoffe weniger Chancen, diesen zu schädigen.

Kaffeegenuss während der Schwangerschaft

Die Wirkung von Kaffee beziehungsweise Koffein in der Schwangerschaft wird kontrovers diskutiert. Koffein kann, ebenso wie Alkohol, die Plazentaschranke ungehindert passieren. Da beim Embryo wie auch beim Säugling die Leber noch nicht voll entwickelt ist, benötigt der Körper zum Abbau des Koffeins deutlich mehr Zeit als bei erwachsenen Menschen. Die

EU-Kommission für Nahrungsmittel konstatierte im Jahr 1999, dass auch in der Schwangerschaft die Aufnahme von bis zu 300 Milligramm Koffein pro Tag unbedenklich zu sein scheint. Das entspricht ungefähr zwei bis drei Tassen täglich.

Zwei Studien aus dem Jahr 2008, die das Risiko von Fehlgeburten untersucht hatten, kamen zu unterschiedlichen Ergebnissen. Während in der einen Studie ein erhöhtes Risiko für einen ungewollten Schwangerschaftsabbruch bei einer Überschreitung von 200 Milligramm Koffein pro Tag beobachtet wurde, konnte die zweite Studie keinen solchen Zusammenhang feststellen.

Die Deutsche Gesellschaft für Ernährung empfiehlt: „Bei Sichtung der Literatur ergeben sich Hinweise, dass beim Konsum hoher Dosen an Koffein während der Schwangerschaft schädliche Wirkungen auftreten können. Gleichzeitig zeigen Ergebnisse von epidemiologischen Untersuchungen, dass von moderatem Kaffeekonsum (weniger als 300 Milligramm Koffein pro Tag, beziehungsweise weniger als fünf bis sechs Milligramm Koffein pro Kilogramm Körpergewicht, beziehungsweise drei Tassen Kaffee) während der Schwangerschaft keine negativen Wirkungen zu erwarten sind." Bei einem höheren Kaffeekonsum wird werdenden Müttern entkoffeinierter Kaffee empfohlen. In Großbritannien gelten 200 Milligramm Koffein pro Tag für Schwangere als Höchstmenge, was in etwa zwei Tassen Kaffee entspricht. Es ist zu beachten, dass Koffein auch in Tee, Kakao sowie einigen Softdrinks und Medikamenten enthalten ist.

Zwei bis drei Tassen Kaffee sind für Schwangere unbedenklich. Wer ganz sicher gehen will, steigt auf entkoffeinierten Kaffee um.

Kaffee und Prävention

Kaffee und Diabetes

Als Diabetes mellitus oder Zuckerkrankheit bezeichnet man verschiedene Formen von Glukose-Stoffwechsel-Störungen. Bei gesunden Menschen sorgt das Hormon Insulin dafür, dass Glukose aus dem Blut in die Körperzellen aufgenommen wird. Ist nicht genug Insulin vorhanden, kommt es zu einer krankhaften Erhöhung des Blutzuckerspiegels. Es gibt zwei Formen von Diabetes: Typ 1 (angeboren) und Typ 2 (erworben). Im Jahr 2000 gab es in Europa ungefähr 16 Millionen Erkrankte, im Jahr 2010 waren es bereits mehr als 23 Millionen.

In Deutschland rechnet man derzeit mit mindestens sechs Millionen Betroffenen. Schon in wenigen Jahren werden es laut Schätzungen von Experten acht Millionen Menschen sein, die vor allem an Typ-2-Diabetes erkrankt sein werden. Typ-2-Diabetes kann durch ungesunden Lebenswandel entstehen.

Forscher suchen intensiv nach Faktoren, welche die weitere Ausbreitung dieser Zivilisationskrankheit begrenzen könnten. In diesem Zusammenhang wurde auch der Einfluss von Kaffee und Koffein untersucht. Vor allem die aktuelleren Studien weisen darauf hin, dass der regelmäßige Kaffeekonsum das Risiko für einen Typ-2-Diabetes reduzieren kann. So kamen mehrere Studien in Europa, den USA und Japan zu dem Ergebnis, dass Menschen, die regelmäßig Kaffee tranken, ein bis zu 50 Prozent niedrigeres Risiko hatten, an Typ-2-Diabetes zu erkranken, als Menschen, die keinen Kaffee tranken.

Dieser Effekt trat auch bei den Studien auf, in denen entkoffeinierter Kaffee in die Untersuchung miteinbezogen wurde. Daraus kann gefolgert werden, dass für die Risikoreduktion vermutlich nicht nur das Koffein allein, sondern zusätzlich andere Inhaltsstoffe des Kaffees verantwortlich sind. Der exakte Wirkmechanismus für diesen Schutzeffekt muss noch weiter erforscht werden.

Zu den möglicherweise dem Diabetes vorbeugenden Substanzen im Kaffee zählt die Forschung unter anderem Magnesium, Chlorogensäure und Antioxidantien, die eine hemmende Wirkung auf ein glukosebildendes Enzym im Dünndarm haben. Koffein und Theophyllin könnten ebenfalls eine Rolle spielen, da diese Stoffe die Zellen stimulieren, die Insulin produzieren. Weitere Studien sind nötig, um die genauen Wirkstoffe für einen schützenden Effekt zu identifizieren.

Kaffee hält nachweislich fit und steigert Wachheit und Konzentrationsvermögen.

Kaffee ist das Lieblingsgetränk der Deutschen und eines der am besten untersuchten Lebensmittel. In Maßen genossen ist Kaffee Teil einer gesunden und ausgewogenen Lebensweise.

Kaffee und Parkinson sowie Kaffee und Alzheimer-Demenz

Die Parkinsonkrankheit ist eine der bekanntesten Nervenkrankheiten weltweit. Ungefähr vier Millionen Menschen sind davon betroffen. Das Risiko zu erkranken steigt mit zunehmendem Alter stark an. Parkinson entsteht, wenn jene Gehirnzellen absterben, die den Nervenbotenstoff Dopamin produzieren, und dieser Stoff nicht oder nicht mehr ausreichend zur Verfügung steht. Durch diesen Mangel an Dopamin können Nerveninformationen an die Muskeln nicht mehr kontrolliert werden, Muskelzittern, Steifheit und Gleichgewichtsstörungen sind die Folge.

Der Effekt von Koffein auf die Entstehung von Parkinson wurde schon seit Langem untersucht. Bereits die ersten Studien aus der Zeit um das Jahr 1968 ließen erkennen, dass Kaffee hier offensichtlich einen positiven Effekt hat. Auch neuere Studien bestätigen diese Erkenntnis. So zeigten die männlichen kaffeetrinkenden Teilnehmer einer groß angelegten Studie ein fünffach geringeres Risiko, an Parkinson zu erkranken, als die „Nicht-Kaffeetrinker“. Bei Frauen war das Ergebnis nicht ganz so eindeutig. Die Auswertung und Zusammenfassung mehrerer Studien kam zu dem Ergebnis, dass das Risiko zu erkranken bei Kaffeetrinkern um durchschnittlich 30 Prozent niedriger lag.

Ähnlich sieht es bei der Alzheimer-Krankheit aus. Aufgrund der demografischen Entwicklung insbesondere in den Industriestaaten steigt die Zahl von Alzheimer-Patienten immer rasanter an. In den letzten Jahren wuchs daher das Interesse, Möglichkeiten zu finden, wie man der Alzheimer-Demenz vorbeugen könnte. In diesem Zusammenhang untersuchte man auch den Einfluss von Kaffee beziehungsweise Koffein. Mehrere Studien kamen so zu dem Ergebnis, dass es offensichtlich einen schützenden Effekt durch Kaffeekonsum auf das Alzheimer-Risiko gibt. Es wird vermutet, dass die im Kaffee enthaltenen Antioxidantien für die Schutzwirkung eine maßgebliche Rolle spielen.

Die Inhaltsstoffe der Kaffeebohne

Im Kaffee konnten bislang über 1000 verschiedene Inhaltsstoffe nachgewiesen werden. Dabei sind die jeweiligen Anteile der Inhaltsstoffe unterschiedlich groß, und die Zusammensetzung ändert sich, je nachdem ob es sich um die Rohkaffeebohne, den gerösteten Kaffee oder das aufgebrühte Getränk handelt. Die Inhaltsstoffe in der Rohkaffeebohne variieren stark je nach Herkunft, Bodenbeschaffenheit, Sorte und Aufbereitung. Beim Röstkaffee spielen der Röstgrad, die Rösttemperatur und die Röstdauer eine wesentliche Rolle für die genaue Zusammensetzung der Inhaltsstoffe. Beim Röstprozess verändern sich diese Stoffe; einige Verbindungen nehmen ab oder verschwinden gänzlich, andere nehmen zu oder entstehen vollkommen neu. All diese Faktoren beeinflussen die Zusammensetzung der Inhaltsstoffe, weshalb keine zwei Kaffeesorten oder -mischungen identisch sind.

Hauptbestandteile der Kaffeebohne sind Kohlenhydrate, Wasser, Eiweiße, Säuren, Fette und Öle, Alkaloide sowie Mineralstoffe. Im gerösteten Kaffee wurden bislang rund 850 Aromastoffe identifiziert.

Kohlenhydrate machen bei der Rohkaffeebohne einen Anteil von 30 bis 40 Prozent aus. Sie bestehen vorrangig aus wasserunlöslichen und wasserlöslichen Polysacchariden (Mehrfachzuckern). Bei Arabica machen diese einen Anteil von 53 Prozent aus, bei Robusta 44 Prozent. Die wasserunlöslichen

Durchschnittswerte bei Rohkaffee

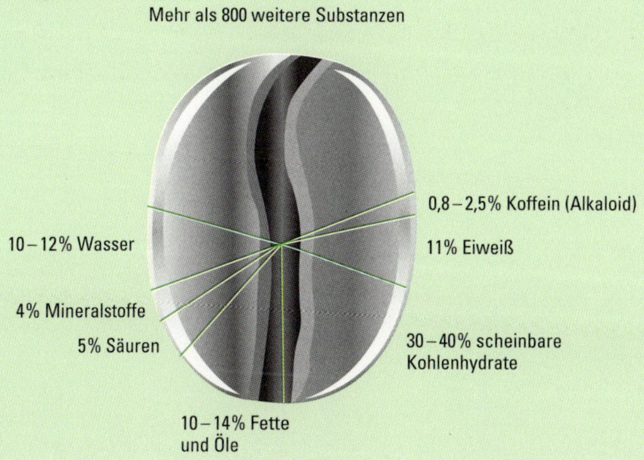

Polysaccharide bilden die Substanzen, aus denen die Zellwände der Kaffeebohne bestehen. Durch Hitze nehmen die wasserlöslichen Mehrfachzucker zu, da die Zellwandbestandteile aus Holocellulose zum Teil abgebaut werden. Die Abbauprodukte sind dann teilweise wasserlöslich und gehen beim Aufbrühen ins Getränk über. Der Anteil an wasserunlöslichen Polysacchariden, der nach dem Rösten bestehen bleibt, wird beim Kaffeeaufguss als Kaffeesatz sichtbar.

Zu den in der Rohkaffeebohne enthaltenen Kohlenhydraten gehören auch, allerdings zu einem deutlich kleineren Teil, Einfachzucker, wie zum Beispiel Glukose, sowie Oligosaccharide, aus wenigen Zuckern bestehende Kohlenhydrate, wie etwa Saccharose. Durch das Rösten verändern sich diese Kohlenhydrate und werden in der sogenannten Maillard-Reaktion entweder zu anderen Verbindungen umgebaut oder verschwinden völlig (vergleiche hierzu das Kapitel 8 „Verarbeitung“). Einfachzucker sind im gerösteten Produkt so gut wie nicht mehr zu finden.

Rohkaffee besteht zu zehn bis zwölf Prozent aus Wasser. Beim Rösten verdunstet dieses auf eine Restfeuchte von zwei bis zweieinhalb Prozent. Der Wassergehalt des gerösteten Produktes beträgt bis zu fünf Prozent. Dieser Wasseranteil gilt als gesetzlich festgelegte Maximalgrenze für Röstkaffee. Röstkaffee bindet leicht Wasser aus der Umgebung, was den Geschmack beeinflussen kann. Aus diesem Grund sollte Kaffee immer trocken gelagert werden.

Durchschnittswerte bei Röstkaffee

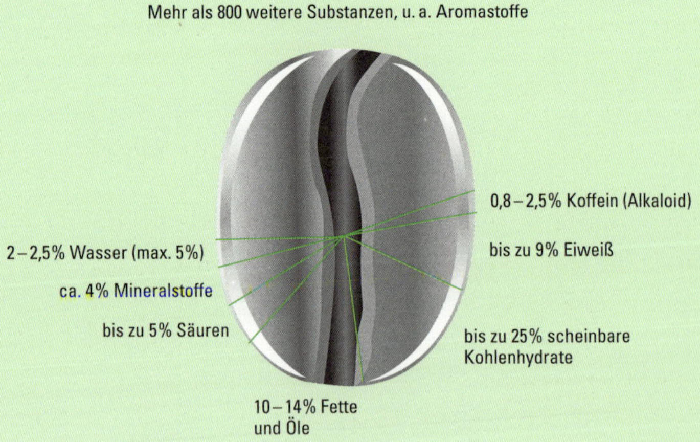

Fette und Öle sind wichtige Geschmacksträger in der Kaffeebohne. Über 80 verschiedene Lipide (Fette) sind in den Zellen der Rohbohnen enthalten. Ein kleiner Teil überzieht als Kaffeewachs in einer feinen Schicht die Oberfläche der Bohne. Überwiegend sind es Triglyzeride und Diterpenester, zum Beispiel Cafestol und Kahweol; sie bilden die sogenannten Kaffeeöle. Der Anteil an Fetten und Ölen liegt bei zehn bis 14 Prozent und ändert sich auch beim Rösten kaum. Da Fette nicht wasserlöslich sind, geht nur ein geringer Teil in das fertige Getränk über. Arabica enthält mehr Fette und Öle als Robusta.

Robusta-Kaffees enthalten deutlich mehr Koffein als Arabicas.

Die wichtigsten in den Fettstoffen vorkommenden Fettsäuren sind Linolsäure und Palmitinsäure. Der relativ hohe Anteil an Fetten und Ölen beeinträchtigt die Haltbarkeit von Röstkaffee, was ein weiterer Grund ist, weshalb dieser möglichst trocken und fest verschlossen gelagert werden sollte. Es sollte möglichst kein Sauerstoff an das geröstete Produkt gelangen.

Neben den Lipiden sind Säuren ein wichtiger Aromaträger des Kaffees. Sie machen einen Anteil von fünf Prozent im Rohkaffee aus. Die wichtigsten und bekanntesten im Kaffee enthaltenen Säuren sind die Chlorogensäuren, die bei Arabica 6,5 Prozent und bei Robusta acht Prozent der Trockenmasse ausmachen. Diese werden beim Rösten je nach Röstgrad zu 30 bis 70 Prozent abgebaut. Insgesamt enthält Kaffee rund 80 Säuren, darunter zu kleinen Teilen auch Apfel-, Essig-, Zitronen- und Buttersäure. Das Zusammenspiel der Säuren ergibt den charakteristischen Geruch und Geschmack von Röstkaffee. Säuren können durch Grad, Temperatur und Dauer des Röstens gezielt abgebaut werden. Allgemein gilt: Je dunkler die Röstung, desto weniger Säuren sind enthalten; je heller die Röstung, desto säurehaltiger ist der Kaffee.

Eiweiße (Proteine) sind zu elf Prozent in der Rohkaffeebohne enthalten. Sie werden beim Rösten fast vollständig abgebaut beziehungsweise im Zuge der Maillard-Reaktion mit Kohlenhydraten zu Bräunungsprodukten umgewandelt (siehe hierzu das Kapitel 8 „Verarbeitung“). Im fertigen Getränk sind sie so gut wie nicht enthalten.

Kaffee enthält eine Vielzahl von Mineralstoffen, deren Zusammensetzung stark von der Bodenbeschaffenheit des Herkunftslandes abhängt. Insgesamt machen Mineralstoffe circa vier Prozent der Kaffee-Inhaltsstoffe aus. Mineralstoffe sind hitzebeständig und wasserlöslich und gehen somit zu fast 90 Prozent in das fertige Getränk über. Am größten ist die Konzentration von Kalium, gefolgt von Kalzium, Magnesium und Phosphor. Alle anderen Mineralstoffe kommen in Spuren ebenfalls vor.

Alkaloide sind stickstoffhaltige Natursubstanzen, die in bestimmten Pflanzengattungen vorkommen. Das bekannteste Alkaloid ist Koffein, welches den Hauptbestandteil an Alkaloiden im Kaffee ausmacht, je nach Sorte und Herkunft zwischen 0,8 und 2,5 Prozent. Robusta-Kaffees enthalten deutlich mehr Koffein als Arabicas. Alkaloide sind hitzebeständig: Rösten und Aufbrühen des Getränkes beeinflussen den Gehalt nicht. Neben Koffein kommen in kleineren Mengen auch Theobromin, Theophyllin und Trigonellin vor. Letzteres wird beim Rösten zum Vitamin Niacin, besser bekannt als Nikotinsäure, umgewandelt.
Für den charakteristischen Geschmack und Geruch von Kaffee sind neben Lipiden und Säuren vor allem Aromastoffe verantwortlich, die erst beim Rösten entstehen. Im Rohkaffee sind keine Aromastoffe enthalten. Wie bereits erwähnt, wurden bislang rund 800 Aromen im Röstkaffee identifiziert. Forscher gehen davon aus, dass Röstkaffee noch deutlich mehr Aromastoffe enthält, die noch detailliert entschlüsselt werden müssen. Röstkaffee gilt als eines der aromareichsten Lebensmittel überhaupt. Die im Kaffee enthaltenen Aromen sind äußerst flüchtig, weshalb Röstkaffee unbedingt luftdicht verpackt gelagert werden sollte. Sauerstoff ist der größte Feind der Aromastoffe.

Zusammenfassung

Kaffee ist eines der beliebtesten Getränke weltweit und zugleich eines der am gründlichsten erforschten Lebensmittel überhaupt. Weltweit beschäftigen sich Wissenschaftler mit den Inhaltsstoffen von Kaffee und deren Wirkungsweisen auf den menschlichen Organismus. In den meisten Fällen konnten Zusammenhänge zwischen der Entstehung von Krankheiten und Kaffeekonsum ausgeschlossen werden. Im Gegenteil: Der Genuss von drei bis vier Tassen Kaffee pro Tag kann in vielen Fällen positive Wirkungen auf die Gesundheit haben und sogar dazu beitragen, Krankheiten vorzubeugen. Weitere Forschungen in diesen Bereichen sind notwendig, um diese Wirkungen endgültig zu beweisen. Grundsätzlich muss niemand aus gesundheitlichen Gründen auf Kaffee verzichten. Bestehen ernsthafte Erkrankungen, sollte in jedem Fall ein Arzt kontaktiert werden. Schwangere sollten maximal 200 bis 300 Milligramm Koffein pro Tag aufnehmen. Kaffee, in Maßen genossen, kann zu einer gesunden Ernährung zählen.

14 Kaffee – eine internationale Köstlichkeit

Ob als Kaffee, Caffè, Café, Coffee, Koffie, Kaffe, Kahvi, Kawa, Kofe, Cafea oder Kaféo – Kaffeegenuss hat auf der ganzen Welt einen hohen Stellenwert und ist oft ein fester Bestandteil der Kultur. Jedes Land, jede Gesellschaft hat ihre eigenen Kaffeekreationen geschaffen und häufig über Jahrhunderte hinweg eine individuelle Kaffeekultur entwickelt. Durch die Globalisierung bekommt man heutzutage selbstverständlich auch in Kalifornien einen italienischen Espresso oder kann in Stockholm einen französischen Café au lait bestellen. Doch erst wenn man sich auf das bunte Treiben in einer typisch italienischen Espressobar einlässt oder seinen Café au lait aus dem typischen „Bol" genannten Gefäß in einem provenzalischen Café genießt, spürt man die wirkliche Kaffeekultur des jeweiligen Landes. Einige Kulturkreise und Länder haben sich eine althergebrachte Kaffeekultur bis heute bewahrt, gleichzeitig breiten sich neuzeitliche Trends auch in vielen Ländern ohne traditionelle Kaffeekultur aus.

Afrika und die arabisch-orientalische Welt

Der Kaffee erlebte im asiatischen Orient seine erste Blütezeit. Sein natürlicher Ursprung liegt aber in Afrika. Aus Äthiopien kommend gelangte der Kaffee nach Vorderasien, das für lange Zeit die einzige Region auf der Erde war, in der er systematisch angebaut und gehandelt wurde, vor allem in der Gegend des heutigen Jemen. So entstand in Afrika und dem Orient eine blühende Kaffeekultur, die bis heute lebendig geblieben ist. Zwar gibt es viele kleine Unterschiede, wie in den einzelnen Ländern Kaffee zubereitet und genossen wird, doch eines haben alle gemeinsam: Kaffeetrinken ist ein Teil des sozialen Lebens und eine Einladung dazu Ausdruck der besonderen Gastfreundschaft.

Äthiopien und Zentralafrika

Äthiopien, genauer das Hochland von Abessinien, gilt als Urheimat des Kaffees. Die Menschen dort und in Zentralafrika legen viel Wert auf eine ausgedehnte Kaffeezeremonie, deren Handhabung meist ausschließlich Frauensache ist. Die landestypische Kaffeezubereitung wird über mehrere Stunden zelebriert und ist eine ganz besondere Art der Zusammenkunft.

Äthiopische Kaffeezeremonie

Dazu wird Rohkaffee frisch auf dem Markt gekauft und zu Hause über offenem Feuer beziehungsweise glühender Holzkohle in einem Metallgefäß geröstet. Die Frauen wenden die Bohnen während des Röstens ständig, damit der Kaffee gleichmäßig bräunt.

Die gerösteten Bohnen werden in einen Handmörser gegeben und mit einem Stößel zu Pulver zermahlen. Gleichzeitig kocht über dem offenen Feuer beziehungsweise den glühenden Kohlen Wasser in einer typisch äthiopischen Kaffeekanne, der sogenannten Jebanna. Sobald das Wasser kocht, wird das Kaffeepulver in die Kanne gegeben und der Kaffee mehrmals aufgekocht.

Der Kaffee ist ziemlich stark und wird traditionell mit Gewürzen verfeinert. Besonders beliebt ist Kardamom. Die Samen der Kardamompflanze enthalten ätherische Öle, die dem Kaffee eine würzige, süßlich-scharfe Geschmacksnote verleihen und einen intensiv aromatischen Duft verströmen.

Während der Zeremonie wird häufig Weihrauch verbrannt, der zusammen mit dem Geruch der Holzkohle und der gerösteten Kaffeebohnen die Kaffeezeremonie auch zu einem olfaktorischen Erlebnis macht. Traditionell werden bei dieser Zeremonie von jedem Beteiligten drei Tassen Kaffee getrunken: Die erste Tasse dient dem reinen Genuss, während der zweiten Tasse plaudert man miteinander und bespricht die anstehenden Themen. Die dritte Tasse schließlich soll Segen über die Anwesenden bringen. Zum Kaffee wurde ursprünglich auf den noch glühenden Holzkohlen geröstetes Getreide gereicht, heute nimmt man oft auch Popcorn.

Libanesischer Kaffee mit Kardamom

Der Orient

Der Begriff „Orient" hat seine Wurzeln im lateinischen „oriens", dem Osten, und bezeichnete ursprünglich das Morgenland, welches im Gegensatz zu Europa, dem Abendland, stand und die gesamte asiatische Welt inklusive China und Indien beschrieb.

Später wurden nur vorderasiatische Länder, Ägypten und die meisten islamischen Kulturen zum Orient zusammengefasst. Heute wird der Begriff meist für den Nahen Osten und die arabisch-islamische Welt einschließlich der Türkei, des Irans, Pakistans und Nordafrikas verwendet.

Arabische Staaten, Türkei und Griechenland

In der arabisch-islamischen Welt verbringen viele Menschen entspannte Nachmittage am Kaffeehaustisch im Basar. In der Türkei zum Beispiel trinkt man Kaffee auch heute noch traditionell auf „türkische Art", eine der ältesten bekannten Methoden der Kaffeezubereitung. Dabei wird der kräftige, aromatische Kaffee zusammen mit dem Wasser gekocht und mit dem Satz – seiner Seele – serviert. Der typische starke „Cezve", der mancherorts auch „Mokka" oder „Kahve" genannt wird, erhält sein „verbranntes" Aroma durch das mehrmalige Aufkochen in einer speziellen Kanne, die in verschiedenen Größen in jedem türkischen Haushalt zu finden ist. Angeblich sollen aus der Art, wie sich der Kaffee in der Tasse absetzt, zukünftige Geschehnisse vorhergesagt werden können. Auch die Menschen in anderen orientalischen Ländern sowie Staaten im östlichen Mittelmeerraum genießen ihren Kaffee meist sehr stark und frisch aufgekocht. In Griechenland heißt dieses dem arabischen „Qahwa" entsprechende Getränk „Ellinikós Kafés".
In Saudi-Arabien gibt es noch immer die Tradition, vor der Kaffeezubereitung etwas Wasser auf die Erde zu schütten. Dies geht auf ein Opferritual der Beduinen zurück, die selbst in der Wüste daran dachten, Allah durch diese symbolische Geste für ihre Vorräte zu danken. Anschließend wird das Kaffeepulver in einer speziellen Kaffeekanne, dem Ibrik, mit kochendem Wasser übergossen.

Europa

Über den Orient kam der Kaffee nach Europa. Dort haben sich in den einzelnen Ländern viele verschiedene Kaffeekulturen entwickelt, die sich meist deutlich von der traditionell orientalischen Art unterscheiden, Kaffee zu kochen und zu genießen.

Frankreich

Frankreich ist für seine ausgeprägte genussvolle Lebensart bekannt, die außerhalb des Landes oft mit dem Begriff „savoir-vivre“ bezeichnet wird. Neben der Liebe zur guten Küche und zu gutem Wein haben die Franzosen auch eine genussvolle Kaffeekultur geschaffen, wobei in Frankreich sogar mehr Kaffee als Wein getrunken wird.

Die bekannteste Kaffeespezialität aus Frankreich ist der „Café au lait“ (auf Deutsch: „Milchkaffee“). Die Franzosen trinken ihn am liebsten morgens zum Frühstück in einem „Bol“, einer großen, henkellosen Schale. Der traditionell französische Café au lait besteht zur Hälfte aus Filterkaffee und zur Hälfte aus Milch. Dazu essen die Franzosen meist ein Croissant mit Marmelade oder ein süßes Gebäckstück.

Wird der Kaffee nicht mit dem Filter gebrüht, dann nutzen die Franzosen die sogenannte „French Press“, die man in Deutschland als Press-Stempelkanne bezeichnet. In die Kanne wird Kaffeepulver gegeben und mit heißem Wasser aufgegossen. Nach kurzer Einwirkzeit wird ein sich am Deckel befindliches Sieb hinuntergedrückt und trennt so das Wasser vom Kaffeesatz.

Café au lait wird meist nur morgens getrunken, nachmittags gibt es eher Café noir, also schwarzen Kaffee, oder Café noisette, einen schwarzen Kaffee oder Espresso mit etwas Milch. Häufig bieten die kleinen Cafés auch Café Crème, einen Espresso mit einem gleichen Teil Milch, an oder einen Café Serré, einen verlängerten Espresso. Viele Cafés werden am Abend zu Bars umfunktioniert, traditionelle Kaffeehäuser wie früher findet man nur noch selten.

> Italiens Kaffeekultur ist legendär und italienische Kaffeespezialitäten wie Latte Macchiato, Cappuccino und Caffe Latte sind weltbekannt.

Italien

Italiens Kaffeekultur ist legendär. Espresso, Cappuccino, Latte Macchiato oder Caffe Latte sind in aller Welt bekannt. Italiener sind Kaffeeliebhaber durch und durch und genießen vor allem Espresso und alle Getränke, die mit Espresso zubereitet werden. Zum Frühstück wird meist ein „Cappuccino“, ein Espresso mit Milchschaumhaube, oder „Caffe Latte“, also Milchkaffee, getrunken. Dazu gibt es wie in vielen anderen südeuropäischen Ländern ein süßes Gebäckteil. Im Laufe des Tages greifen die Kaffeeliebhaber eher zu Espresso pur, der in Italien übrigens auch „Caffè“ genannt wird. Espresso gilt als Nationalgetränk, und man sieht es nahezu als eine Kunst an, einen wirklich guten Espresso zuzubereiten. Der Begriff Barista, der einen Kaffeekünstler bezeichnet, der das Handwerk des Espressokochens perfekt beherrscht, ist folgerichtig natürlich in Italien entstanden.

Cappuccino und Dolci-Hörnchen in einem Café in Venedig

Espresso lässt sich vielfach abwandeln. Es gibt zum Beispiel den „Ristretto", einen sehr konzentrierten Espresso mit weniger Wasser, den „Lungo", einen mit Wasser verlängerten Espresso, den „Doppio", einen doppelten Espresso in einer speziellen Tasse, oder den „Macchiato", einen Espresso mit etwas aufgeschäumter Milch.

Dieser ist nicht zu verwechseln mit dem „Latte Macchiato", denn der ist eher ein Milchgetränk: Auf etwa 300 Milliliter heiße Milch wird ein Espresso gegossen, der dann mit einer weiteren Schicht Milchschaum garniert wird. Wörtlich übersetzt heißt diese Kaffeespezialität „befleckte Milch". Der Cappuccino verdankt seinen Namen der Möchskapuze – im Italienischen „Cappuccio". So wird auch dem Cappuccino eine Kapuze, seine weiße, üppige Schaumkrone aus aufgeschlagener Milch, aufgesetzt. Cappuccino wird manchmal auch nach dem Mittag- oder Abendessen anstelle eines Desserts getrunken.

Da die Italiener nicht nur Kaffee lieben, sondern auch Liköre, Grappa und andere Spirituosen, ist es kein Wunder, dass diese beiden Leidenschaften

Kellner an der Theke des Caffè Platti in Turin

gerne kombiniert werden und in den Cafés und Bars gern „Caffe Corretto" angeboten wird: ein Espresso mit einem Schuss Hochprozentigem. Wie auch in einigen anderen südeuropäischen Ländern ist ein an der Theke einer Bar oder eines Cafés getrunkener Kaffee deutlich günstiger als ein am Tisch servierter. Es gehört zur italienischen Lebensart, zusammen mit vielen anderen vor der Theke zusammenzustehen und auf seinen Espresso zu warten und dabei zu diskutieren und Neuigkeiten auszutauschen. Kaum jemand in Italien wird sich seine Kaffeespezialität zum Mitnehmen bestellen.

Eines der ersten Cafés auf europäischem Boden war das „Café Florian" in Venedig, das es bis heute gibt. Zwar ist die traditionelle Kaffeehauskultur mit Künstler- und Gelehrtenpublikum auch in Italien weitgehend verschwunden, viele der Kaffeehäuser stehen aber bis heute und sind noch immer in Betrieb.

Österreich

Die österreichische Kaffeekultur ist bis heute sehr traditionell geprägt, obwohl natürlich auch hier moderne Einflüsse zu spüren sind. Ins Land gebracht wurde der Kaffee durch die Türken, die in mehreren Feldzügen versuchten, Österreich zu erobern. Die Österreicher liebten das neue Getränk, und eine lebhafte Kaffeehauskultur entstand.

„Einspänner“ (Mokka mit Schlagsahne), ein Glas Wasser und Zucker

Wie in vielen anderen Ländern auch waren diese Gasthäuser die Treffpunkte der Intellektuellen und Mittelpunkte des künstlerischen und politischen Lebens. Noch heute sind viele altehrwürdige Bauten in Betrieb und servieren traditionelle Kaffeevariationen, wie „Einspänner“, einen kleinen kräftigen Kaffee mit Schlagsahne und Puderzucker im Glas, oder einen „Braunen“, eine Tasse Kaffee mit frischer Milch und Sahne.

Weitere klassisch österreichische Spezialitäten sind:

- **Kleiner Schwarzer/Mokka/Piccolo:** kleiner starker Kaffee, gefiltert, mit Espressokanne oder auf türkische Art zubereitet
- **Verlängerter:** kleiner schwarzer Kaffee, der mit einem Kännchen heißem Wasser serviert wird, sodass sich der Gast das Getränk individuell verlängern kann
- **Konsul:** großer starker Kaffee mit einem Schuss flüssiger Sahne
- **Kapuziner:** starker Kaffee mit einer dicken Haube aus Schlagsahne
- **Melange:** zwei Drittel starker Filterkaffee mit einem Drittel heißer Milch im Stielglas serviert, teilweise mit Sahne versetzt und Kakao bestäubt

Portugal und Spanien

Die Portugiesen förderten den Kaffeeanbau in ihren Kolonien sehr stark, wodurch Brasilien zum wichtigsten Ursprungsland von Kaffee wurde. In Portugal haben sich eigene Kaffeekreationen entwickelt, die bis heute in der lebhaften Café-Kultur serviert werden.
Der bekannteste Kaffee ist der „Galao“. Dieser starke Kaffee wird mit der gleichen Menge Milch gemischt und in einem Longdrinkglas serviert. „Bica“ ist die portugiesische Variante des doppelten italienischen Espresso und „Garoto“ ein kleinerer starker Kaffee mit Milch.
Spanien war ebenfalls im Kaffeeanbau sehr aktiv und hat seine ehemaligen Kolonien in Süd- und Mittelamerika zu wichtigen Ursprungsländern gemacht. Die Spanier selbst zelebrieren ihre Kaffeekultur ähnlich wie die Portugiesen: Der „Café cortado“, ein starker Kaffee mit heißer Milch, ist allseits beliebt und wird häufig am Tresen bestellt und dort auch getrunken. In einigen Regionen Spaniens wird dieser Klassiker anders bezeichnet, zum Beispiel als „Tallat“ in Katalonien oder als „Cortao“ in Andalusien. „Café con leche“, auf Deutsch „Milchkaffee“, wird häufig zum Frühstück getrunken, während „Café solo“, ein starker schwarzer Kaffee, eher die Siesta bis zum Abend überbrückt.

Nordamerika

Etwa zur gleichen Zeit, als der Kaffee aus dem Orient nach Europa kam, begann die Alte Welt, sich Handelswege nach Amerika zu erschließen. Heute sind die USA die größte Kaffeekonsumnation weltweit. Seit etwa zwei Jahrzehnten hat sich dort eine sehr moderne Kaffeekultur entwickelt, die mittlerweile auch in Kanada, Europa und Australien ausgiebig Einzug gehalten hat und inzwischen auch nach Asien hinüberschwappt: die „Coffeeshop-Kultur“.
Die Amerikaner trinken das anregende Getränk meist als Filterkaffee. Vor etwa 20 Jahren revolutionierte sich der amerikanische Kaffeemarkt, die ersten Coffeeshops entstanden als eine Mischung aus italienischer Kaffeebar und Fast-Food-Deli. Filialen mit identischem Angebot und gleichem Mobiliar entstanden in verschiedenen Städten und boten Kaffeespezialitäten auch zum Mitnehmen an. Dies wurde vor allem in den Städten begeistert aufgenommen: Der „Coffee to go“ ist für geschäftige Großstädter ungemein praktisch, und mittlerweile gehört der Pappbecher in der Hand zum Straßenbild und ist geradezu zum trendigen Accessoire geworden.

Coffee to go in New York

Nach und nach gab es immer mehr Coffeeshops oder Filialen von Coffeeshop-Ketten, die sich heutzutage als moderne Kaffee-außer-Haus-Kultur in der gesamten westlichen Welt etabliert haben. Es werden italienische Kaffeespezialitäten angeboten, aber auch immer wieder variiert. So werden zum Beispiel Sirupe verschiedener Geschmacksrichtungen zu den Kaffees gegeben oder die häufig sehr milchreichen Kaffeekreationen mit Karamell oder Schokostreuseln garniert. Durch die Coffeeshops hat sich eine sehr moderne und variantenfreudige Generation von Kaffeeliebhabern entwickelt, die sowohl das soziale Zusammensein im Coffeeshop schätzen als auch die Möglichkeit, dort im Internet zu surfen oder zu lesen – und natürlich auch die „To go"-Variante, den Kaffee zum Mitnehmen für besonders Eilige.

ASIEN – aus Teetrinkern werden Kaffeetrinker

Asiaten sind traditionell Teetrinker. Dennoch liegen die Anfänge des Kaffeehandels auf dem asiatischen Kontinent: Kaufleute aus dem Jemen entdeckten den Kaffee aus Äthiopien als lukratives Handelsgut und errichteten die ersten wirtschaftlich genutzten Kaffeeplantagen. Lange Zeit hatte der Jemen ein Handelsmonopol und verbot die Ausfuhr von keimfähigen Rohkaffeebohnen, um eine Aussaat an anderem Ort unmöglich zu machen. Unter anderem indischen Kaufleuten gelang es später, dieses Monopol zu durchbrechen, indem sie Rohkaffeebohnen schmuggelten und in ihrem Land aussäten. Auf Sri Lanka, damals noch Ceylon genannt, wurde ursprünglich kein Tee, sondern Kaffee angebaut. Erst als Ende des 19. Jahrhunderts alle Kaffeepflanzen durch eine Pflanzenkrankheit vernichtet wurden, beschloss man, stattdessen auf der Insel Tee anzubauen.

Auch die Kaffeehauskultur hat in Vorderasien ihre Anfänge: In der Türkei und Syrien entstanden die ersten öffentlichen Kaffeehäuser. Sind also die Asiaten eigentlich Kaffeetrinker und wurden zu Teetrinkern? Sicherlich muss

Mobiler Coffeeshop in Kyoto, Japan

ASIEN – aus Teetrinkern werden Kaffeetrinker

Eine junge Asiatin trinkt schwarzen Kaffee.

man hierbei zwischen Vorderasien auf der einen Seite und Indien, China und Südostasien auf der anderen unterscheiden.

Zu der Zeit, in der Kaffee in der orientalischen Welt an Bedeutung erlangte, befanden sich zwar viele Länder dieses Kulturkreises geografisch auf asiatischem Boden, gehörten religiös-kulturell jedoch zu einem anderen Einflussbereich als der Rest des asiatischen Kontinents. Insgesamt darf man also weniger einen Kontinent als Ursprung der Kaffeekultur ansehen als vielmehr die arabisch-islamische Kultur sowohl in Afrika als auch in Asien. Während sich in Vorderasien, also unter anderem in der Türkei, im Jemen oder in Syrien, eine ausgefeilte Kaffeekultur entwickelte, lebten in Indien, China und den südostasiatischen Ländern südlich von China und östlich von Indien ausschließlich Teetrinker. Dies hat sich in den letzten Jahren drastisch gewandelt. Konsumzahlen zeigen, dass immer mehr Ostasiaten Kaffee trinken. Wurde in einigen Ländern dieser Region bereits seit längerer Zeit neben Tee auch etwas Kaffee getrunken, zum Beispiel in Indonesien, auf den Philippinen oder in Thailand, so beginnen nun auch die großen Länder, wie China und Indien, den Kaffee für sich zu entdecken.

Der Wandel geht mit vielen Faktoren einher. Gerade in den Metropolen ist es vor allem eine Frage des sozialen Status und des gewünschten Images, Kaffee zu trinken. Kaffeekultur wird mit dem modernen Lebensstil der west-

ASIEN – aus Teetrinkern werden Kaffeetrinker

lichen Welt in Verbindung gebracht, weniger mit orientalischer Tradition. So wird Kaffee meist bewusst außer Haus konsumiert, denn Kaffee zu trinken bedeutet, „sich etwas leisten zu können", sich mit dem modernen Westen zu identifizieren.

Viele asiatische Länder sind klimatisch für den Kaffeeanbau geeignet, werden dafür derzeit jedoch kaum genutzt. Dies wird sich in Zukunft voraussichtlich ändern.

Bangalore, Mumbai oder Schanghai erleben ein Wirtschaftswachstum, und damit steigt der Anteil der Reichen und der Mittelschicht. Häufig handelt es sich bei den „neuen" Kaffeetrinkern auch um Menschen, die im westlichen Ausland studiert und die moderne Kaffeekultur mit zurück in ihre Heimat gebracht haben. In Hongkong zum Beispiel hat im Jahr 2000 der erste Coffeeshop eröffnet, und innerhalb von zehn Jahren stieg die Anzahl der Filialen dort auf über 100. Die asiatischen Kaffeetrinker bevorzugen deutlich süßere Varianten, als die Deutschen sie gewöhnt sind. Außer Haus wird meist Cappuccino oder Mokka mit viel Zucker getrunken. Sehr milchreiche Kaffeespezialitäten, wie Latte Macchiato oder Café au lait, sind derzeit noch nicht so beliebt, was daran liegen könnte, dass der Konsum von Milchprodukten in Südostasien aus unterschiedlichen Gründen generell nicht sehr weit verbreitet ist.

Doch nicht nur die moderne „Coffeeshop-Kultur" hält in Asien Einzug. Das soziale Zusammensein genießt hier einen noch größeren Stellenwert als im Westen. Gegessen und getrunken wird sehr häufig zusammen mit der Familie oder in Gruppen und auch häufig außer Haus. Ob schicke Restaurants oder einfache Lokale und Marktstände – überall wird inzwischen vermehrt Kaffee angeboten. Meist handelt es sich dabei um löslichen Kaffee mit einem Schuss süßer Kondensmilch und reichlich Zucker. Diejenigen, die zu Hause Kaffee trinken, verwenden zu mehr als 80 Prozent löslichen Kaffee.

Die Entwicklung geht weiter. Sind die konsumierten Mengen an Kaffee in Asien heutzutage noch geringer als in den USA, Europa oder Australien, so ist die Tendenz doch weiter steigend. Die vermehrte Nachfrage auch in Asien führt dazu, dass mehr Kaffee angebaut werden muss. Viele asiatische Länder sind klimatisch ideal für den Kaffeeanbau geeignet. So wurde Vietnam vor einigen Jahrzehnten für den systematischen Kaffeeanbau entdeckt. Seit einiger Zeit ist Vietnam das zweitwichtigste Kaffeeursprungsland der Welt, gefolgt von Indonesien. Es ist durchaus zu erwarten, dass Länder wie Thailand, Malaysia, Laos und Kambodscha, die derzeit, gemessen am Weltmarktvolumen, nur geringe Mengen Kaffee produzieren, in Zukunft ihre Anbaumengen deutlich steigern werden; Gleiches gilt für Indien und China.

Eine Frau in Ost-Timor serviert Kaffee.

Schlusswort

Kaffee fasziniert. Kaum ein anderes Lebens- und Genussmittel vereint eine solch bewegte Geschichte mit einer lebendigen Gegenwart. Kaffee hat im Laufe von Jahrhunderten immer neue Länder erobert, als Pflanze und als Getränk: Neue Anbaugebiete wurden erschlossen, und immer mehr Menschen auf verschiedenen Kontinenten fingen an, Kaffee zu trinken. Von seinem Ursprung in Afrika gelangte der Kaffee in alle Gegenden der Welt und avancierte zu einem der wichtigsten internationalen Handelsgüter. Viele Nationen entdeckten den unvergleichlichen Geschmack des Getränks,

seine aufmunternde Wirkung und die soziale Komponente des Kaffeetrinkens. Ob als Kaffee, Caffè, Café, Coffee, Koffie, Kaffe, Kahvi, Kawa, Kofe, Cafea oder Kaféo – Kaffeegenuss hat auf der ganzen Welt einen hohen Stellenwert und ist oft ein fester Bestandteil der Kultur. In Deutschland ist Kaffee das am meisten konsumierte Getränk.

Viele sorgfältige Schritte von der Aufzucht der Kaffeepflanze bis hin zur Zubereitung des Getränks sind erforderlich, um eine gute Tasse Kaffee genießen zu können. Wird einer dieser Schritte beim Anbau, der Aufbereitung, dem Handel und Transport, der Verarbeitung oder der Zubereitung unsachgemäß ausgeführt, so leidet der Genuss in der Tasse erheblich, oder alle Arbeit zuvor war vergebens. Die Vorschriften für die Einhaltung von Qualitätsstandards sind daher entsprechend hoch und werden kontinuierlich weiterentwickelt, damit die Arbeit jeder Wertschöpfungsstufe in einer köstlichen Tasse Kaffee zum Ausdruck kommt.

Die Zukunft von Kaffee sieht weiterhin positiv aus, denn seine Entwicklung hinsichtlich Anbau und Konsum geht rasant weiter. Wirtschaftlich aufstrebende Schwellenländer in Asien, Südamerika und Afrika, die bislang

Kaffee hauptsächlich anbauten, aber nicht konsumierten, entdecken erst seit ein paar Jahren den Kaffee als Genussgetränk und Ausdruck moderner, westlicher Lebenskultur. Immer mehr Menschen werden Kaffee in immer mehr Ländern der Erde trinken. Die vermehrte Nachfrage führt dazu, dass mehr Kaffee angebaut werden muss und vorhandene Anbauflächen gleichzeitig ertragreicher und nachhaltiger genutzt werden müssen. Dies wird jedoch kaum reichen, um die steigende Kaffeenachfrage zu erfüllen; zusätzliche Anbauflächen sind erforderlich. Es stellt sich zudem die Frage, ob sich durch eine eventuelle Verschiebung der Klimazonen künftig alle bislang für Kaffeeanbau bekannten Länder weiterhin eignen oder ob nicht andere Länder für den Kaffeeanbau erschlossen werden müssen.

Die zentralen Herausforderungen der Zukunft – die Verfügbarkeit von Kaffee in guter Qualität und der Schutz der Umwelt – müssen berücksichtigt werden, um den Trend von Kaffee als Lifestylefaktor, Muntermacher und Genussmittel fortzuführen. Kaffee ist und bleibt daher ein faszinierendes Produkt und das beliebteste Getränk der Welt.

Dank

Der Deutsche Kaffeeverband setzt sich seit über vier Jahrzehnten für positive Rahmenbedingungen in der Kaffeewirtschaft ein. Darüber hinaus gilt es als eine wesentliche Verbandsaufgabe, Informationen über Kaffee für die Mitglieder des Verbandes und für die Öffentlichkeit bereitzustellen.
Dieses Buch richtet sich daher an künftige Kaffeeexperten, an Laien und interessierte Kaffeeliebhaber sowie an alle, die in der Kaffeebranche tätig sind. Viele Experten innerhalb der Kaffeewirtschaft haben mit ihrer kompetenten Unterstützung dazu beigetragen, „Faszination Kaffee“ zu einem umfassenden und informativen Sachbuch werden zu lassen. Der Verband bedankt sich ausdrücklich bei allen Mitwirkenden.

Als Kaffeeexperten wirkten an diesem Buch mit:

Bernhardt Arndt
Otto Bertram
Arthur E. Darboven
Dr. Ingolf Dürr
Nils Erichsen
Wolfgang Felizeter
Günter Fude
Nana Holthaus-Vehse
Harald Jung
Dr. Winfried Kiener
Thomas Koziorowski
Michael Lackner
Petra Lahmann
Dr. Ingo Lantz
Thomas Leeb
Kay Lohse
Hans-Christian Neumann
Michael Opitz
Kathrin Petersen
Dr. Anette Rehfeldt
Dieter Rolle
Herbert Stiebitz
Melanie Rutten-Sülz
Bernd Schopf
Wanda Schmidt-Bohlens
Oliver Süße-Herrmann
Christian Vollers
Thomas Wollburg

Ein besonderer Dank gebührt auch den Mitarbeitern des Deutschen Kaffeeverbandes, die als Koautoren zu diesem Buch beigetragen haben: Cornelia Gloede, Corinne Grabosch, Johanna Wieland und Frithjof Esch.

Literaturverzeichnis

Albrecht, Peter: Kaffee. Zur Sozialgeschichte eines Getränkes. Eine Ausstellung des Braunschweiger Landesmuseums aus Anlass des 100jährigen Bestehens des Hauses Heimbs & Sohn, 10. Januar 1980. Braunschweig, 1980.

Baumgarten, Helmut (Hrsg.): Das Beste der Logistik. Berlin, 2008.

Clauss, Stephan; Teufl, Cornelia: Coffee. Alles, was man über Kaffee wissen sollte. München, 2004.

Deutsches Grünes Kreuz e.V. (Hrsg.): Kaffee: Wirkungen auf die Gesundheit. Was sagt die Wissenschaft? Marburg, 2010.

Deutsches Grünes Kreuz e.V. (Hrsg.): Grebe, Dr. Wolfgang, Kaffee und physische Leistungsfähigkeit. Marburg, 2010.

Deutsches Grünes Kreuz e.V. (Hrsg): Vormann, Prof. Jürgen, Kaffee: Präventionsmedizinische Aspekte des Kaffeekonsum. Marburg, 2011.

Deutscher Kaffeeverband e.V.: Kaffee-Digest 2; Löslicher Kaffee. Hamburg, 1994.

Deutscher Kaffeeverband e.V.: Kaffee-Digest 5; Unternehmen Kaffeespezialitäten. Hamburg, 1999.

Deutscher Kaffeeverband e.V.: Kaffeewissen: Vom Anbau bis zum Endprodukt. Hamburg, 2004.

Federacion Nacional de Cafeteros de Colombia: Ensayos sobre Economia Cafetera No. 26. Bogota, 2011.

Frank, O.; Blumberg, S.; Hofmann, T.: Identification of novel bitter taste in 4-vinylcatechol oligomers formed during coffee roasting, J. Agric. Food Chem. 2007, 55, 1945–1654.

Frank, O.; Zehenbauer, G.; Hofmann, T.: Bioresponse-guided decomposition of roast coffee beverage and identification of key bitter taste compounds, Eur. Food Res. Technol. 2006, 222, 492–508.

von Gimborn, Hans C.: Kaffeerösten. Geschichte und Technik. Leipzig, 2007.

Glania, Guido: Das Welthandelsgut Kaffee. Frankfurt am Main, 1997.

Gribat, Moritz: Kaffeehandel und Terminmärkte. Saarbrücken, 2006.

Heise, Ulla: Kaffee und Kaffeehaus. Eine Bohne macht Kulturgeschichte. Leipzig, 2006.

Heise, Ulla (Hrsg.): Kaffeekultur. Bilder aus der Geschichte des Kaffees, Sammlung Eduscho Bremen, Begleitheft zur Ausstellung.

Hofmann, T.; Eggers, R.: Projekt der industriellen Gemeinschaftsforschung AiF 15752 N, Zwischenbericht 2009 – Einfluss der Vorbehandlung und der Röstung auf Bitterstoffe in Kaffeegetränken, Forschungskreis der Ernährungsindustrie e.V.

Huschke, Reinhard: Industrielle Kaffeeveredelung. Probat-Werke. München, 2007.

International Trade Centre: Coffee – an exporter's guide. Genf, 2002.

Jansen, Gerhard A.: Rösten von Kaffee. München, 2006.

Jobin, Philippe: Les cafés produits dans le monde. Le Havre, 1982.

Kienreich, Martin; Schwarz, Dr. Steffen: FAQ Kaffee – Fragen, Antworten, Quintessenzen. Mannheim, 2. Aufl., 2009.

Leeb, Thomas: Kaffee – das magische Elixier. München, 2008.

Leeb, Thomas; Rogalla, Ingo: Perfekt zubereitet – Kaffee, Espresso & Barista. 4. Aufl., 2006.

Pendergrast, Mark: Kaffee – Wie eine Bohne die Welt veränderte. Bremen, 2001.

Rothfos, Bernhard: Kaffee. Die Produktion. Hamburg, 1979.

Rothfos, Bernhard: Kaffee: Der Verbrauch. Stuttgart, 1984.

Rothfos, Jan Beernd; Lange Hans: Kaffee – Die Zukunft. Stuttgart, 1. Aufl., 2005.

Schweiger, Thomas (2009): Kaffeeschule – Der Weg zum perfekten Kaffee. Cadolzburg, 2009.

Seehusen, Henning: Kaffee – ein Genuss. München, 2005.

Standage, Tom: Sechs Getränke, die die Welt bewegten. Düsseldorf, 2007.

UN: Report of the World Commission on Environment and Development: Our Common Future, Chapter 2, 1987, http://www.un-documents.net/ocf-02.htm#I

Wintgens, Jean Nicolas: Coffee: Growing, Processing, Sustainable Production. Weinheim, 2004.

Web Adressen:

www.4c-coffeeassociation.org
www.cosic.org
www.ecf-coffee.org
www.eficofoundation.org
www.fairtrade-deutschland.de
www.fao.org
www.hrnstiftung.org
www.ico.org
www.ncausa.org
www.procafe.ch
www.rainforest-alliance.org
www.scaa.de
www.scae.com
www.utzcertified.org
www.boerse.de
www.businesswire.com
www.finanz-lexicon.de
futures.hencorp.com/portal/Home.aspx
www.euronext.com/landing/liffeLanding-12601-EN.html
www.landwirtschaft-mlr.baden-wuerttemberg.de
www.theoptionsguide.com
www.gdv.de
www.nybot.com
www.theice.com/homepage.jhtml
www.cafeeurope.at
www.coffee-partners.org
www.foodeditorials.com
www.kaffee-netz.de
www.saiplatform.org/activities/working-groups/coffee
www.talkaboutcoffee.com
www.thenational.ae
www.vox-asia.com

Register

Sachregister

Personenregister

Bildnachweis

Alvis Upitis: 34 (u.); **Archiv Thomas Leeb:** 15, 20 (o.); **Bildagentur Huber:** 130 (Ripani); **Björn Hölle, München:** 234 (o.), 235 (o.), 235 (M.), 235 (u.), 237, 239 (o.), 245 (o.), 255 (u.), 259, 293; **Company Archive, Kraft Foods Deutschland:** 168, 170, 171, 192; **Dea/D. Castellino/Getty Images: 6; DEK (Deutsche Extrakt Kaffee):** 161; **Deutscher Kaffeeverband e.V., Hamburg:** 44/45; **Emotive Images/Flora Press:** 224, 238, 250, 260 (3), 261, 273, 291; **Fa. Mahlkönig:** 245 (u.); **Fotolia:** 127 (Mu), 128, 133, 225, 263, 283; Getty Images: 104 (Livia Corona), 229 (Photo Alto/Frederic Cirou), 159; **Hanns R. Neumann Stiftung:** 33 (2), 206, 211; **ICO (International Coffee Organization):** 38, 62, 65, 76, 95, 194, 232; **iStock:** 11 (Struc), 13 (Hata), 32 u. (Bhaskar), 41, 60, 76 (u.), 79, 81, 82, 83, 86, 98 (o.), 117, 151, 202, 205, 215, 216, 221, 226, 240, 266, 267, 285, 289, 301; **Look:** 50 (age footstock), 102 (Schiesswohl), 176, 183 (age footstock), 219 (Firmhofer), 279 (Leue), 280 (Martini), 281 (age footstock); **NKG Kala Hamburg GmbH:** 100; **p.d.:** 17, 20 (u.), 27, 59, 228; **Picture alliance/dpa, Frankfurt a. M.:** 12 (Smolka), 14 (Smolka), 16 (Mary Evans Picture Library), 19 (akg), 21 (Mary Evans Picture Library), 23 (akg), 24 (Mary Evans Picture Library), 25 (Kasper), 28 (akg), 29, 30 (M.) (Röhrig), 30 (u.) (Kalaene), 31 (Röhrig), 32 (l.) (Mary Evans Picture Library), 42 (Hirschberger), 43 (Betts), 47 (Arco Images), 48 (Hirschberger), 53 (Karmann), 54 (Hirschberger), 55, 56 (Oelrich), 58 (Rudhart), 61 (Hirschberger), 67 (RiKa), 68 (Koene), 69 (Hirschberger), 75 (RiKa), 78 (RiKa), 87 (Rauchwetter), 88 (Hirschberger), 90 (Bonilla), 92 (Tsegaye), 98 (u.) (RiKa), 99 (Meschede), 101 (YPS collection/Neumann), 106 (Lux), 107 (Widmann), 108 (Chromorange/Krafft; die Skulptur stammt von © Lotte Ranft), 114 (Büttner), 118 (Wegner, Arco Images), 142 (MiS), 145 (Goerlich), 146, 184 (Chromorange/Gnoth), 187, 188 (Lux), 196 (Thissen), 198 (Chromorange/ Kerpa), 201 (Gentsch), 209 (Ugarte), 212 (Kumm), 214 (Karmann), 218 (akg), 222 (Pflaum), 223 (Hackenberg), 228 (u.) (Röhnert), 255 (o.) (Heyder), 264 (EXPA), 274 (Godong), 284 (Lonely Planet/Carter), 287 (Bildagentur-o); **StockFood, München:** 72, 91, 149, 152, 164 (Rua Castilho), 166, 179 (Newedel), 231 (o. l.) (Eising), 231 (o. r.) (Eising), 231 (M. l.) (Wieder), 231 (M. r.) (Braun), 231 (u. l.) (Lehmann), 231 (u. r.) (Innerhofer Photodesign), 233 (Bialy), 236, 246 (Adna), 251 (Lehmann/Koops), 254 (Foodfolio), 256 (Braun), 258 (Morris), 276 (Persson), 288 (Lindeblad); **Tal Silverman Photography:** 234 (u.); **Tetra Images:** 10; **wmf consumer electric:** 239 (u.); **Wolfgang Weber,** Darmstadt: 49, 66, 70, 71.

Schaubilder:

Coffein Compagnie: 173, 175; Wilhardi Holscher, bearb. von INKA satz & grafik: 181, 189; INKA satz & grafik: 74, 110, 157 u., 269, 270, 191; Timo Müller-Wegner: 35, 36, 97, 148, 154, 155, 156, 157 o., 167, 169; Bernhard Rothfos, bearb. von INKA satz & grafik: 77, 82 u., 84 (2), 162; SCAA (Speciality Coffee Association of America): 195.

Impressum

Herausgeber: Deutscher Kaffeeverband e.V., Hamburg
Texte: © Britta Zietemann, Holger Preibisch et al.

Produktmanagement: Dr. Birgit Kneip
Textlektorat: SAW Communications, Redaktionsbüro Dr. Sabine A. Werner, Mainz: Marc Niemeyer
Producing: SAW Communications, Redaktionsbüro Dr. Sabine A. Werner, Mainz, in Zusammenarbeit mit INKA satz & grafik, Rudersberg
Litho: INKA/Repro Ludwig, Zell am See
Umschlaggestaltung: Studio Schübel, München
Umschlagbilder: © istock
Herstellung: Bettina Schippel
Druck und Bindung: Korotan Ljubljana d.o.o., Slowenien

Die Deutsche Nationalbibliothek verzeichnet diese Publikation in der Deutschen Nationalbibliografie; detaillierte bibliografische Daten sind im Internet über http://dnb.d-nb.de abrufbar.

Dieses Buch stellt keinen juristischen Leitsatz des Verbandes dar und erhebt nicht den Anspruch auf allumfassende Korrektheit in der Darstellung aller Details.

ISBN 978-3-7658-1885-1